交通建设工程安全技术教程

公路施工现场安全技术管理
Gonglu Shigong Xianchang Anquan Jishu Guanli

张小琴　主　编
陈明仙　副主编
沈斐敏　主　审

人民交通出版社

内 容 提 要

本书是"交通建设工程安全技术教程"之一,以安全员在公路施工项目中要完成的工作任务为出发点,以项目进展顺序为主线,依据现行有关公路施工安全法规、规范、规程编写而成。

全书主要内容包括:公路工程施工进场安全准备、公路工程施工前期工程安全控制、公路施工主体工程安全控制、公路工程施工现场事故急救、公路施工事故调查分析、公路工程安全资料归档。

本书主要作为公路工程施工技术人员、安全管理人员的参考用书,也可作为相关专业教学用书。

图书在版编目(CIP)数据

公路施工现场安全技术管理/张小琴主编.—北京:人民交通出版社,2012.7(2025.7重印)
交通建设工程安全技术教程
ISBN 978-7-114-09892-5

Ⅰ.①公… Ⅱ.①张… Ⅲ.①道路工程–工程施工–安全技术–教材 Ⅳ.①U415.12

中国版本图书馆 CIP 数据核字(2012)第 139872 号

交通建设工程安全技术教程
书　　名:**公路施工现场安全技术管理**
著 作 者:张小琴
责任编辑:卢仲贤
责任印制:张　凯
出版发行:人民交通出版社股份有限公司
地　　址:(100011)北京市朝阳区安定门外外馆斜街3号
网　　址:http://www.ccpcl.com.cn
销售电话:(010)85285911
总 经 销:人民交通出版社股份有限公司发行部
经　　销:各地新华书店
印　　刷:北京印匠彩色印刷有限公司
开　　本:787×1092　1/16
印　　张:15
字　　数:374 千
版　　次:2012年7月　第1版
印　　次:2025年7月　第13次印刷
书　　号:ISBN 978-7-114-09892-5
定　　价:38.00元

(有印刷、装订质量问题的图书由本社负责调换)

出 版 说 明

　　质量与安全是工程建设永恒的主题。2012年,是我国第4个"安全生产年"。2012年6月,也是我国第11个"安全生产月"。此次"安全生产月"活动的主题是"科学发展、安全发展"。坚持安全发展,既是贯彻落实科学发展观的必然要求,也是科学发展的重要内容。交通基础设施的安全建设与安全运营事关人民群众生命财产安全。交通运输部全面部署系统内继续深入扎实开展"安全生产年"活动,要求牢固树立科学发展安全发展的理念,切实把安全生产放在一切工作的重中之重。

　　为积极响应"安全生产年"及"安全生产月"活动,贯彻落实《交通运输安全生产和应急体系建设"十二五"发展规划》人民交通出版社充分发挥自身优势,精心策划,力邀工程经验丰富的一线专家编写了《交通建设工程安全技术教程》,为建设"平安工地"提供技术支持。

　　按照出版计划,我社在"安全生产月"当月先期推出《桥梁施工临时结构工程技术》、《公路施工现场安全技术管理》、《公路隧道施工安全技术管理》三本教程。本套教程根据交通基础设施在建设、运营等方面的安全生产要求编写而成,内容简明,安全技术可靠,既可作为培训教材使用,也可供施工人员作为现场工程手册使用。

　　本套教程的出版得到了有关领导、专家和朋友的大力支持,凝聚了相关人员的心血与深情。我们希望通过本套教程能够切实提高广大施工人员的安全意识,全面推广交通建设工程安全技术。

前　言

"关爱生命、安全发展"是社会可持续发展的保障。中国交通建设步伐越来越快,安全与生产并行,交通系统施工企业对安全专业的人才需求越来越迫切,尤其是施工一线,急需掌握施工现场安全员岗位所需的理论知识和操作技能的高端技能型人才。

在编写本教程之前,编者深入多家大型企业路桥公司及现场调研企业安全工作内容、公路施工企业对安全员能力的要求,熟悉施工项目作业内容,辨识存在的主要危险源,与工程师探讨安全控制的方法。本着"够用"的原则,编写过程以项目施工安全工作为出发点,以典型案例为导向,先引入施工内容,插入大量的施工现场真实图片,在了解施工内容的基础上学习安全规程,体现安全与生产的统一。为了提高广大读者的学习兴趣,本教程脱开传统枯燥的纯文字安全规程内容,以引导的方式使读者能够自学公路施工安全内容,整体结构独特新颖。

本书共分四个部分:公路施工项目进场后施工前的安全准备、施工过程安全技术控制、公路工程伤亡事故急救与处理,公路工程安全资料管理。本教程主编张小琴负责规划教材的总体设计以及前两部分(第一章至第六章)内容编写;副主编陈明仙负责后两部分(第七章至第九章)内容编写,此外,参编人员林胤坦和陈星提供了现场施工的图片。安全专家、博士生导师沈斐敏教授担任本书主审,提出了若干宝贵意见。

限于编者的理论与实践水平,书中不妥之处,恳请读者批评指正。

编　者
2012 年 6 月

目 录

第一章 公路工程施工进场安全准备 … 1
案例导学 1 … 1
第一节 建立项目安全生产管理机构和配置人员 … 1
第二节 确定安全生产职责 … 5
第三节 安全生产规章制度的建立 … 9
第四节 施工安全措施和设施 … 14
第五节 安全投入 … 17

第二章 公路工程施工前期工程安全控制 … 21
案例导学 2 … 21
第一节 施工测量安全 … 21
第二节 砍伐树木安全 … 25
第三节 拆除工程安全 … 26
第四节 施工现场平面布置安全 … 31
第五节 施工现场临时用电安全 … 50

第三章 路基工程施工安全控制 … 63
案例导学 3 … 64
第一节 土方开挖安全 … 64
第二节 运土安全 … 68
第三节 填土安全 … 70
第四节 石方工程安全 … 74
第五节 路基防护与加固安全 … 79

第四章 路面工程施工安全控制 … 84
案例导学 4 … 84
第一节 基层施工安全 … 84
第二节 沥青路面施工安全 … 87
第三节 水泥混凝土路面施工安全 … 93
第四节 旧路面凿除作业安全 … 97

第五章 桥涵工程施工安全控制 … 99
案例导学 5 … 104
第一节 基础工程施工安全 … 104
第二节 墩台工程施工安全 … 121
第三节 上部工程施工安全 … 123
第四节 混凝土预制场施工安全 … 141

第六章 隧道工程施工安全控制 … 146

  案例导学 6 ·· 146
  第一节 隧道土石方工程施工安全 ······················ 147
  第二节 隧道支护工程施工安全 ·························· 150
  第三节 隧道衬砌工程施工安全 ·························· 151
  第四节 隧道竖井与斜井施工安全 ······················ 153
  第五节 隧道施工作业环境安全 ·························· 156

第七章 公路施工现场事故急救 ·································· 160
  案例导学 7 ·· 160
  第一节 心肺复苏——CPR ································ 160
  第二节 止血 ·· 164
  第三节 包扎 ·· 168
  第四节 固定 ·· 172
  第五节 搬运 ·· 174
  第六节 中暑救护 ··· 177
  第七节 淹溺病人的救护 ··································· 179
  第八节 触电病人的救护 ··································· 180
  第九节 瓦斯中毒救护 ······································ 183

第八章 公路施工事故调查分析 ·································· 185
  案例导学 8 ·· 185

第九章 公路施工安全资料归档 ·································· 195
  案例导学 9 ·· 195

附录 ··· 203
  建筑施工企业安全生产管理机构设置及专职安全生产管理人员配备办法 ······ 203
  建设工程安全生产管理条例 ····································· 206
  生产安全事故报告和调查处理条例 ······························ 215
  企业安全生产费用提取和使用管理办法 ·························· 221

参考文献 ·· 230

第一章 公路工程施工进场安全准备

一般来说,公路工程开工前,应办理施工许可证及开工报告,办理工程保险、外来人员综合保险以及施工人员意外伤害保险。工程项目经理部必须根据工程规模、特点和施工环境条件确定相应的安全管理部门,并按规定配备安全技术管理人员,建立以工程项目经理为首的施工安全管理体系,明确职责,制订相应的安全管理规定,建立安全责任制,将安全责任分解到相关部门及其人员,落实岗位责任,形成工作制度,为安全生产做好管理、组织准备,同时还要做好技术准备和物资准备,施工安全准备示意图如图 1-1 所示。

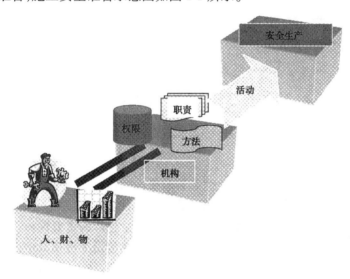

图 1-1 施工安全准备示意图

案例导学 1

2005 年 3 月,华南某省的省道改造工程在开工后的前 3 个月内就发生伤亡事故 4 起,死亡 1 人,重伤 2 人,轻伤 4 人,直接经济损失 25.4 万。通过调查发现,该施工承建企业的安全生产组织混乱,安全生产管理机构名存实亡,安全生产管理人员没有相应的上岗资质,对工人的安全生产教育、培训和奖惩没有明确规定,安全生产经费计划混乱且被挪用。

为改善该公司的安全生产情况,应如何建立该公司的安全管理机构,配置人员,规划和划拨经费?

第一节 建立项目安全生产管理机构和配置人员

一、学习目标

通过本任务的学习,能够在公路工程项目施工中建立名符其实的安全管理机构,配置相关安全工作人员。

二、资料准备

(1)查阅《中华人民共和国安全生产法》、《中华人民共和国建筑法》、《中华人民共和国劳动法》等与安全管理机构和人员配置相关的条款。

(2)根据给定虚拟施工项目,建立安全生产机构,核定所需安全专业人员及资质。

三、学习内容

根据《中华人民共和国安全生产法》、《中华人民共和国公路法》、《建设工程安全生产管理条例》、《公路工程施工安全技术规程》(JTJ 076—95)等法律法规的要求,施工企业必须取得安全生产许可证(图1-2),同时结合企业的特点和项目的要求,合法合理地建立安全生产机构,配备专兼职安全技术管理人员,规划、统筹、协调、组织、领导本单位的安全管理工作,定期召开安全工作会议,针对安全状况,及时提出强化安全管理的措施。

图1-2 安全生产许可证

安全生产管理机构指的是生产经营单位中专门负责安全生产监督管理的内设机构,其工作人员都是专职安全生产管理人员。安全生产管理机构的作用是落实国家有关安全生产的法律法规,组织生产经营单位内部各种安全检查活动,负责日常安全检查,及时整改各种事故隐患,监督安全生产责任制的落实等。它是生产经营单位安全生产的重要保障。

公路施工工程的安全生产管理机构是指施工单位在建设工程项目中设置的负责安全生产管理工作的独立职能部门,负责本项目部的安全生产管理工作。一般情况下,项目需设立安全生产委员会(或者相类似的管理机构),由单位负责人任主任,下设办公室,安全管理部门负责人任办公室主任;建立安全员管理网络。安全管理机构可设安全科,各施工作业区(包括物资储存区)设作业区级兼职安全员,分别由各作业区作业长兼任,各班组各设班组级兼职安全员1名,分别由各班组长兼任。

国家安全生产监督管理总局《注册安全工程师管理规定》(2007年第11号令)第六条对安全管理人员资格作出了明确要求,具体要求为:"从业人员300人以上的煤矿、非煤矿矿山、建筑施工单位和危险物品生产、经营单位,应当按照不少于安全生产管理人员15%的比例配备注册安全工程师;安全生产管理人员在7人以下的,至少配备1名。"

 知识链接

《中华人民共和国安全生产法》第十九条 矿山、建筑施工单位和危险物品的生产、经营、储存单位,应当设置安全生产管理机构或者配备专职安全生产管理人员。

前款规定以外的其他生产经营单位,从业人员超过三百人的,应当设置安全生产管理机构或者配备专职安全生产管理人员;从业人员在三百人以下的,应当配备专职或者兼职的安全生产管理人员,或者委托具有国家规定的相关专业技术资格的工程技术人员提供安全生产管理服务。

生产经营单位依照前款规定委托工程技术人员提供安全生产管理服务的,保证安全生产的责任仍由本单位负责。

《中华人民共和国安全生产法》第八十二条 生产经营单位有下列行为之一的,责令限期改正;逾期未改正的,责令停产停业整顿,可以并处二万元以下的罚款:

①未按照规定设立安全生产管理机构或者配备安全生产管理人员的;

……

国家安全生产监督管理总局令2007年第11号《注册安全工程师管理规定》第六条 从业人员300人以上的煤矿、非煤矿矿山、建筑施工单位和危险物品生产、经营单位,应当按照不少于安全生产管理人员15%的比例配备注册安全工程师;安全生产管理人员在7人以下的,至少配备1名。

《建设工程安全生产管理条例》第二十三条 施工单位应当设立安全生产管理机构,配备专职安全生产管理人员。专职安全生产管理人员的配备办法由国务院建设行政主管部门会同国务院其他有关部门制定。

《建筑施工企业安全生产管理机构设置及专职安全生产管理人员配备办法》第八条 建筑施工企业安全生产管理机构专职安全生产管理人员的配备应满足下列要求,并应根据企业经营规模、设备管理和生产需要予以增加:

①建筑施工总承包资质序列企业:特级资质不少于6人;一级资质不少于4人;二级和二级以下资质企业不少于3人。

②建筑施工专业承包资质序列企业:一级资质不少于3人;二级和二级以下资质企业不少于2人。

③建筑施工劳务分包资质序列企业:不少于2人。

④建筑施工企业的分公司、区域公司等较大的分支机构(以下简称分支机构)应依据实际生产情况配备不少于2人的专职安全生产管理人员。

【例1-1】

安全员设置如图1-3所示。

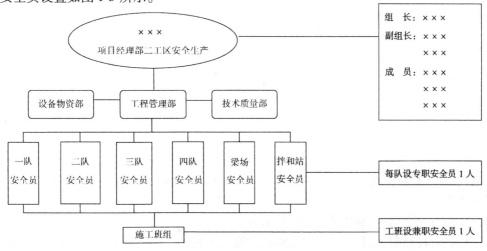

图1-3 安全员设置情况

在此基础上,应进一步建立安全生产保证体系(图1-4)。

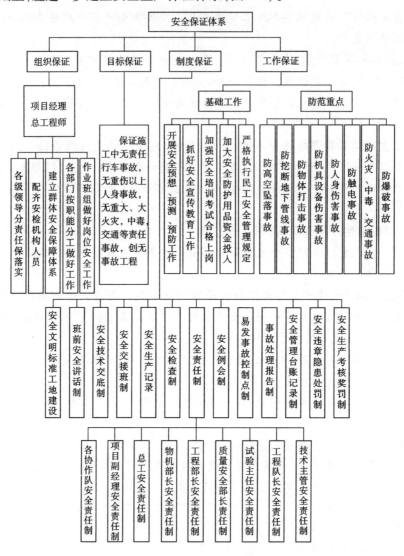

图1-4 安全生产保证体系

同时,作为专职的安全生产管理人员,还应根据《注册安全工程师管理规定》(2007年第11号),配备具有国家注册安全工程师资格的国家注册安全工程师。具体规定:"从业人员300人以上的煤矿、非煤矿矿山、建筑施工单位和危险物品生产、经营单位,应当按照不少于安全生产管理人员15%的比例配备注册安全工程师;安全生产管理人员在7人以下的,至少配备1名。"

公路施工单位应确立安全生产方针和安全目标用于指导安全工作。安全方针应简洁、易懂且能够较好地概括企业的安全文化。安全目标应明确安全工作所要达到的理想效果。

【例1-2】

安全方针:安全第一、预防为主、综合治理。

安全目标:杜绝职工因工责任死亡事故,严防重大爆炸、火灾、坍塌、机械设备和交通事故,年度重伤率控制在0.05%以下,防范职业病的发生。

第二节 确定安全生产职责

一、学习目标

通过学习,能够编制施工企业各级人员的安全生产职责。

二、资料准备

(1)事先了解各级施工企业的组织结构。
(2)根据对施工安全生产的认识,罗列出现场安全员的职责。

三、学习内容

在按规定建立安全生产管理机构和配备安全管理人员的基础上,强化各级人员的安全生产职责。制订安全职责,要遵循"管生产必须管安全"、"谁主管、谁负责"、"横到边、竖到底"的原则,包括部门和人员职责。

知识链接

《中华人民共和国安全生产法》第四条 生产经营单位必须遵守本法和其他有关安全生产的法律、法规,加强安全生产管理,建立、健全安全生产责任制度,完善安全生产条件,确保安全生产。

《中华人民共和国安全生产法》第五条 生产经营单位的主要负责人对本单位的安全生产工作全面负责。

《建设工程安全生产管理条例》第二十一条 施工单位主要负责人依法对本单位的安全生产工作全面负责。施工单位应当建立、健全安全生产责任制度和安全生产教育培训制度,制订安全生产规章制度和操作规程,保证本单位安全生产条件所需资金的投入,对所承担的建设工程进行定期和专项安全检查,并做好安全检查记录。

【例1-3】
1.经理
(1)对本项目工程生产经营过程中的安全生产全面负责。
(2)贯彻落实安全生产方针、政策、法规和各项规章制度,结合项目工程特点及施工全过程的情况,制订本项目安全生产管理制度,并监督其实施。
(3)根据工程特点确定安全工作的管理体制和人员,并明确安全责任和考核指标,支持、指导安全管理人员的工作。
(4)健全和完善用工管理手续,录用外部施工队伍必须及时向有关部门申报,严格用工制度与管理,适时组织上岗安全教育,要对外部施工队伍的健康与安全负责,加强劳动保护工作。
(5)组织落实施工组织设计中安全技术措施,组织并监督项目工程施工中安全技术交底和设备验收制度的实施。

(6)领导、组织施工现场定期的安全生产检查,发现施工生产中不安全问题,组织制订措施,及时解决。对上级提出的安全生产与管理方面的问题,要定时、定人、定措予以解决。

(7)制订本项目安全事故应急预案,配备安全事故应急救援的各项资源。

(8)发生事故,要做好现场保护与应急救援的各项工作,及时上报,组织配合事故的调查,认真落实制订的防范措施,吸取事故教训。

2. 主管安全生产的副经理

(1)对项目的安全生产负直接领导责任。

(2)协助项目经理贯彻落实国家和上级有关安全的方针、政策、法规和措施。

(3)组织制订安全管理目标、标准和安全规划,合理配置人力、物资、机具、资金等安全生产要素,积极采用新技术、新工艺、新设备、新材料,大力推广安全标准工地建设,提高现场安全生产系数。

(4)组织制订安全实施计划,监督安全检查计划的执行情况和安全隐患的整改情况,主持安全工作会议。

(5)负责组织经常性的安全生产教育培训工作,发动群众,实行全员、全方位、全过程安全生产管理。听取员工对安全生产的意见和建议。

(6)组织安全生产大检查,及时发现解决施工中存在的安全问题,总结推广先进安全管理经验。

(7)积极配合调查、分析、处理事故,对因违章指挥、违反劳动纪律、违反操作规程或决策失误而造成的死亡事故承担领导责任。

3. 项目总工程师(技术总负责人)

(1)对项目施工中的安全生产负技术责任。

(2)贯彻、落实安全生产方针、政策,严格执行安全技术规程、规范、标准,结合项目工程特点,指导项目工程分部(分项)的安全技术交底。

(3)参加或组织编制施工组织设计的同时,制订、审查安全技术措施,保证其可行性与针对性,并随时检查、监督、落实。对危险性较大的分部(分项)工程,组织进行安全验算,编制专门的施工方案。

(4)主持、制订技术措施计划和季节性施工方案的同时,制订相应的安全技术措施并监督执行,及时解决执行中出现的问题。

(5)主持安全防护设施和设备的验收,发现设备、设施的不正常情况,应及时采取措施。严格控制不合标准要求的防护设备、设施投入使用。

(6)参加安全生产检查,对施工中存在的不安全因素,从技术上分析事故原因,提出防范措施、意见。

(7)负责审核项目部安全事故应急救援预案。

(8)参加、配合伤亡事故的调查,从技术上分析原因,提出防范措施、意见。

4. 党工委书记

(1)积极宣传、贯彻党和国家有关安全生产的方针、政策、法规及上级有关规定,充分发挥党群组织对安全生产的保证监督作用。

(2)参与研究有关安全生产的重大活动和重要问题,并动员和组织党员、团员积极参加安全生产活动,发挥模范带头作用。

(3)积极开展思想政治工作,采用生动有效的形式,对职工进行安全思想、敬业精神和遵规守纪等教育,使职工树立牢固的"安全第一"思想。

(4)经常监督检查项目贯彻党的安全生产方针、政策、法令和上级颁发的各项规章制度和贯彻情况。参加本项目的安全会议、活动,审议项目安全管理制度及奖惩办法,参加有关伤亡事故的调查分析工作。

(5)深入班组了解安全生产情况,掌握职工思想问题和影响安全生产的不良倾向。

(6)加强对党员的安全教育,使党员在安全生产中起到模范带头作用,通过教育使党员在安全生产中做到党员身边无事故、无隐患、无违章、无差错。

5. 施工队长

(1)认真执行上级有关安全生产的规定,对所辖班组的安全生产负直接领导责任。

(2)认真执行安全技术措施及安全操作规程,针对生产任务的特点,以书面形式向班组操作人员进行安全技术交底,履行签认手续,并经常检查规程、措施、交底要求的执行情况,随时纠正作业违章。

(3)经常检查所辖班组作业环境及各种设备、设施的安全状况,发现问题应及时纠正解决。对重点、特殊部位的施工,必须检查作业人员及各种设备设施技术状况是否符合安全要求,严格执行安全技术交底,落实安全技术措施,并监督其执行,做到不违章指挥。

(4)定期和不定期组织所辖班组学习安全操作规程,开展安全教育活动,接受安全部门监督检查,及时解决提出的安全问题。

(5)发生因工伤亡及未遂事故要立即抢救,保护现场,并及时上报,参加或配合调查分析。

6. 班(组)长

(1)组织本班(组)人员学习有关安全技术规章制度,严格遵守劳动纪律,按规章作业,检查监督班组人员正确使用各类防护用品。

(2)经常检查施工现场和各类机具的安全状况,整顿工作地点,以保持整洁,发现问题应及时解决以保安全。

(3)支持"三工"制度,即:工前讲安全,交代清楚当班作业应注意的安全事项;工中查安全,检查是否存在违章操作和事故隐患;工后评安全,总结经验,吸取教训。

(4)认真组织班(组)人员开展"安全标准工地建设"活动,推广安全生产经验。

(5)对不具备生产条件的工作项目有权拒绝施工,对违章指挥有权抵制,充分发挥工班义务安全员的作用,并支持他们的工作。

(6)发生事故后,要立即组织抢救,并及时向上级报告,研究分析事故原因,提出并落实改进措施。

7. 生产工人

(1)认真学习并严格执行安全规章制度,做到"三不伤害",即:不伤害自己,不伤害别人,不被别人伤害。反对不讲科学、盲目蛮干,并与一切违章作业现象作斗争。

(2)上班要做到"一想"、"二查"、"三严",即:想一想当天的生产与工作中,有哪些安全问题,可能会发生什么事故,怎样预防;检查工作场所和所使用的机械、设备、工具、材料是否符合安全要求,上个工班和上道工序有无不安全隐患,如何防范;严格按照安全要求、工艺规程进行操作;按要求佩带防护用品,严守劳动纪律;严格执行安全规定。

(3)保持工作场所的文明整洁,各种材料、机具的摆放要整齐有序,及时消除通道上的杂物,保持畅通。

(4)积极参加各级组织的有关安全的活动,主动提出改进安全工作的建议。

(5)发生事故,立即报告班(组)长,保护现场,向事故调查人员如实介绍情况。

8. 专职安全生产管理人员

(1)负责施工现场安全生产日常检查,并做好检查记录。

(2)现场监督危险性较大工程安全专项施工方案实施情况。

(3)对作业人员违规违章行为有权予以纠正或查处。

(4)对施工现场存在的安全隐患有权责令立即整改。

(5)对于发现的重大安全隐患,有权向企业安全生产管理机构报告。

(6)依法报告生产安全事故情况。

9. 安全生产管理机构

(1)负责监督管理劳动安全,监督施工生产安全、交通安全、消防安全、锅炉和压力容器安全等工作,对贯彻执行国家有关安全生产政策法规和项目规定的情况监督检查。

(2)及时分析安全形势,提出预防事故的措施和建议,对执行情况进行监督检查。编制安全资金计划,建立安全资金使用台账,监督安全技术措施项目的实施。

(3)负责对工程项目危险源进行辨识、评价,编制工程项目重要危险源清单。

(4)组织安全生产检查,及时掌握施工生产场所、机械设备的安全状况,必要时发出"安全隐患整改通知书"。会同有关部门采取有效措施,消除事故隐患。并对安全防护用品的质量和使用情况进行监督检查。

(5)组织开展安全生产竞赛、评比活动,实施安全生产奖罚事宜。

(6)组织全体施工人员的安全教育培训,督促特种作业人员参加安全技术培训,确保特种作业人员持证上岗。

(7)负责职工伤亡事故的报告工作,配合有关部门对事故进行调查,执行调查组的意见。

(8)负责安全报表工作。

10. 工程管理部职责

(1)负责编制施工组织设计中的安全技术措施、危险性较大工程的专项施工方案,并组织贯彻实施。

(2)将安全管理情况作为工程例会的重要内容,进行生产经营活动分析时,应同时分析安全生产情况。

(3)负责组织工程技术人员做好现场施工安全技术交底。

11. 物资设备部职责

(1)负责机电设备和运输车辆的验收、使用、检查、保养、维修等过程中的安全管理工作。

(2)参加由于机械设备问题造成的伤亡事故的调查和分析,并提出防范措施,参与火灾事故和交通事故的调查处理。

(3)组织对变配电设备及线路、起重设备、行驶机械、生产用锅炉压力容器等特种设备的安全技术检验及操作人员的安全教育培训,确保达到持证上岗。

(4)负责制订交通、消防和易燃、易爆、危险品的安全管理制度,并对执行情况进行监督检查。

(5)组织汽车的年度安全技术审验和驾驶人员的安全教育;负责安全用品、劳动防护用品的采购、发放。

12. 计划财务部职责

(1)将安全措施计划纳入施工生产计划,并进行督促检查。

(2)编制安全资金投入计划,按规定提取安全资金,监督资金的使用情况,做到专款专用。

13. 综合部

(1)负责对上级和外来文(函)件、传真电报、信息资料的处理,负责本项目文(函)件、传真电报、报告、计划、总结等公文的起草,上呈下达与控制管理工作。负责员工日常教育管理工作。

(2)负责项目各种会议的筹备、组织,并按会议性质与内容,负责会议记录的整理和按期向公司档案馆归档等工作。督促检查有关会议精神执行情况。

(3)及时获取有关法律、法规的有效版本,并传递至相关部门及所属单位。

(4)负责组织"五比"劳动竞赛,广泛开展群众监督检查活动,依靠群众搞好安全生产。

第三节 安全生产规章制度的建立

一、学习目标

通过学习,熟悉现场必需的安全生产规章制度,能编写安全生产规章制度。

二、资料准备

(1)查阅《中华人民共和国安全生产法》、《建设工程安全管理条例》、《公路工程安全管理条例》等法律法规中关于安全生产规章制度的规定。

(2)准备1份安全生产规章制度清单。

三、学习内容

项目施工是一个由多种因素组成的复杂过程,要做好安全技术管理,必须通过一定的制度来保证。在企业安全检查中,发现很多企业不管自身状况如何,照搬硬套复印装订了一大本制度汇编,可实际安全工作中却不知如何执行甚至无法执行。那么,到底该如何制订施工项目的安全制度呢?

(一)安全生产规章制度的类型

不同企业所建立的安全生产规章制度不尽相同,应该根据企业的特点,制订出具体且操作性强的安全生产规章制度。企业安全生产规章制度可概括划分为安全管理制度和安全操作规程两大类。前者是各种安全管理制度、章程、规定的总称,后者是各类安全操作规程、标准、规范的总称。

1. 安全生产管理制度

一个企业的安全生产管理制度,应根据管理面向的对象不同来划分。例如,面向一般管理,应建立各种综合安全管理制度;面向安全技术,应建立安全技术管理制度;面向职业危害,应建立职业卫生管理制度等。通常可把企业的安全生产管理制度划分为以下四类。

(1)综合安全管理制度,包括安全生产总则、安全生产责任制、安全技术措施管理、安全教育、安全检查、安全奖惩、安全检修管理、事故隐患管理与监控、事故管理、安全用火管理、承包合同安全管理、安全值班等规章制度。

(2)安全技术管理制度,包括特种作业管理、危险设备管理、危险场所管理、易燃易爆有毒有害物品管理、厂区交通运输管理、防火制度以及各生产岗位、各工种的安全操作规定等。

(3)职业卫生管理制度,包括职业卫生管理、有毒有害无物品监测、职业并及防治、职业中毒、职业卫生设备等管理。

(4)其他有关管理制度,如女工保护制度、劳动保护用品、保健食品、员工身体检查等。

例如,钢材深加工行业的主要安全管理制度包括:安全生产责任制度、安全教育制度、安全检查制度、事故管理制度、安全作业证制度、安全装置管理制度、安全检修制度、防火、防爆制度、要害岗位安全管理制度、劳动防护用具(品)和保健发放管理制度、场所交通管理制度、仓库安全管理制度等。

2.安全操作规程

在建立健全安全生产管理制度的同时,企业还必须建立健全各项安全生产技术规程,主要包括以下几个方面的规程。

(1)各种产品生产的工艺规程和安全技术规程。

(2)各生产岗位的安全操作法,包括开停车、出抖、包装、倒换、转换、装卸、运载以及紧急事故处理等操作的安全操作方法。

(3)生产设备、装置的安全检修规程。

(4)各通用工种的安全操作规程,如,管、钳工、焊工、电工、运输工等的安全操作规程。

(5)专门作业的安全规程,如,锅炉、压力容器安全管理规程,气瓶、液化气体气瓶、使用和储运的安全技术规程,易燃液体装卸罐安全操作规程。

知识链接

《中华人民共和国安全生产法》第四条　生产经营单位必须遵守本法和其他有关安全生产的法律、法规,加强安全生产管理,建立健全安全生产责任制度,完善安全生产条件,确保安全生产。

《中华人民共和国安全生产法》第二十一条　生产经营单位应当对从业人员进行安全生产教育和培训,保证从业人员具备必要的安全生产知识,熟悉有关的安全生产规章制度和安全操作规程,掌握本岗位的安全操作技能。未经安全生产教育和培训合格的从业人员,不得上岗作业。

《中华人民共和国安全生产法》第三十二条　生产经营单位生产、经营、运输、储存、使用危险物品或者处置废弃危险物品,必须执行有关法律、法规和国家标准或者行业标准,建立专门的安全管理制度,采取可靠的安全措施,接受有关主管部门依法实施的监督管理。

(二)安全生产规章制度建立的原则

企业在制定安全生产规章制度时应遵循以下原则:

(1)与国家的安全生产法规保持协调一致,应该有利于国家安全生产法规的贯彻落实。

(2)要广泛吸收国内外安全生产管理的经验,并密切结合自身过去和现在的实际情况,力求使之(制订的制度)具有先进性、科学性、可行性。

(3)要包括安全生产的各个方面,形成体系,不出现死角和漏洞。

(4)规章制度一经形成,就不能随意改动,以保持其严肃性和相对的稳定性,但也要注意

总结实践经验,不断地修订完善;

随着国家政治经济形势的发展变化,企事业单位的经济经营管理、生产技术等会不断出现新的情况,产生新的变化,企业要据此及时地修改、补充,直至制订新的安全生产规章制度,以保持其健全和有效。总之,企业要考虑所有施工项目必须的、通用的制度以及扩展的制度。

(三)常用安全制度

依据施工企业的自身特点,应建立《安全生产管理总则》、《"三同时"管理制度》等指导性安全管理文件,制订《安全生产责任制》、《工艺技术安全生产规程》、《安全操作规程》;明确各级人员的安全生产岗位责任制,对日常安全管理工作,应建立相应的《安全检查制度》、《安全生产巡视制度》、《安全生产交接班制度》、《安全监督制度》、《安全技术交底制度》、《安全生产奖惩制度》、《有毒有害作业管理制度》、《劳保用品管理制度》、《厂内交通运输安全管理条例》等管理制度;对工伤事故应建立《伤亡事故管理制度》、《伤亡事故责任者处理规定》、《职业病报告处理制度》等制度;对设备、工机具等应建立《特种设备管理管理责任制度》、《危险设备管理制度》、《手持电动工具管理制度》、《吊索具安全管理规程》、《蒸汽锅炉、压力容器管理细则》等制度;在安全教育培训方面,应建立《安全培训教育制度》、《三级安全教育制度》、《日常安全教育和考核制度》和《临时性安全教育》等制度;对检修、动火和紧急状态,应建立《设备检修安全联络挂牌制度》、《动火作业管理规定》、《临时线审批制度》、《动力管线管理制度》、《危险作业审批制度》等管理措施;对特殊工种应建立《特种作业人员的安全教育》、《持证上岗管理规定》等制度;对外协、临时工和承包工程队的安全管理应建立相应的管理制度等。

(四)常用安全规程

根据工程项目的岗位和设备情况建立相应的安全规程,通常与施工企业的安全规程有:

1. 主要岗位安全技术操作规程

(1)装吊工安全操作规程

(2)木工安全操作规程

(3)钢筋工安全操作规程

(4)混凝土工(含混凝土搅拌车驾驶员)安全操作规程

(5)电工安全操作规程

(6)电焊工安全操作规程

(7)气焊工安全操作规程

(8)钳工安全操作规程

(9)铆工安全操作规程

(10)机床工安全操作规程

(11)动力机械操作工安全操作规程

(12)起重机驾驶员安全操作规程

(13)运输车辆驾驶员安全操作规程

(14)机械维修工安全操作规程

(15)张拉压浆人员安全操作规程

(16)土石方机械驾驶员安全操作规程

(17)中小机械操作工安全操作规程

2. 主要施工机械安全技术操作规程

(1)挖掘机安全操作规程

(2)推土机安全操作规程

(3)装载机安全操作规程

(4)起重作业安全注意事项

(5)千斤顶安全操作规程

(6)塔式起重机安全操作规程

(7)履带起重机安全操作规程

(8)汽车式和轮胎式起重机安全操作规程

(9)桥式、龙门式起重机安全操作规程

(10)拼装式起重机工作中的安全注意事项

(11)拼装式起重机(桅杆、龙门吊)安全操作规程

(12)浮运式起重船安全操作规程

(13)架桥机安全操作规程

(14)电动葫芦安全操作规程

(15)卷扬机安全操作规程

(16)汽车一般安全技术要求

(17)载重汽车安全操作规程

(18)皮带输送机安全操作规程

(19)混凝土搅拌输送车安全操作规程

(20)空气压缩机安全操作规程

(21)发电机安全操作规程

(22)变压器安全操作规程

(23)电力电容器安全操作规程

(24)混凝土泵安全操作规程

(25)混凝土泵车安全操作规程

(26)插入式振动器安全操作规程

①混凝土搅拌机安全操作规程

②泥浆搅拌机安全操作规程

③泥浆泵安全操作规程

④潜水泵安全操作规程

⑤高压油泵安全操作规程

⑥附着式、平板式振动器安全操作规程

⑦液压滑升设备安全操作规程

⑧钢筋调直切断机安全操作规程

⑨钢筋切断机安全操作规程

⑩钢筋弯曲机安全操作规程

⑪剪板机安全操作规程

⑫卷板机安全操作规程

⑬剪冲机安全操作规程

⑭电动空气锤安全操作规程

⑮点焊机安全操作规程

⑯对焊机安全操作规程

⑰焊、割设备一般安全规定

⑱气焊设备安全操作规程

⑲振动打桩机安全操作规程

⑳大型回转式钻机安全操作规程

㉑冲击式钻机安全操作规程

㉒木工圆锯机安全操作规程

㉓平面刨(手压刨)安全操作规程

㉔压刨床(单面和多面)安全操作规程

㉕车床安全操作规程

㉖钻床(立钻和摇臂钻床)安全操作规程

a. 刨床安全操作规程

b. 金属锯床安全操作规程

c. 摩擦压力机安全操作规程

d. 万能材料试验机安全操作规程

e. 烘箱安全操作规程

【例 1-4】

起重机司机安全操作规程

1. 一般要求

(1)各种起重机应装设标明机械性能指示器、限位器、载荷控制器、连锁开关等,轨道式起重机应安置行走限位器及夹轨钳,使用前应检查试吊并办理签证手续。

(2)钢丝在卷筒上必须排列整齐,尾部卡牢,工作中最少保留三圈以上。

(3)两机或多机抬吊时,必须有统一指挥,动作配合协调,吊重应分配合理,不得超过单机允许起重量的80%。

(4)操作中要听从指挥人员的信号,信号不明或可能引起事故时,应暂停操作。

(5)起吊时,起重臂下不得有人停留和行走,起重臂、物件必须与架空线保持安全距离。

(6)起吊物件应拉溜绳,速度要均匀,禁止突然制动和变换方向,平移应高出障碍物0.5m以上,下落应低速轻放,防止倾倒。

(7)物件起吊时,禁止在物件上站人或进行加工,必须加工时,应放下垫好并将吊臂、吊钩及回转的制动器制动住,司机及指挥人员不得离开岗位。

(8)起吊在满负荷或接近满负荷时,严禁降落臂杆或同时进行两个动作。

(9)起吊重物严禁自由下落,下落时动作应缓慢。

(10)严禁斜吊和吊拔埋在地下或凝结在地面、设备上的物件。

(11)起重机停止作业时,应将起吊物放下,操纵杆放在空挡,切断电源,并关门上锁。
(12)所有操作司机必须遵守相应起重机的安全操作规程。

2.履带式起重机

(1)发动机启动前应分开离合器,并将各操纵杆放在空挡位置上,同机操作人员互相联系好后方可启动。
(2)吊物行走时,臂杆应放在履带正前方,离地面高度不得超过50cm,回转、臂杆、吊钩的制动器必须制动住。接近满负荷时,严禁臂杆与履带垂直。起重机不得作远距离运输使用。
(3)行走拐弯时,不得过快过急。接近满负荷时,严禁转弯,下坡时严禁空挡滑行。
(4)用变换挡位起落臂杆操纵的起重机,严禁在起重臂未停稳时变换挡位,以防滑杆。
(5)拖运起重机,履带要对准跳板,爬坡不应大于15°,严禁在跳板上调位、转向及无故停车,臂杆要放到零位,各类制动器应制动住。

3.轮胎式、汽车式起重机

(1)禁止吊物行驶。工作完毕起腿,回转臂杆不得同时进行。
(2)汽车式起重机行驶时,应将臂杆放在支架上,吊钩挂在保险杠的挂钩上,并将钢丝绳拉紧。
(3)汽车式全液压起重机还必须遵守下列规定:
①作业前应将地面处理平坦放好支腿,调平机架,支腿未完全伸出时,禁止作业。
②有负荷时,严禁伸缩臂杆,接近满负荷时,应检查臂杆的挠度。回转不得急速和紧急制动,起落臂杆应缓慢。
③操作时,应锁住离合器操纵杆,防止离合器突然松开。

4.龙门吊机、桅杆吊机、电动葫芦

(1)龙门吊及桅杆吊机上平台应设1m高的防护栏杆或挡板,操作人员应从专用梯上、下。
(2)两机同时作业,相距间距应不少于3m。
(3)起重机台驶近限位端时,应减速停车。
(4)作业中若遇突然停电,各控制器应放于零位,切断电源开关,吊物下面禁止人员接近。
(5)工作完毕,应将吊钩升起,桅杆吊机吊钩要挂牢。水上及江边起重机还应根据天气情况,采取避风措施。

第四节　施工安全措施和设施

一、学习目标

通过学习,了解公路施工相关技术文件,能编制安全技术措施,能进行施工前物资准备及安全检查。

二、资料准备

(1)查阅《中华人民共和国建筑法》、《建设工程安全管理条例》相关安全设施条款规定。

(2)准备一份《公路工程施工组织设计》,了解其中安全设施配置。

三、学习内容

《中华人民共和国安全生产法》中明确规定,生产经营单位新建、改建、扩建工程项目(统称建设项目)的安全设施,必须与主体工程同时设计、同时施工、同时投入生产和使用(简称"三同时")。安全设施投资应当纳入建设项目概算。公路工程施工必须严格遵守"三同时"的要求。公路工程项目流动性较强,一般周期不长。在公路工程的施工的设施没有现成的可供使用,必须经过规划、建设才能投入使用。

知识链接

《中华人民共和国安全生产法》第二十二条　生产经营单位采用新工艺、新技术、新材料或者使用新设备,必须了解、掌握其安全技术特性,采取有效的安全防护措施,并对从业人员进行专门的安全生产教育和培训。

《建设工程安全生产管理条例》第十条　建设单位在申请领取施工许可证时,应当提供建设工程有关安全施工措施的资料。

《建设工程安全生产管理条例》第二十六条　施工单位应当在施工组织设计中编制安全技术措施和施工现场临时用电方案。

(一)安全技术措施

1.定义

安全技术措施是指运用工程技术手段消除物的不安全因素,实现生产工艺和机械设备等生产条件本质安全的措施。施工安全技术措施是在施工项目生产活动中,根据工程特点、规模、结构复杂程度、工期、施工现场环境、劳动组织、施工方法、施工机械设备、变配电设施、架设工具以及各项安全防护措施等,针对施工中存在的不安全因素进行预测和分析,找出危险点,为消除和控制危险隐患,从技术和管理上采取措施加以防范,消除不安全因素,防止事故发生,确保项目安全施工。

2.如何编制

应根据国家公布的劳动保护立法和各项安全技术标准,根据公司年度施工生产的任务以及各项工程施工的特点确定安全技术措施项目,针对安全生产检查中发现的隐患,未能及时解决的问题,以及对新工艺、新技术、新设备等所应采取的措施,做到不断改善劳动条件,防止工伤事故的发生。施工安全技术措施主要包括:

(1)进入施工现场的安全规定。

(2)地面及深坑作业的防护。

(3)高处及立体交叉作业的防护。

(4)施工用电安全。

(5)机械设备的安全使用。

(6)为确保安全,对于采用的新工艺、新材料、新技术和新结构,制订有针对性的、行之有效的专门安全技术措施。

(7)预防因自然灾害(防台风、防雷击、防洪水、防地震、防署降温、防冻、防寒、防滑等)而引发事故的措施。

(8)防火防爆措施。

3.编制要求

(1)施工企业应组织工程项目经理部负责人和施工、技术、安全等管理人员,学习合同文件和设计文件,审查设计图,掌握工程地质、水文地质和工程情况。

(2)施工企业应组织工程项目经理部负责人和施工、技术、安全等管理人员实地勘察现场,了解地形地貌、工程用地状况、交通和供水供电条件、建筑物和树木与杆线、地下管线等构筑物设施状况,掌握现场安全状况。根据合同文件、设计文件、现场情况和设施状况,组织工程项目经理部相关人员研究并确定现场布置方案、合理的施工方法和相应的安全技术措施,编制施工组织设计。

(3)编制施工组织设计时,必须对施工过程中可能出现的安全行为、安全状态进行分析,辨识重大危险源,制订安全技术措施,编制安全技术措施时必须做到:

①大型、群体、综合性工程,在施工组织设计中,应编制安全技术总体措施。

②单位工程的施工组织设计,必须编制各分部、分项工程安全技术措施。

③安全技术措施,应切合实际、简明具体,应能防范危险、消除隐患。

④安全技术复杂的工程,其安全技术措施应经专家论证确定。

⑤凡承载结构、构件,必须对不同施工阶段的最不利荷载组合条件下的强度、刚度、稳定性进行验算,确认符合施工安全要求。

⑥对大型吊装、大型脚手架、爆破作业等危险性较大的项目,应遵照国家有关安全技术规定,制定专项安全技术措施。

⑦冬期、雨期施工的工程项目,必须制订冬期、雨期施工安全技术措施。冬期施工,必须采取以防冻、防滑、防火、防煤气中毒为重点的安全技术措施。雨季施工必须采取以防汛、防坍塌、防触电为重点的安全技术措施。

知识链接:雨季施工安全

(1)雨季及洪水期施工,应根据当地气象预报及施工所在地的具体情况,事先做好人员、机械设备、材料等的防洪、防汛、排涝和防雷、安全用电的防范措施;做好施工人员随时进行安全撤离的准备工作。洪汛的重点地区,应制订专门的防洪、防汛的措施方案,备足应急的物资、设备等,组成抢险队并加以演练。

(2)在雨季施工时,施工现场应及时排除积水,人行道的上下坡应挖步梯或铺砂。脚手板、斜道板、跳板上应采取防滑措施。加强对支架、脚手架和土方工程的检查,防止倾倒和坍塌。

(3)长时间在雨季中作业的工程,应根据条件搭设防雨棚。施工中遇有暴风雨应暂停施工。

(二)安全设施

1.类型

企业的劳动安全卫生设施包括安全技术设施、工业卫生设施及辅助设施。

安全技术设施主要有:机械设备及电气设备传动部分的防护装置;冲床及锻压机器上的防

护装置;升降机和起重机械上的各种防护装置及保险装置;锅炉、压力容器、压缩机械及各种有爆炸危险的机器设备的保险装置和信号装置;各种联动机械上为安全而设的信号装置;各种运转机械上的安全启动和迅速停车设备;为避免工作中发生危险而设置的自动加油装置;电气设备安装防护性接地或接中线的装置,以及其他防止触电的设施;为安全而设置的低压照明设备;在生产区域内危险处所设置的标志、信号和防护设施;在职工可能到达的洞、坑、沟、升降口、漏斗等处安设的防护装置;在高空作业时,为避免物品坠落伤人而设置的工具箱及防护网等。

工业卫生设施主要有:为保持空气清洁或使温湿度合乎劳动保护要求而安置的通风换气装置;为采用合理的自然通风和改善自然采光而开设的天窗和侧窗;产生有害气体、粉尘和烟雾等生产过程的机械化、密闭化或空气净化设施;为消除各种有害物质及粉尘而设置的吸尘设备及防尘设备;防止辐射热危害的装置及隔热防暑设施;对有害健康工作的厂房或地点实行隔离的设施;工作厂房或辅助房屋内的防寒取暖设施;为劳动保护而设置对原料或加工材料的消毒设备;为减轻或消除工作中的噪声及振动的设施等。

辅助设施主要有:在高温、粉尘、易脏的工作和有关化学物品和毒品的工作中,为职工设置的淋浴设备和有关设备;车间或工作场所的休息室、用膳室及食物加热设备;寒冷季节露天作业的取暖室;女职工卫生室及设备等。

2.配置要求

(1)安全设施应为具有资质的生产企业生产的合格产品,其技术性能应符合设计或施工设计的要求。

(2)安全设施在进场前应按规定对其进行质量检验,确认合格,并形成相应的资料。

(3)采购的安全防护用具、机械设备及其配件,必须由具有资质的企业生产,具有合格证,并在进场前进行验收,确认合格并形成存档资料。

(4)施工用仪表、计量器等器具,使用前应由有资质的检测机构进行检测、标定。

(5)给排水工程中使用的原材料,必须符合环保要求,不得污染水质。

(6)租赁机械、设备、安全防护用具,必须明确租赁双方安全责任,签订安全协议。进场前,应经专业人员检验,确认其安全技术性能符合要求,并形成资料存档。

思考题

1.公路施工工程应采取哪些主要的安全技术措施?

2.公路施工工程物资准备过程要注意哪些安全问题?制作成Excel表列出。

第五节 安全投入

一、学习目标

通过学习,掌握安全生产投入的来源,熟悉安全投入的使用,能编制公路施工安全投入计划。

二、资料准备

查阅安全生产相关的法律法规,找出关于安全生产投入相关的条款。

三、学习内容

在项目准备阶段,就必须根据安全生产的要求做好安全投入的计划。建立健全公路工程施工企业安全生产投入的长效保障机制,从资金和设施装备等物质方面保障安全生产工作正常进行。即使具有本质安全性能、高度自动化的生产装置,也不可能全面地、一劳永逸地控制和预防所有的危险、有害因素(例如维修等辅助生产作业中存在的、生产过程中设备故障造成的危险、有害因素)和防止作业人员的失误。

知识链接

《中华人民共和国安全生产法》第十八条 生产经营单位应当具备的安全生产条件所必需的资金投入,由生产经营单位的决策机构、主要负责人或者个人经营的投资人予以保证,并对由于安全生产所必需的资金投入不足导致的后果承担责任。

《中华人民共和国安全生产法》第八十条 生产经营单位的决策机构、主要负责人、个人经营的投资人不依照本法规定保证安全生产所必需的资金投入,致使生产经营单位不具备安全生产条件的,责令限期改正,提供必需的资金;逾期未改正的,责令生产经营单位停产停业整顿。

《建设工程安全生产管理条例》第八条 建设单位在编制工程概算时,应当确定建设工程安全作业环境及安全施工措施所需费用。

《建设工程安全生产管理条例》第二十二条 施工单位对列入建设工程概算的安全作业环境及安全施工措施所需费用,应当用于施工安全防护用具及设施的采购和更新、安全施工措施的落实、安全生产条件的改善,不得挪作他用。

《建设工程安全生产管理条例》第六十三条 违反本条例的规定,施工单位挪用列入建设工程概算的安全生产作业环境及安全施工措施所需费用的,责令限期改正,处挪用费用20%以上50%以下的罚款;造成损失的,依法承担赔偿责任。

(一)安全投入的资金来源

参考建质函[2006]366号《高危行业企业安全生产费用财务管理暂行办法》相关要求:

(1)企业应当建立安全生产费用管理制度。安全生产费用(以下简称安全费用)是指企业按照规定标准提取,在成本中列支,专门用于完善和改进企业安全生产条件的资金。

(2)安全费用按照"企业提取、政府监管、确保需要、规范使用"的原则进行财务管理。

(3)建筑施工企业以建筑安装工程造价为计提依据。各工程类别安全费用提取标准如下:

①房屋建筑工程、矿山工程为2.0%;

②电力工程、水利水电工程、铁路工程为1.5%;

③市政公用工程、冶炼工程、机电安装工程、化工石油工程、港口与航道工程、公路工程、通

信工程为 1.0%。

建筑施工企业提取的安全费用列入工程造价,在竞标时,不得删减。国家对基本建设投资概算另有规定的,从其规定。

(二)编制安全投入计划

1. 安全投入的类型

(1)主动投入

主动投入是从过程的安全目的出发,预先采取的各种措施而进行的投入。这种投入是主动的、积极的、有意识的和必不可少的。主动投入,一般包括:安全技术措施、安全检测、安全教育、劳动保护用品、保健费用、安全奖励及其他与安全有关的主动投入。

(2)被动投入

被动投入,一般是指在事故发生后造成的经济损失及产生的社会影响和危害。这种投入是消极的、被动的、无可奈何的,它也并不是不可避免的。被动投入,包括事故造成的直接损失和间接损失。按照我国有关规定,前者是指事故造成人身伤亡及善后处理支出的费用和毁坏财产的价值,后者指因事故导致产值减少、资源破坏和事故影响而造成的其他损失价值。

2. 安全投入计划

安全投入计划编制是针对主动投入而言的。公路工程施工过程中,应该安排用于安全生产的专项资金,进行安全生产方面的技术改造,增添安全设施和防护设备以及个体防护用品;配备安全卫生管理、检查、事故调查分析、检测检验用房和检查、检测、通信、录像、照相、微机、车辆等设施、设备;根据生产特点,适应事故应急预案措施的需要,配备必要的训练、急救、抢险的设备、设施,以及安全卫生管理需要的其他设备、设施;配备安全卫生培训、教育(含电化教育)设备和场所。施工单位应根据安全管理的需要,配备必要的人员和管理、检查、检测、培训教育和应急抢救仪器设备和设施。如设置卫生室并配置相应的急救药品,高温作业需要设置有空调的休息室,采取必要的降温措施;化工装置有的需要设置相应的防毒面具、淋洗、洗眼器等。

(三)安全生产台账

检查安全台账是检查安全投入是否合法的一条有效的途径。安全生产台账一般包括:

(1)建立安全生产管理机构的文件(以文件形式公布的安全领导小组、安全管理组织等)。

(2)安全生产责任制、安全责任状、岗位职责(以文件公布的各级岗位的责任制、岗位职责和各层各级签订的安全生产责任状)。

(3)安全生产管理制度(检查制度、教育培训制度、隐患排查和事故处理制度、各个岗位操作规程等)。

(4)上级部门制订和下发的各类文件、通知、通报等。

(5)安全宣传教育培训、学习、活动资料、新工人(含民工和临时工)三级安全教育。

(6)安全生产检查记录。

(7)安全生产会议记录。

(8)特种设施设备,特种作业人员相关资料。

(9)安全设施设备检测检验相关的资料。

(10)安全评价报告及各类行政许可资料。

(11)危险源点危险物品登记、监控措施等相关资料。
(12)安全费用提取和资金投入相关资料。
(13)事故应急预案及演练资料、事故记录和报告资料,安全事故处理材料。
(14)劳保用品购买、发放登记台账。
(15)其他有关资料。

❓思考题

思考安全投入的准备,并举例说明。

第二章　公路工程施工前期工程安全控制

公路工程施工现场安全控制主要从公路施工前期工程、路基施工、路面施工以及公路施工过程涉及的涵洞、桥梁、隧道等项目施工来进行安全控制。

公路施工前期工程,主要包括:测量、砍树、拆迁、现场临时用电布置、排水设施布置、消防设置、施工临时设施搭设、施工机械、临时码头设置等工作。

案例导学2

2003年8月13日,河南省某公路工程喜气洋洋地开工了。15日下午,项目经理刘某到立交桥下叫了6名农民工拆除27号居民房。27号居民房共三层,刘经理安排每层两人同时作业,并告诉他们,如效率高,则项目部计划长期请他们承接零星工程。16时40分,二层的王某正得意自己把东面墙推翻了,突然听到一声"哎呀",只见一人从三楼落下,他急忙叫同伙杨某停住,一起下去看,只见三楼的陈某四脚朝天躺在一堆碎瓦片中,王某一边喊救命,一边快速跑过去拉陈某,没想到自己也很快地倒下了,同伙杨某去拉陈某也倒下了,后面几个同伴看了再也不敢上去,只是拼命喊救命引来好多群众。"触电了",一个群众一边喊,一边快速找来一根木棍挑出压在陈某身下的一根电线,组织大伙一起上前抢救。但因时间太长,陈某和王某都不幸身亡,杨某幸存下来。

这是公路施工前期工程发生的一起事故,结合本任务的学习情境,分析事故发生的原因及在事前应采取的防范措施。

第一节　施工测量安全

一、学习目标

了解施工测量作业及其所使用的工具,熟悉测量工具的安全使用、测量作业过程的安全要点,能进行测量作业的安全预防与安全检查。

二、资料准备

(1)查阅测量作业内容、测量工具安全要求。
(2)准备水准仪、经纬仪、全站仪等测量仪器。

三、学习内容

(一)施工测量认识

1.测量定义

测量学的内容包括:测定和测设两个部分。测定是指使用测量仪器和工具,通过测量和计算,得到一系列测量数据,或把地球表面的地形缩绘成地形图。测设是指把图纸上规划设计好的建筑物、构筑物的位置在地面上标定出来,作为施工的依据。本教材所述的测量主要是指测

图 2-1 测量工作图

设。测量工作现场如图 2-1 所示。

2. 施工测量目的

施工测量贯穿于整个施工过程,从道路导线、水准联测、中边线放样、桥隧等构筑物的轴线定位,到基础工程施工,桥梁下部构造到桥梁上部构件的安装和桥梁的桥面系施工以及施工场地平整等,都需要进行施工测量。只有这样,才能使工程结构或建筑物各部分的尺寸、位置和高程符合设计要求。有些高大或特殊的建筑物及软土地质的路基及结构物在建成后,还要定期进行沉降观测与变形观测,以便积累资料,掌握下沉和变形的规律,为今后建筑物、道路及结构等的设计、维护和使用提供资料。

(二)施工测量安全控制

从事施工测量的单位,应该根据测量安全防范要求,结合本单位的实际情况,制订出全面、细化的测量作业安全管理规定和安全技术要求,并对全体测量人员进行教育,使他们了解、掌握并执行这些安全管理规定和安全技术要求。在制订安全管理规定和安全技术要求时,还需要特别注意,防护措施的安全可靠性至少经过测量现场第一负责人进行验收、确认。

1. 测量工具的安全使用

测量工具主要有水准仪、经纬仪、全站仪及配套的三角架、对中杆等,如图 2-2 所示。

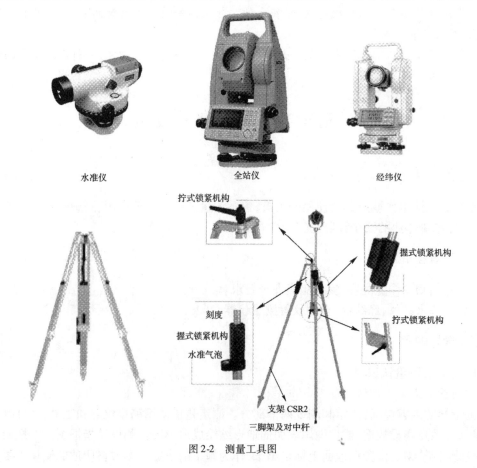

图 2-2 测量工具图

测量仪器比较精密,大部分在户外使用,经常需要人工搬移,在使用过程除了要严格遵循仪器的安全操作规程外,还要注意仪器使用过程的安全问题。下面以水准仪为例,说明其安全操作规程,其他测量仪器可参照执行。

1)水准仪安全操作规程

(1)安置仪器

先打开三脚架,放稳然后从箱内取出仪器,用中心螺旋把水准仪连接在三角架上,再移动脚架,使架头大致水平,高度适合观测者的身高,初次使用水准仪,要注意仪器在箱内的安放位置,以便用完后按原样放回。

(2)粗略整平

粗略整平的目的是使仪器的竖轴基本处于铅垂位置,旋转仪器下部的脚螺旋,使圆水准器的气泡居中,视线大致水平。

如果圆水准器的气泡不居中,为使其居中,先用手握住两个脚螺旋,按相对的运动方向,同时转动脚螺旋,使气泡移动。转动第三个螺旋,使气泡移动到圆水准器上小圆圈中心即可,注意气泡的移动方向与右手食指移动的方向一致。

(3)照准

照准的目的是使望远镜对准水准尺,以便从望远镜中看清水准尺。

(4)精平

精平是指用微倾螺旋,使符合水准器的气泡严格居中,视线处于平位置,观测员在完成照准工作后、读数前一定要转动微倾螺旋,使观测孔中气泡两半像吻合,旋转微倾螺栓时,气泡左半像的移动方向与右手拇指的移动方向一致。

(5)读数

读数是指视线水平时,将十字横丝在水准尺上所对准的刻画值读出来,一般水准测量要读出四位数,根据尺子的刻画和注记直接读出米、分米和厘米,最后估读毫米读数。

2)测量仪器使用过程安全控制

(1)使用仪器前必须先详细阅读仪器操作说明书及注意事项。

(2)仪器从箱内取出需小心,应轻拿轻放,一手握住照准部,另一手握住三脚基座,切勿用手握扶望远镜。

(3)仪器在三脚架上安装时,要一手握扶照准部,另一手旋动三脚架的中心螺旋,防止仪器滑落,卸下时也应如此。

(4)观测时,旋转仪器应手扶照准部,不要用望远镜旋转仪器。

(5)仪器接有关外挂设备,必须注意插件的方向,以免损坏仪器、仪器附件脚架、棱镜杆不得斜靠在墙上和树上,以免摔坏。

(6)仪器在使用过程中不得离人,以免发生意外。

(7)外露的光学零件表面如有灰尘时,可用软毛刷轻轻刷去,如有水汽或油污,可用脱脂棉或镜头纸轻轻地擦净,切不可用手帕、衣服擦拭光学零件表面。

(8)长途运输仪器时,最好进行外包装,并一定要使仪器捆得结实,切勿相互移动碰击。

(9)在外业施测搬离测站时,如果距离较近,仪器可连同三脚架一起搬动,但必须小心,最好把三脚架挟在肋下,仪器放在前面,以手保护。一般最好不要扛在肩上行走,如果距离较远,要取下仪器放进仪器箱内搬走。

(10)仪器使用完毕后,要用布或毛刷清除仪器表面的灰尘,然后再把仪器装入箱内。

2. 施工测量作业的安全控制

(1)在密林丛草间进行施工测量时,应遵守护林防火规定,严禁烟火(图2-3),并需要根据不同地区的具体情况,制订和落实预防有害动、植物伤害,自然环境危害以及预防迷路等的措施、办法。

(2)测量打桩要注意周围行人、车辆的动态情况,保证其安全,不得两人对面使锤。钢钎和其他工具不得随意抛扔。测量打桩现场,如图2-4所示。

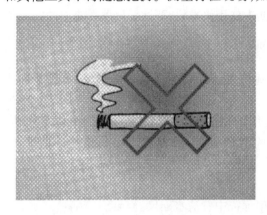

图2-3 严禁烟火　　　　　　　　　　图2-4 测量打桩

(3)测量人员在高压线附近工作时,必须保持足够的安全距离(表2-1)。遇雷雨等天气情况,要停止作业,不得在高压线、大树下停留。

在施工工程的外侧边缘与外电线路最小安全距离　　表2-1

外电线路电压(kV)	<1	1~10	35~110	154~230	330~500
最小安全操作距离(m)	4	6	8	10	15

图2-5 高处作业

(4)在陡坡及危险地段测量时,应系安全带,脚穿软底轻便鞋。在桥墩等高处作业环境下测量时,应有预防测量人员从高处坠落的安全措施,如图2-5所示,切忌不要以测量时间短等为理由,而忽视高处测量作业的安全措施。

(5)在公路、城市道路、街道等存在公共交通的区域内测量时,必须要设责任心强的人员,专门负责警戒。特别情况下,还可以请当地公安交通管理部门派员协助,以确保交通安全。

(6)水文测量人员应穿救生衣,在陡峻的水域边缘进行观测时,也应设简易便道和安全防护措施。在通航水域上进行测量时,应按照有关规定,向港航、海监等主管部门申请,办理相关手续。从事测量的船只应符合规定,配备信号装置。在通航水域中抛锚时,应按港航监督部门的规定设置信号,并委派责任心强的人员,专门负责瞭望。夜间进行水文测量时,必须保证足够的照明。

(7)冰上测量时,应向当地有关部门了解冰封情况,确认无危险后,也还要制订出相应的应急预案,并加以落实。遇有封冰不稳定、冰融等情况,不得在冰上进行测量。

❓ 思考题

1. 使用施工测量工具时,要注意哪些安全事项?
2. 施工测量作业过程如何进行安全控制?

第二节　砍伐树木安全

一、学习目标

了解砍伐树木作业程序,掌握砍伐树木安全控制要点,能进行砍伐树木作业安全布置及安全检查。

二、资料准备

(1)查阅砍树作业工序内容。
(2)用 Word 文档设计制作一份安全检查表。

三、学习内容

1. 砍伐树木作业认识

按设计图纸测量,确定公路施工导线后,如果导线中有影响施工的杂草、树木,就要进行清除杂草、砍伐树木的工作。砍伐树木是用刀、锯子等工具截断树木、清除树根的作业过程,如图2-6 所示。

图 2-6　砍伐树木示意图

2. 砍伐树木的安全控制

(1)伐树前,要注意个人防护,戴好安全帽、防切割手套(图2-7)、护目镜,穿好防护鞋。
(2)伐树范围内要布置警戒带,安排警戒人员,阻止无关人员逗留、接近,并选好安全避让地点。
(3)砍伐树木警戒带范围内,严禁吸烟,如需明火作业,需经过主管部门审批。审批时,应写明要求和注意事项等。作业时,应按规定设监护人员;作业后,必须确认无火源危险时,方可离开。

图 2-7　防切割手套

(4)砍伐之前,应将周围有碍砍伐作业的杂草、灌木和藤条砍除,清除的杂草、树木严禁放火焚烧,以防引起火灾。

(5)砍伐树木不得倒向有树方向,为使树木按预定方向倾倒,要在树木下部倒树方向砍一剁口,其深度为树干直径的1/4,然后再从剁口上边缘的对面开锯,最后应锯留2~3cm安全距离。

(6)砍伐树木时,应先伐小树,后伐大树,截锯和溜放地区之间,应互相保持一定的安全距离。

(7)截锯木料时,三叉马和树干垫撑必须稳固。

(8)在陡坡悬岩处砍伐树木时,必须系安全带。要制订和采取防止树木伐倒后顺坡溜滑和撞落石块伤人的措施。严禁在同一坡段上下层同时作业。

(9)大风、大雾和雨天不得进行伐树和溜放作业。

❓ 思考题

1. 砍伐树木之前,要做好哪些安全措施准备?
2. 砍伐树木时,要注意哪些安全事项?

第三节 拆除工程安全

一、学习目标

了解各种拆除工程作业内容,掌握拆除工程安全控制要点,能进行拆除工程作业安全措施设置及拆除作业前、作业中、作业后安全检查。

二、资料准备

(1)查阅各种拆除工程施工内容、方法。
(2)用Word文档设计制作一份安全检查表。

三、学习内容

(一)拆除工程概述

拆除工程是指依靠工具、机械或特殊材料对建(构)筑物实施解体和破碎的方法。拆除有人工拆除、机械拆除、爆破拆除、静力破碎等方法。拆除工程必须编制专门的施工安全措施,其内容主要包括:拆除对象和现场情况,所采取的拆除方法的安全可行性论证,拆除的具体步骤,拆除工程所需机械、材料的名称、型号、数量、品牌、施工单位的拆除资质等。拆除工程的施工安全措施,至少要经过项目总工程师批准,并指定一名领导现场指挥、监督。拆除过程如图2-8所示。

(二)拆除工程安全控制

1. 拆除前的准备工作

(1)建(构)筑物拆除前,要与原产权单位联系,了解其中的情况,是否存放有易燃、易爆、有毒物质,并将其妥善处理。

(2)要进行安全检查。
(3)要将与拆除物有连通的电线、水、气管道切断。
(4)四周设安全警戒线、安全护栏、警示标志。

2. 人工拆除

1)人工拆除的定义

人工拆除方法指依靠手工加上一些简单工具,如钢钎、榔头、风镐、手动葫芦、钢丝绳等,对建(构)筑物实施解体和破碎的方法,如图2-9所示。

图2-8 拆除工程

图2-9 人工拆除

2)人工拆除的特点

(1)施工人员必须亲临拆除点操作,进行高空作业,危险性大。
(2)劳动强度大、拆除速度慢、工期长。
(3)气候影响大。
(4)易于保留部分建筑物。

3)人工拆除的适用范围

拆除砖木结构、混合结构以及上述结构的分离和部分保留拆除项目。一般高度不超过6m(二层),面积不大于$1000m^2$。

4)人工拆除的安全要点

(1)拆除房屋时,应佩戴安全帽,穿防穿刺的硬底防滑鞋,严禁吸烟和使用明火。
(2)进行人工拆除作业时,楼板上严禁人员聚集或堆放材料,作业人员应站在稳定的结构或脚手架上操作,被拆除的构件应有安全的放置场所,作业面的孔洞应封闭。
(3)人工拆除作业,应从外到内,从上到下,逐层拆除,分段进行,严禁上下同时作业。
(4)被拆除建(构)筑物高度超过2m,坡度大于25度时,应该搭设结构脚手架,同时,还要防止拆除某一部分时,其他部分发生坍塌。
(5)拆除楼房时,必须搭设架子,从上至下逐层拆除。拆下物料应从溜放槽中溜放,较大物件应设吊绳,不准乱投。
(6)拆除墙身时,注意不要几面墙同时拆,而要分向、依次拆除。拆除作业必须在墙外进行,一般严禁采用掏掘或推倒的方法。遇有特殊情况必须采用推倒法的时候,必须要遵守有关规定,即砍切墙根的深度不能超过墙厚的1/3,墙的厚度小于两块半砖时,决不能掏掘,为防止墙壁向掏掘方向倾倒,在掏掘前,要先用支撑支牢。建筑物推倒前,要发出信号,负责发信号的人员要待全体工作人员避至安全地带后,才能发出信号。

(7)旧有的栏杆、楼梯、楼板,不得先行拆除,承重支柱和横梁,要等其所承担的全部结构拆掉后,才能拆除。

(8)拆除梁或悬挑构件时,应采取有效的下落控制措施,方可切断两端的支撑。

(9)拆除柱子时,应沿柱子底部剔凿出钢筋,使用手动倒链定向牵引,再采用气焊切割柱子三面钢筋,保留牵引方向正面的钢筋。

(10)拆除混凝土楼板时,绝对不要站在楼板上敲砸楼板,以防止其折断、坠落伤人,绝对不要让信号指挥人员站在被起吊的楼板上指挥。用起重机起吊楼板等时,要认真检查被吊物件和吊环是否有断裂、损坏、腐蚀等情况,如果有,则应采取捆绑等安全措施后,方准作业。吊运时,还要密切注意,确认被吊物件与其他构件没有连接后,方可正式调运。

(11)拆除铝铁顶、石棉瓦顶房屋时,要搭设不小于30cm宽的脚手板,以防止踩破房顶,造成高处坠落事故。

(12)拆除烟囱时,必须搭设脚手架,自上至下逐层拆除,拆下的砖、渣等应投入烟道内。

(13)在可以采用拉倒法的拆除作业中,大绳必须完好,画定警戒线,安排好警戒人员,拉绳人以及所有其他人员至少要站在2倍以上墙身高度以外的距离(即该墙倒塌范围以外的地方)。

3. 机械拆除

1)机械拆除的定义

机械拆除方法指使用大型机械,如挖掘机、镐头机、重锤机等对建(构)筑物实施解体和破碎的方法,如图2-10所示。

图2-10 机械拆除

2)机械拆除的特点

(1)施工人员无需直接接触拆除点,无需高空作业,危险性小。

(2)劳动强度低,拆除速度快、工期短。

(3)作业时扬尘较大,必须采取湿式作业法。

(4)对需要部分保留的建筑物,必须先用人工分离后方可拆除。

3)机械拆除的适用范围

用于拆除混合结构、框架结构、板式结构等高度不超过30m的建筑物、构筑物及各类基础和地下构筑物。

4)机械拆除的安全要点

(1)机械拆除建筑物时,应从上至下、逐层逐段进行。应先拆除非承重结构,再拆除承重结构。

(2)拆除框架结构建筑,必须按楼板、次梁、主梁、柱子的顺序进行施工。对只进行部分拆除的建筑,必须先将保留部分加固,再进行分离拆除。

(3)拆除钢屋架时,必须采用绳索将其拴牢,待起重机吊稳后,方可进行气焊切割作业。

(4)拆除桥梁时,应先拆除桥面的附属设施及挂件、护栏等。

(5)施工时,应按照施工组织设计选定的机械设备及吊装方案进行施工,严禁超载作业或任意扩大使用范围。

(6)供机械设备使用的场地,必须保证足够的承载力。作业中的机械不得同时回转、行走。

(7)高处拆除作业时,对较大尺寸的构件或沉重的材料,必须采用起重机具及时吊下。采用双机抬吊作业时,每台起重机载荷不得超过允许载荷的80%,且应对第一吊进行试吊作业,施工中必须保持两台起重机同步作业。

(8)拆卸下来的各种材料,应及时清理,分类堆放在指定场所,严禁向下抛掷。

(9)施工中,必须由专人负责监测被拆除建筑的结构状态,做好记录。当发现有不稳定状态的趋势时,必须停止作业,采取有效措施,消除隐患。

4. 爆破拆除

采用爆破法进行拆除工程时,必须有经批准的控制爆破的设计文件,应严格按照建筑爆破安全规程进行作业。

1)爆破拆除定义及作业程序

爆破拆除是利用炸药在爆炸瞬间产生高温高压气体对外做功,借此来解体和破碎建(构)筑物的方法,如图2-11所示,其作业程序如下。

(1)编写安全专项施工方案

应根据结构图纸(或实地查看)、周围环境、解体要求,确定倒塌方式和防护措施。应根据结构参数和布筋情况,决定爆破参数和布孔参数。

(2)爆前的施工准备

按设计的布孔参数钻孔,按倒塌方式拆除非承重结构,由技术人员和施工项目负责人进行验收。

图2-11 爆破拆除

(3)组织装药接线

由爆破负责人根据设计的单孔药量组织制作药包,并将药包编号。对号装药、堵塞。根据设计的起爆网络接线联网。由施工项目负责人、设计负责人、爆破负责人联合检查验收。

(4)安全防护

由施工项目负责人指挥作业人员根据防护设计进行防护,由施工项目负责人、设计负责人、安全管理人员进行检查验收。

(5)警戒起爆

由安全员根据设计的警戒点、警戒内容组织警戒人员。由施工项目负责人指挥,安全员协助清场,警戒人员到位。零时前五分钟发预备警报,开始警戒,起爆员接雷管,各警戒点汇报警戒情况。零时前一分钟发起警报、起爆器充电。零时发令起爆。

(6)检查爆破效果

由爆破负责人率领爆破员对爆破部位进行检查,发现哑炮立即按《拆除爆破安全规程》(GB 13533—92)规定的方法和程序排除哑炮,待确定无哑炮后,解除警报。

(7)破碎清运

用镐头机对解体不充分的梁、柱作进一步破碎,回收旧材料,垃圾归堆待运。

2)爆破拆除的特点

(1)施工人员无需进行有损建筑物整体结构和稳定性的操作,人身安全最有保障。

(2)一次性解体,其扬尘、扰民较少。

(3)拆除效率最高,特别是高耸坚固建筑物和构筑物的拆除。

(4)对周边环境要求较高,对临近交通要道、保护性建筑、公共场所、过路管线的建筑物和构筑物必须作特殊防护后方可实施爆破。

3)爆破拆除的适用范围

用于拆除砖木结构以外的任何建筑物、构筑物及各类地下、水下构筑物。

4)爆破拆除安全施工要点

(1)爆破拆除工程、应根据周围环境、作业条件、拆除对象、建筑类别、爆破规模,按照现行国家标准《爆破安全规程》(GB 6722—2003)将工程分为 A、B、C 三级,并采取相应的安全技术措施。爆破拆除应作出安全评估并经当地有关部门审核批准后方可实施。

(2)从事爆破拆除工程的施工单位,必须持有工程所在地法定部门核发的《爆炸物品使用许可证》,承担相应等级的爆破拆除工程。爆破拆除设计人员,应具有承担爆破拆除作业范围和相应级别的爆破工程技术人员作业证。从事爆破拆除施工的作业人员应持证上岗。

(3)购买爆破器材,必须向工程所在地法定部门申请《爆炸物品购买许可证》,到指定的供应点购买。爆破器材严禁赠送、转让、转卖、转借。运输爆破器材时,必须向工程所在地法定部门申请领取《爆破物品运输许可证》,派专职押运员押送,按照规定路线运输。爆破器材临时保管地点,必须经当地法定部门批准,严禁同室保管与爆破器材无关的物品。

(4)对烟囱、水塔类构筑物采用定向爆破拆除工程时,爆破拆除设计应控制建筑倒塌时的触地振动。必要时应在倒塌范围铺设缓冲材料或开挖防振沟。

(5)建筑基础爆破拆除时,应限制一次同时使用的药量。

(6)爆破拆除应采用电力起爆网路和非电导爆起爆网路。电力起爆网路的电阻和起爆电源功率,应满足设计要求。非电导爆管起爆应采用复式交叉封闭网路。爆破拆除不得采用导爆索网路或导火索起爆方法。装药前,应对爆破器材进行性能检测。试验爆破和起爆网路模拟试验,应在安全场所进行。

(7)爆破拆除工程的实施,应在工程所在地有关部门领导下成立爆破指挥部,应按施工组织设计确定的安全距离设置警戒。

(8)爆破飞散物的防护。在爆破部、危险的方向上对建筑物进行多层复合防护,把飞石控制在允许范围内。对危险区域实行警戒,保证在飞石飞行范围内没有人和重要设备。

(9)爆破振动的防护。分散爆点以减少振动,分段延时起爆,使一次起爆药量控制在允许范围内,隔离起爆,先用少量药量炸开一个缺口,使以后起爆的药量不与地面接触,以此隔振。

(10)爆破扬尘的控制。爆前对爆破建筑物用水冲洗,清除表面浮尘。爆破区域内设置若干"水炮"同时起爆,形成弥漫整个空间的水雾,吸收大部分粉尘。在上风方向设置空压水枪,起爆时打开水枪开关,造成局部人造雨,消除因解体塌落时产生的部分粉尘。

5.静力破碎

1)静力破碎的定义

静力破碎是使用静力破碎剂的水化反应使体积膨胀对约束体的静压产生的破坏做功,它适用于对建筑基础或局部块体的拆除。

2)静力破碎的安全施工要点

(1)当采用有腐蚀性的静力破碎剂作业时,灌浆人员必须戴防护手套和防护眼镜。孔内注入破碎剂后,作业人员应保持安全距离,严禁在注孔区域行走。在相邻的两孔之间,严禁钻孔与注入破碎剂同步进行施工。

(2)静力破碎剂严禁与其他材料混放。

(3)静力破碎时,发生异常情况,必须停止作业,查清原因并采取相应措施确保安全后,方可继续施工。

思考题

1.人工拆除工程要注意哪些安全问题?
2.如何进行机械拆除工程安全控制?
3.如何进行爆破拆除工程安全控制?

第四节 施工现场平面布置安全

一、学习目标

了解施工现场平面图设计的原则及设计内容,熟悉施工现场临时道路、临时设施、排水、消防等的安全要求,能进行施工现场平面布置的安全检查。

二、资料准备

(1)查阅有关公路施工规范中关于施工现场平面图设计的原则及设计内容。
(2)准备一张施工平面布置图,查阅施工现场平面布置需配置的安全设施。
(3)用 Word 文档设计制作一份施工现场平面安全检查表。

三、学习内容

(一)施工现场平面图设计的原则及设计内容

施工现场运输道路、临时供电供水线路、各种管道、工地仓库、构件加工车间、主要机械设备位置及办公、生活设施、防火设施等平面布置是工程施工过程中的重要组成部分,均应符合安全要求。因此,必须通过施工现场平面图(图2-12)设计来实现施工现场的安全、合理、优化布置。

1.设计原则

(1)满足施工要求,场内道路畅通,运输方便,各种材料能按计划分期分批进场,充分利用场地;材料尽量靠近使用地点,减少二次搬运。

(2)电器设施、线路、油库、易燃易爆品库、大型吊装设备、拌和设备以及加工场地等的布置,必须符合安全、消防、环保的要求。

(3)现场布置紧凑,减少临时设施用地,特别要少占农田。

(4)临时建筑、设施的布置,应便于职工办公、生产和生活。条件允许时,办公区、生产区、生活区应分离设置。办公区要与生产区保持适当距离,不宜过远或过近。福利设施应在生活区范围之内。

(5)临时建筑、设施、加工场地布置时,必须充分考虑当地的气候、水文、地质等因素,选择安全可靠的位置搭建。

(6)在保证施工顺利进行的条件下,尽可能减少临时设施费用。尽可能利用施工现场附近的原有建筑物作为施工临时设施。

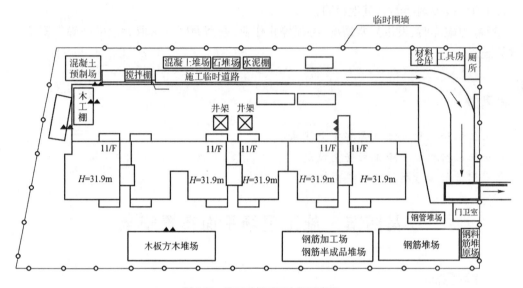

图 2-12 施工现场平面布置示意图

2.设计内容

施工现场平面图,应表示下列内容:

(1)施工现场总平面上应标注已建和拟建的地上和地下的一切公路、桥梁、隧道、构造物及其他设施的位置和尺寸。

(2)移动式起重机(包括有轨起重设备)开行路线及垂直运输设备、设施的位置。

(3)地形等高线,测量放线标桩的位置和取舍土方的地点。

(4)各种加工场地、各种拌和设备的位置。

(5)现场运输道路。

(6)承建工程及其临时设施与铁路、公路、航道相交叉部位。

(7)引入施工现场的铁路、公路、航道及临时搭建的便桥、码头、趸船等的位置。

(8)各种材料、半成品、构件等的仓库和堆场。

(9)办公室、宿舍、厨房、食堂、厕所、浴室、警卫室等的位置。

(10)临时给水排水管线、供电线路、蒸汽和压缩空气管道等的位置。

(11)一切安全及防火设施的位置(消防栓、高压泵房位置)。

(12)发电机房、油库、炸药库房等重点防火区域。

(二)施工现场平面布置安全控制

1.一般要求

(1)施工现场应按照规定设置防护设施、安全标志、警告标志,并不得擅自拆动。施工现场入口处应设置入场须知、现场安全管理规定牌、工程名称及总负责人、技术负责人、安全负责人牌、施工现场平面图等。

（2）上下交叉作业有危险的出入口，要有防护棚或其他隔离设施。距地面2m以上作业要有防护栏杆、挡板或安全网。

（3）对环境有污染的设施和材料，应设置在远离人员居住的较为空旷的地点。污染严重的工程场所，应配有防污染的设施。

（4）施工现场内的道路、现场用电、临时设施、生产生活房屋、易燃易爆仓库、料场、停车场以及动力通信线路的位置，均要符合防火、防触电、防洪、防风、防爆的要求。位于河流两岸的施工现场，在设置前要进行河流流量、水位和地形的调查，以保证所有的房屋、线路、机械设备、料具的堆放地点，均位于最高水位之上。

（5）水上作业应按照《中华人民共和国水上水下施工作业通航安全管理规定》（原交通部令1999年第4号）到当地有关主管部门办理水上施工许可证，并按照施工方案和水上作业的有关规定进行施工。水上作业应根据水流情况配备救生圈、救生快艇等。水上作业人员应穿救生衣。通航水域桥梁施工应采取防撞措施。渡船、拖船及其驾驶人员的证件、手续应办理齐全。渡船、拖船应配有安全设施，按规定核定其载质量、车辆、人数，严禁超载、超高、超宽。遇有上下船舶通过，不得横越抢渡。

2．施工临时设施

1）施工现场临时道路安全

施工现场道路，应按照施工组织设计的施工平面布置图修筑，一般用焦渣、砂、石做路面，并应压实、平整，道路断面的中间起拱，道路两侧应有排水设施。为避免道路堵塞，影响工作效率，甚至造成事故，办公区、生产区、生活区的道路应明显标示出边界线，并尽量布置成围绕建筑物的环形或U形，以方便进出。通往施工部位的施工便道应遵照下列要求布置。

（1）载重车辆通过较多的道路，其弯道半径一般不小于15m，特殊情况不得小于10m。急弯及陡坡地段应设置明显交通标志。铁路与公路交会处应由专人看管，并设信号装置和落杆。

（2）施工现场最小道路路面宽度应按表2-2设置。

施工现场最小道路路面宽度　　　　　表2-2

序号	车辆类型及要求	道路宽度(m)	备注
1	汽车单行道	不小于3.0	消防规定不小于3.5m
2	汽车双行道	不小于6.0	—
3	平板拖车单行道	不小于4.0	—
4	平板拖车双行道	不小于6.0	—
5	手推车道路	不小于1.5	—

（3）靠近河流和陡壁处的道路，应设防护栏和明显的警告标志。

（4）场内行驶的斗车、平车的轨道，应平坦顺直，纵坡不得大于3%，车辆应装配制动装置，轨道终点应设置倒坡和车挡。

（5）行走式工程机械通过的道路，要按照行走式工程机械爬坡能力，参照产品说明书设置。

2）搭建临时建筑应注意安全

（1）临时建筑，应按施工组织设计中确定的位置、规模搭设，不得随意改变。

(2)搭建临时建筑应根据现行《钢结构设计规范》(GB 50017—2003),《木结构设计规范》(GB 50005—2003)等进行施工设计。设计应经工程项目部总工程师审核批准后方能施工,竣工后应由项目经理部负责人组织验收,确认合格并形成文件,方可使用。

(3)使用装配式房屋应由有资质的企业生产,并有合格证。搭设后应经检查、验收,确认合格并形成文件后,方可使用。

(4)使用原有建筑应在使用前对其结构进行鉴定,确认符合安全要求并形成文件后,方可使用。

(5)临时建筑位置,应选择地质、水文条件良好的地方,避开架空线路、陡坡、低洼积水等危险地区,并不得占压各种地下管线。

(6)临时建筑搭设,必须符合安全、防汛、防火、防风、防雨(雪)、防雷、防寒、环保、卫生、文明施工的要求。

(7)施工区、生活区、材料库房等,应分开设置,并保持消防部门规定的防火安全距离。

(8)模板与钢筋加工场、临时搅拌站、厨房、锅炉房和存放易燃、易爆物的仓库等,应分别独立设置,且必须满足防火安全距离等消防规定。

(9)临时建筑的围护屏蔽及其骨架,应使用阻燃材料搭建。

(10)支搭和拆除作业,必须纳入现场施工管理范畴,符合安全技术要求。支、拆临时建筑应编制方案。作业中必须设专人指挥,执行安全技术交底制度,由安全技术人员监控,保持安全作业。在不承重的轻型屋面上作业时,必须先搭设临时走道板,并在屋架下弦设水平安全网。严禁直接踩踏轻型屋面。

(11)使用临时建筑过程,主管人员应经常检查、维护,发现损坏必须及时修理,保持完好、有效。

图 2-13 钢筋加工场

3)现场模板和钢筋加工场搭设安全要点

钢筋加工场如图 2-13 所示。

(1)现场应按施工组织设计要求布置加工机具、料场与废料场,并应设运输、消防通道。

(2)现场模板和钢筋加工场应单独设置,不得与材料库、生活区、办公区混合设置,场区周围应设围挡。

(3)模板制作场地的安全要求:

①木料、钢模、模板半成品的堆放,废料堆集和场内道路的修建,应做到统筹安排,合理布局。

②作业场地应搭设简易作业棚,修有防火通道,配备必需的防火器具,四周应设置围栏,作业场内严禁烟火。

③钢模、木材应堆放平稳,原木垛高不得超过 3m,垛距不得小于 1.5m,成材垛高一般不得超过 4m,每增加 0.5m 应加设横木。垛距不得小于 1m。作业场地应避开高压线路。

④下班前应将锯末、木屑、刨花等杂物清除干净,并要运出场地进行妥善处理。

(4)模板制作的安全规定和要求:

①制作模板时,应细致选料,钢模不得使用扭曲严重、螺丝孔过多、开裂等材料钢材;木模不得使用腐朽、扭裂和大横节疤等木料。

②制作钢木结合模板时,其钢木结合部位的强度、刚度,应符合设计要求。

③制作中应随时检查工具,如发现松动、脱落现象,应立即修好。

④用旧木料制作模板时,应将钉子、扒钉拔掉收集好,不得随地乱扔。

⑤使用木工机械的总体安全规定和要求:

a. 开机前必须添加润滑油脂,先试机,待各部机件运转正常后,方可开始工作。

b. 机械运转中,如有不正常的声音或发生故障时,应先切断电源,再进行检修。

c. 操作人员工作时,要穿"三紧"式工作服,并扣紧衣扣和袖口,理好衣角,严禁戴手套作业。留长发的必须戴工作帽,长发不得外露。

d. 木工机械上的转动部分,要装设防护罩或防护板。工作中更换刨刀、锯片、钻头或刃具时,必须切断电源,停止转动后方可拆装。

e. 使用铁夹钩吊运送木材时,应将铁夹钩钩牢,防止木材掉下。

⑥带锯机使用的安全控制要点:

a. 开动带锯机前,必须检查锯条有无裂纹、扭曲和锯条的松紧程度。如锯条齿侧的裂纹长度超过锯条宽度的1/6,锯条接头超过3个,锯条中间及后背有裂纹,锯条接头处裂纹超过10mm时,都不得使用。锯条的松紧程度应根据锯条的厚薄、宽窄进行调整,经试运转正常后,方可开始工作。

b. 原木入锯前,应清除钉子和渣石等杂物。跑车上的原木要稳定牢固,进锯速度要均匀。锯短木要用扒钉或拉杆固定后,再行加工。

c. 不得加工超过机械规定限度的特大原木。加工较长木材时,必须配备副手协助工作。

d. 不得用潮湿或带油的手指接触起动开关或其他电器设备。如发生电器设备故障或损坏时,不得擅自拆卸检查。

e. 跑车开动后,跑车前后和锯条两侧不得有人走动或停留。

f. 使用平台式带锯时,上下手操作人员要配合一致,上手不得将手送进台面,下手应等料头出锯20cm后,方可接料。

g. 小平台的电器开关要随用随开,用后立即关闭。平台式带锯加工木料回料时,木料要离开锯条2~5cm,并要注意劈裂和木节撞击锯条发生事故。

h. 作业中如遇停电,应将电闸关闭,防止来电后机械自行转动造成事故。

i. 带锯机的修理或拆放成捆的锯条,应踏紧锯条端头,控制松放,以防锯条回卷伤人。挫锯条时,要戴防护眼镜。修磨带锯的砂轮,应有防护罩,操作时应站在砂轮侧面。

j. 连接锯条,必须接合严密,平滑均匀,薄厚一致。

⑦圆盘锯使用的安全控制要点:

a. 操作人员要戴防护眼镜,站在锯片一侧,禁止站在与锯片同一直线上。锯片上方必须安装安全挡板和滴水设施。锯片不得有连续断齿。

b. 锯片运转正常后方可进行作业。接料要待料出锯片15cm,不得用手硬拉,木料锯到接近端头时,应由下手拉拽,上手不得用手推进。

c. 作业过程中,不得将木料抬高或左右扳动。送料力量要均匀,不得用力过猛,遇木节应减速。不得用木料挡刹锯片强制停车。调换锯片时,要等锯片自然停稳后方可进行。

d. 长度不足50cm的短料,不得上锯。半成品、边角料应堆放整齐。

⑧平刨机使用的安全控制要点:

a. 刨料前应将所刨材料上的钉子、灰垢和冰雪等杂物清除后,再进行操作。

b. 应根据所刨木料的材质情况,调整刨料速度。作业中严禁手指放在木节上。

c. 刨木材的大面时，手必须按在木料的上面。刨木材的小面时，手可以放在木材料的上半部。手指必须离开刨口3cm以上，每次刨削量不得超过1.5mm。被刨材料长度超过2m时，必须两人操作。料头越过刨口20cm后，下手操作者方可接料，但不得猛拉。

d. 活动式的台面，调整切削量时，必须切断电源，停止转动后方能进行调整，防止台面与刨刀接触造成事故。

e. 刀架夹板必须平整贴紧。合金刀片焊缝的高度不得超过刀头。固定刀片的螺丝应钳入槽内，离刀背不得少于10mm。

f. 平面刨作业中，操作人员不得将手伸进安全挡板里侧移动挡板，不得拆除安全挡板进行刨削。

g. 材料需要调头刨削时，必须双手持料离开刨口，并注意周围环境，防止伤人。

⑨压刨机使用的安全控制要点：

a. 压刨机床必须使用单向开关，不得使用倒顺开关。

b. 送料必须平直，发现材料走横或卡位，应停机拨正。操作人员接送时，手指应离开滚筒20cm以外，接料必须待料送出台面。

c. 操作人员应站在机床一侧操作，每次刨削量不得超过3mm。

d. 所刨材料不得短于前后压滚距离。厚度小于1cm时，必须垫衬托板。

⑩手电钻使用的安全控制要点：

a. 作业前，应检查有无漏电现象，并应戴好绝缘手套，穿上胶鞋或脚踏在木板上进行操作。

b. 钻头必须卡紧，大型电钻必须用双手扶把，钻杆要垂直。钻孔接近完成时，应轻压电钻，防止卡钻或扭断钻头。

c. 由底部向上部钻孔时，应用手或杠杆顶托钻把，不得用肩扛顶托钻把。向下钻孔时，不得用脚扶钻头，脚必须距离钻头至少20cm。

d. 电钻工作中，应用钻把调整对准孔位，不得手扶钻头对孔。

e. 操作中发现异常声音，应停止使用。工作后应切断电源，收好导线。

⑪台钻使用的安全控制要点：

a. 所钻材料必须夹紧，较长材料应使用托架。材料调头时，应双手扶料并要注意周围环境。

b. 操作中如发生凿芯被木渣挤塞，应抬起手柄用刷子等清除木渣，严禁用手清渣。

c. 拆装钻头时，应全部停钻后方能进行。钻头装夹必须牢固。

d. 不得用手触摸转动中的钻头，不得将工具或其他物品放在工作台上。

(5) 模板支立及拆除作业安全控制要点：

①在基坑或围堰内支模时，应检查基坑有无坍方现象，围堰是否坚固，确认无误后，方可操作。

②向基坑内吊运材料和工具时，应设溜槽或绳索系放，不得抛掷。机械吊送应有专人指挥。模板要捆绑结实，基坑内的操作人员要避开吊送的料具。

③用人工搬运，支立较大模板时，应有专人指挥，所用的绳索要有足够的强度，绑扎牢固。支立模板时，底部固定后再进行支立，防止滑动倾覆。

④支立模板要按工序操作。当一块或几块模板单独竖立和竖立较大模板时，应设立临时支撑，上下必须顶牢，操作时要搭设脚手架和工作平台。整体模板合拢后，应及时用拉杆斜撑固定牢靠，模板支撑不得钉在脚手架上。

⑤用机械吊运模板时,应先检查机械设备和绳索的安全性和可靠性,起吊后下面不得站人或通行。模板下放,距地面1m时,作业人员方可靠近操作。

⑥高处作业应将所需工具装在工具袋内。传递工具不得抛掷或将工具放在平台和木料上,更不得插在腰带上。

⑦在用斧锤作业时,应照顾四周和上下的安全,防止误伤他人。斧头刃口处应配刃口皮套。

⑧拆除模板时,应制订安全措施,按顺序分段拆除,不得留有松动或悬挂的模板,严禁硬砸或用机械大面积拉倒。拆下带钉木料,应随即将钉子拔掉。

⑨拆除模板不得双层作业,3m以上模板在拆除时,应用绳索拉住或用起吊设备拉紧,缓慢送下。

(6)钢筋加工作业安全控制要点:

①钢筋施工场地,应满足作业需要,机械设备的安装要牢固、稳定,作业前应对机械设备进行检查。

②钢筋调直及冷拉场地,应设置防护挡板,作业时非作业人员不得进入现场。

③钢筋切断机作业前,应先进行试运转,检查刃口是否松动,运转正常后,方能进行切断作业。切长料应有专人把扶,切短料时,要用钳子或套管夹牢。不得因钢筋直径小而集束切割。

④采用人工锤击切断钢筋时,钢筋直径不宜超过20mm,使锤人员和把扶钢筋、剪切工具人员身位要错开,并防止断下的短头钢筋弹出伤人。

(7)加工场不得设在电力架空线路下方,必须配置有效的消防器材,不得存放油、脂和棉丝等易燃品。含有木材等易燃物的模板加工场,必须设置严禁吸烟和防火标志。

(8)加工机具应完好,防护装置应齐全有效,电气接线应符合《施工现场临时用电安全技术规范》(JGJ 46—2005)的要求。加工机具应设工作棚,工作棚应具有防雨(雪)、防风功能。

(9)操作台应坚固,安装稳固并置于坚实的地基上,各机械旁应设置机械安全操作规程牌。

(10)加工场搭设完成后,应检查、验收,确认合格并形成有效文件后方可使用。

4)现场混凝土搅拌站搭设安全要点

现场混凝土搅拌站,如图2-14所示。

(1)施工前,应对搅拌站进行施工设计,平台、支架、储料仓的强度、刚度、稳定性,应满足搅拌站在拌和水泥混凝土过程中荷载的要求。

(2)搅拌站不得搭设在电力架空线路下方。

(3)现场应按施工组织设计的规定布置混凝土搅拌机、各种料仓和原材料输送、计量装置,并形成运输、消防通道。

(4)现场混凝土搅拌站,应单独设置,具有良好的供电、供水、排水、通风等条件和环保措施,周围应设围挡。

(5)搅拌机等机电设备应设工作棚,工作棚应具有防雨(雪)、防风功能。

(6)搅拌机、输送装置等,应完好,防护装置

图2-14 现场混凝土搅拌站

应齐全有效。电气接线,应符合《施工现场临时用电安全技术规范》(JGJ 46—2005)的要求。

(7)搅拌站的作业平台应坚固,安装稳固并置于坚实的地基上。

(8)搅拌站搭设完成后,应经检查、验收,确认合格并形成文件后方可使用。

5)临时码头建设安全要点

(1)施工现场的临时码头、栈桥、便桥位置,应按照当地有关部门批准的设计选址施工,并应配备相应的安全防护设施。

(2)临时码头位置,应选在河流两岸比较开阔,河床比较稳定,水流顺直,地质较好的河段,两岸引道应保持坚固稳定。

(3)码头的附属设备,如跳板、支撑、船环、柱桩等应牢固可靠。

(4)搭设的栈桥、便桥必须坚固可靠,桥面满铺木板。栈桥临水端应设置靠船的靠帮和系缆设施。通过栈桥、便桥的电线、电缆必须绝缘良好,并固定在桥的一侧。

(5)栈桥码头、便桥应有抗洪水、流冰及其他漂浮物的能力,工作人员应对各种设施经常维修。

(6)渡船、拖轮应配有安全设施,按规定核定其载质量、车数、人数,严禁超载、超高、超宽。遇有上下船舶通过,不得横越抢渡。

6)施工现场冬期生活供暖安全要求

(1)现场宜选用常压锅炉采取集中式热水系统供暖。

 知识链接:锅炉安全

①锅炉的选购过程中,要注意与当地政府特种设备监督管理部门取得联系,避免选购当地禁用的不合格的产品。

②锅炉安装前,亦应与当地政府特种设备监督管理部门取得联系,根据锅炉的类型和型号等,选择具有相应资质的合格的安装队伍。新安装或检修后的锅炉,自检合格后,报当地政府特种设备监督管理部门检查批准后,方可点火运行。

③锅炉应安装在单独建造的锅炉房内。锅炉房如与生产厂房相连时,应用防火墙隔开,其锅炉的容量应符合有关规定的要求。

④为了保证锅炉安全运行,必须建立健全严格的规章制度和安全技术操作规程,并认真加以实施。

⑤锅炉在运行中,如发生有严重威胁锅炉安全运行等情况时,应采取紧急停炉措施。

⑥投煤时,应注意检查煤炭中混杂的有害物质。

(2)采用电热供暖,应符合产品说明书的要求,严禁使用电炉供暖。

(3)现场不宜采用铁制火炉供暖,由于条件限制需采用时应符合下列要求:

①供暖系统应完好无损。炉子的炉身、炉盖、炉门和烟道应完整、无破损、无锈蚀。炉盖、炉门和炉身的连接,应吻合紧密,不得设烟道舌门。

②炉子应安装在坚实的地基上。

③炉子必须安装烟筒。烟筒必须顺接安装,接口严密,不得倒坡。烟筒必须通畅,严禁堵塞。烟筒距地面高度宜为2m。烟筒必须延伸到房外,与墙距离宜为50cm,出口必须安设防止逆风装置。烟筒与房顶、电缆的距离不得小于70cm,受条件限制不能满足要求时,必须采取隔热措施。烟筒穿窗户处必须以薄钢板固定。

④房间必须安装风斗,风斗应安装在房屋的东南方。

⑤火炉及其供暖系统安装完成后,必须经主管人员检查、验收,确认合格并颁发合格证后,方可使用。

⑥火炉应设专人添煤、管理。

⑦供暖燃料应采用低污染清洁煤。

⑧火炉周围应设阻燃材质的围挡,其距床铺等生活用具不得小于1.5m。严禁使用油、油毡引火。

⑨添煤时,添煤高度不得超过排烟出口底部,且严禁堵塞排烟出口。

⑩人员在房屋内睡眠前,必须检查炉子、烟筒、风斗,发现破损、裂缝、烟筒堵塞等隐患,必须及时处理,并确保安全。

⑪供暖期间应定期疏通烟筒,保持畅通。

(4)严禁敞口烧煤、木料等可燃物取暖。

3. 施工现场消防安全

(1)易燃易爆品仓库、发电机房、变电所,应采取必要的安全措施,严禁用易燃材料修建。炸药库的设置应符合国家有关规定,并经政府主管部门批准。工地的小型临时油库应远离生活区50m以外,并设置围栏。

(2)施工现场必须建立现场安全用火和消防制度。施工现场应当划分出用火作业区、易燃可燃材料场、仓库区、易燃废品临时集中站和生活区等区域。各类建筑设施、材料场区域之间的防火间距见表2-3。

各类建筑设施、材料场区域之间的防火间距(单位:m)　　表2-3

设施、场区	在施工工程	办公区、生活区	非燃烧材料仓库、露天堆场	易燃材料仓库	锅炉房、厨房及其他固定生产用火区	木料堆(圆木、方木成品半成品)	废料堆及草帘等
在施工工程	—	20	15	20	25	20	30
办公区、生活区	20	5	6	20	15	15	30
非燃烧材料、仓库、露天堆场	15	6	6	15	15	10	30
易燃材料仓库	20	20	15	20	25	20	30
锅炉房、厨房及其他固定生产用火	25	15	15	25		25	30
木料堆(圆木、方木成品半成品)	20	15	10	20	25	—	30
废料堆及草帘等	30	30	20	30	30	30	—

(3)在保证防火间距的基础上,施工现场消防措施还要满足下列要求:

①在防火间距范围内,不应堆放易燃和可燃物品。

②施工现场消防车道宽度不小于3.5m,当道路的宽度仅能供一辆车通行时,应在适当地点修建回转车场,严禁占用场内通道堆放材料。

③施工现场应设有足够供应消防用水的给水管道或蓄水池。

④施工现场的道路,夜间应有照明设备。

⑤现场临建设施、仓库、易燃物堆场和固定用火处,要有足够的灭火工具和设备,并要求布置在明显和便于取用的地点。消防器材周围5m内,不准存放任何物品。

⑥消防器材要有专人管理,定期检查,冬季要做好防冻,夏季要做好防曝晒工作。

⑦安装和使用电气设备时,必须严格遵守施工现场临时用电的规范要求。高压线下面不准搭设临时性建筑物或堆放可燃材料。配电室内禁止吸烟、生火。

⑧施工现场的生产、生活用火,设置、移动、增减,应经主管消防的领导批准,任何人不准擅自动用明火。

⑨木材堆放面积不要过大,堆垛与堆垛之间应保持一定的防火距离,木材加工的废料要及时清理,以防自燃。

⑩施工现场内从事电焊、气割作业人员,应遵守电焊、气割作业的安全技术操作规程。

4. 施工现场临时用电

施工现场临时用电线路按照临时用电的施工组织设计布设,并符合《施工现场临时用电安全技术规范》(JGJ 46—2005)的要求。施工现场较高的建(构)筑物、临时设施及重要库房,如炸药库、油库、发(变)电房、塔架、塔吊、龙门吊架、大型拌和设备等,均应架设避雷装置。

5. 施工现场排水设施

公路工程施工现场临时供排水应进行设计。根据生产、生活和消防对水的需求,确定用水量、选择水源、配水线路。施工现场生活用水应进行鉴定,其水质必须符合饮用水标准。水源应采取保护措施,防止污染。生产和生活污水、泥浆应合理设置排水沟、导流沟和泥浆池。

路基变形和破坏的主要原因之一是受水的影响。因此,必须十分重视路基的排水设计。路基水的来源有地面水和地下水。地面水有雨、雪和江河湖水。地下水有泉水、毛细水和间隙水等。它们都会使路基湿软,降低承载力,造成滑坡坍方或冻害翻浆等。

路基排水的目的是减小路基的湿度,保证路基常年处于干燥或中湿状态,确保路基路面的结构稳定。

考虑排水的原则,首先要查清水源,结合农田水利进行全面规划,排除隐患。水沟宜短不宜长,及时疏散,就近分流。要充分利用地形,不宜挖深沟,以减少水土流失。设计要注意就地取材,结构应经济实用,并作出优化选择。

路基排水综合设计平面布置图如图 2-15 所示。

1) 地面排水设施

地面排水设施常见的类型包括:边沟、截水沟、排水沟、跌水、急流槽、蒸发池等,分别设于路基的不同部位。

(1) 边沟

边沟主要用来汇积和排除路基范围及流向路基的少量地面水,通常设置在路堑、矮路堤、零填路基及陡坡路堤边缘外侧或坡脚外侧。

①边沟的横断面形式

a. 原地面为土质时,可采用梯形断面。

b. 原地面为石质时,可采用矩形断面。

c. 在矮路堤施工或采用机械化施工时,可采用三角形断面。

d. 防积砂和积雪路段,可采用流线型边沟,并可改善道路的景致、美观、舒顺。

断面形式见图 2-16 所示。

②边沟的断面尺寸

高速公路、一级公路边沟的底宽、深度不应小于0.6m,其他等级公路不应小于0.4m。当流量较大时,可根据水流量的大小加大边沟断面尺寸。

边沟内侧坡度见图2-16所示。

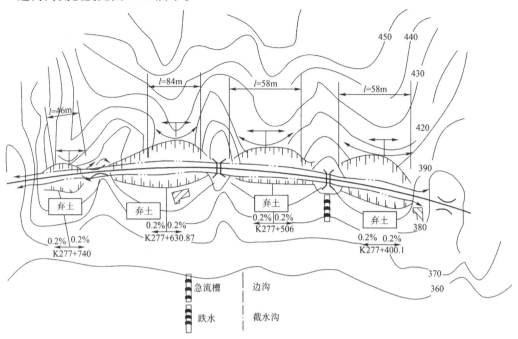

图2-15 路基排水综合设计平面布置图例

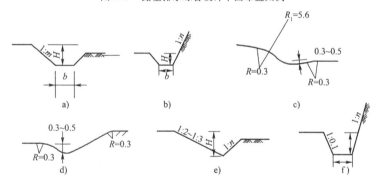

图2-16 边沟的横断面形式示意图(尺寸单位:m)
a)、b)梯形;c)、d)流线型;e)三角形;f)矩形

梯形边沟的内侧边坡一般为1:1~1:1.5。岩石边坡一般为1:0~1:0.1。浆砌边沟内侧边坡可直立。三角形边沟内侧边沟一般为1:2~1:3。各种沟渠外侧边坡与挖方边坡一致。

③边沟的纵坡与长度

边沟的纵坡应与路线的纵坡相一致,且不宜小于0.3%,以防淤积,在特殊情况下容许减至0.1%。路线纵断面设计时,为兼顾边沟的设置,在横向排水不畅路段及各级公路的长路堑路段,均应采用不小于0.3%的纵坡。路堑边沟的水流,不应流经隧道排出。

边沟的水应顺势排至低洼地段或天然河流,受地形的限制为防止水流漫溢或冲刷,边沟的单向排水长度一般不宜超过300~500m。若超过此值,则添设排水沟和涵洞,将水引出路基范围以外。

④边沟出水口处理

为防止冲刷,目前常采用排水沟、跌水或急流槽将边沟所汇集的水引至低洼地、天然河流处。在回头曲线处,应顺着原来边沟方向沿山坡开挖排水沟,将水引出路基范围以外。在由路堑过渡到路堤,边沟沟底到填土坡脚高差过大处,山坡路基在大坡下的回头曲线处,边沟水引向桥涵进口处等,水流的冲刷过渡,或使桥涵进口淤塞,或冲毁构造物的危险,必须采取加固措施予以解决。

(2)截水沟(又叫天沟)

①截水沟的设置和作用

挖方路基的堑顶截水沟应设置在坡口5m以外,并宜结合地形进行布设,填方路基上侧的路堤截水沟距填方坡脚的距离应不小于2m。在多雨地区,视实际情况可设一道或多道截水沟。其作用是拦截路基上方流向路基的地面水流,保护挖方边坡和填方坡脚不受水流冲刷。

②截水沟的构造和布置

如图2-17所示,路堑段挖方边坡上方设置的截水沟,图中距离$d \geqslant 5.0 \mathrm{m}$,土质不良地段可取$10.0 \mathrm{m}$或更大。截水沟下方一侧,可堆置挖沟的土方,要求做成顶部向沟倾斜2%的土台。路堑上方设置弃土堆时,截水沟的位置及断面尺寸,如图2-18所示。

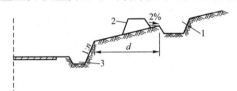

图2-17 挖方路段截水沟示意图
1-截水沟;2-弃土堆;3-边沟

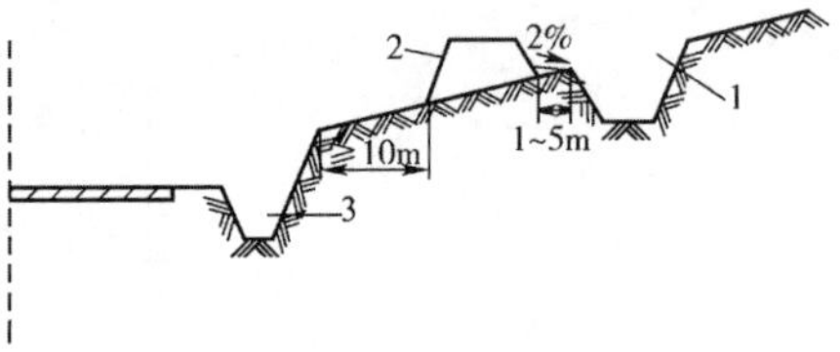

图2-18 挖方路段弃土堆与截水沟关系图
1-截水沟;2-土台;3-边沟

山坡填方路段可能遭到上方水流的破坏作用,此时必须设截水沟,以拦截山坡水流保护路堤。如图2-19所示,截水沟应与坡脚之间距离不小于2.0m,并做成2%向沟倾斜横坡,确保路堤不受水害。

图2-19 填方路段上的截水沟示意图
1-土台;2-截水沟

截水沟的横断面形式,一般为梯形,其边坡坡度因岩土条件而定。沟底纵坡不应小于0.3%,如图2-20所示。

沟底宽度b不小于0.5m,沟深h按设计流量而定,亦不应小于0.5m。

为尽快截住上方的水流,截水沟的布置应尽可能与水流的方向垂直。

截水沟的出水口,可用排水沟或跌水、急流槽相连接,将水引至山坡一侧的自然沟中或桥涵进水口处。截水沟在转弯处应以曲线相连,使水流畅通。为防止水流的冲刷和渗漏,应对截水沟进行防渗加固,必要时设跌水或急流槽。

(3)排水沟

①排水沟的作用

排水沟是将边沟、截水沟、取土坑所汇集的水流或路基附近的积水,引致桥涵或路基范围以外的天然河流、低洼地。

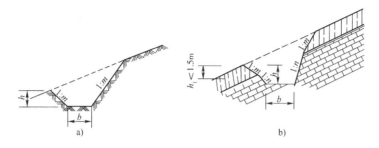

图 2-20　截水沟的横断面图例
a)土沟;b)石沟

②排水沟的横断面形式

排水沟的横断面一般采用梯形,尺寸大小应通过水利计算选定,底宽、沟深均不宜小于0.5m,边坡坡度一般定为1:1.5~1:1.0。

③排水沟的布置

排水沟的布置可根据需要并结合当地形条件而定,距路基尽可能远一点,一般距路基坡脚不宜小于4m。沟底纵坡应不小于0.3%,以1%~3%为宜,纵坡大于3%时沟渠应加固,大于7%时则必须修跌水或急流槽。其连续长度一般不宜超过500m,线形要求平顺、直接,需要转弯时可做成弧形,其半径尽量采用较大值,应不宜小于10~20m。当排水沟与其他水道连接,除顺畅外,要求连接处至构造物的距离应不小于2倍的河床宽度。

一般情况下,排水沟底是等宽的,沟底宽度不同时,要求徐缓相接,沟底渐宽值的长度如图 2-21 所示。渐宽值 L 按下式计算:

$$(b_2 - b_1)/L = 1/5 \sim 1/10$$

排水沟与其他沟渠相接时,力求水流舒顺。

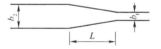

图 2-21　沟渠底宽的渐宽值

④沟渠加固

沟渠加固类型与沟底纵坡有关,表 2-4、表 2-5 所列可供设计施工时参照使用,沟渠加固断面图如图 2-22 所示。

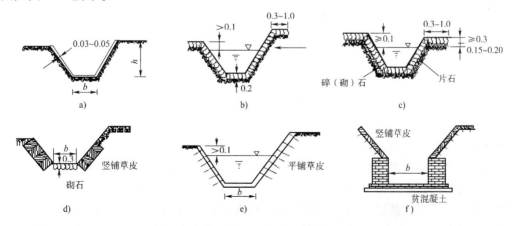

图 2-22　沟渠加固断面图(尺寸单位:m)
a)石灰三合土抹平层;b)干砌片石(碎石垫平);c)平铺草皮;d)浆砌片石(碎石垫平);e)竖铺草皮,砌石底;f)砖砌水槽

沟渠加固类型　　　　　　　　　　　　　　表2-4

形　式	名　称	铺砌厚度(cm)
简易式	平铺草皮	单层
	竖铺草皮	叠铺
	水泥砂浆抹平层	2～3
	石灰三合土抹平层	3～5
	黏土碎(砾)石加固层	10～15
	石灰三合土碎(砾)石加固层	10～15
干砌式	干砌片石	15～25
	干砌片石砂浆勾缝	15～25
	干砌片石砂浆抹平	20～25
浆砌式	浆砌片石	20～25
	混凝土预制块	6～10
	砖砌水槽	

加固类型与沟底纵坡关系　　　　　　　　　　表2-5

纵坡(%)	<1	1～3	3～5	5～7	>7
加固类型	不加固	1. 土质好,不加固；2. 土质不好,简易加固	简易加固或干砌式加固	干砌式或浆砌式加固	浆砌式加固或改用跌水

(4) 跌水槽与急流槽

①概念

在陡坡或深沟地段设置的沟底为阶梯,水流呈瀑布式跌落的沟槽称为跌水槽。在陡坡或深沟地段设置的坡度较陡,水流不离开槽底的沟槽称为急流槽。水流通过坡度大于10%、水头高差大于1.0m的陡坡地段或特殊陡坎地段时,宜设置跌水槽或急流槽,并对其采取加固措施。

②作用

跌水槽的作用是在较短距离内降低水流流速,消减水流能量。急流槽的作用是将上下游水位差较大的水流引致桥涵进口或路基下方。

③跌水槽的一般构造与布置

跌水槽、急流槽的形式、断面尺寸和位置的确定,应结合当地土质、地形及水流量的大小,必须保证能够宣泄全部的水流,适时予以加固并在适当地点与桥涵进口连接。

跌水槽、急流槽的纵坡大、水流冲刷较为严重,二者一般均须用浆砌片石或水泥混凝土砌筑,且基础应埋设牢固。因此,二者均为人工排水沟渠的特殊形式,即可单独使用,也可与其他排水构造物联合使用,形成完整的排水系统。

跌水分两种,即单级跌水和多级跌水。单级跌水适用于连接沟渠的水位落差较大,需要消能或改善水流方向,如边沟水进入涵洞前所设置的单级跌水——窨井,如图2-23所示。当陡坡较长时,为减缓水流速度,并予以消能,可采用多级跌水,其构造分为进水口、消力池和出水口三部分,如图2-24所示。各个组成部分的尺寸,由水力计算而定。一般情况下,如果地质条件良好,地下水位较低,设计流量小于$1.0～2.0\text{m}^3/\text{s}$,跌水台阶(护墙)高度$P$,最大不超过

2.0m。常用简易多级跌水,P 值约为 0.3~0.6m,每阶高度与长度之比一般应大致等于地面坡度。护墙要求石砌或混凝土浇注。墙基埋置深度约为水深 a 的 1.0~1.2 倍,并不得小于 1.0m,且埋入冰冻线以下。石砌墙厚不小于 0.4m,混凝土为 0.25~0.30m。消力池起消能作用,要求坚固耐用,槽有 2%~3% 的纵坡,底厚 0.2~0.4m,槽底高出计算水深的以上 0.2m,壁厚与护墙相类似。消力池末端设消力槛,其高度 c 依计算而定,比池内水深低点,约为 0.2~0.3P,一般取 0.15~0.20m。槛顶厚度约为 0.3~0.4m,底部预留 5~10cm 孔径的泄水口,间距 1~2m,以便断流时池内不致积水。跌水两端的土质沟渠,宜适当加固,保留水流畅通,不致使跌水产生淤塞或冲刷。

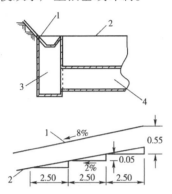

图 2-23 边沟与涵洞单级跌水连接图(尺寸单位:m)
1-边沟;2-路基;3-跌水井;4-涵洞

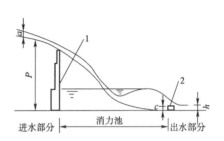

图 2-24 跌水构造示意图
1-护墙;2-消力槛

④急流槽的一般布置和构造

为在较短距离达到降速、消能的作用,且其纵坡比跌水的平均纵坡更陡,因此要求急流槽的结构宜坚固、稳定、耐用。一般要求用石砌或混凝土修筑,也可在岩石坡面上开槽。紧急使用时,可用竹木结构做成竹(木)槽。

急流槽的结构分为进口、槽身和出水口三部分,如图 2-25 所示。

急流槽的主要尺寸,由水力计算而定。若设计流量小于及槽底纵坡 1:1.5~1:1.0,也可参照经验使用。急流槽的纵坡,一般不宜超过 1:2。槽壁厚度:浆砌块石为 0.3~0.4m。混凝土为 0.2~0.3m。槽底厚度为 0.2~0.4m,水槽壁应高出计算水位至少 0.2m,每隔 2.5~5.0m 设 0.3~0.5m 深的耳墙(凸榫)嵌入基底,以防止滑动。进水口与出水口应予以加固。若急流槽

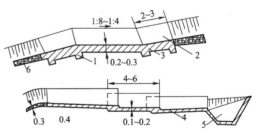

图 2-25 急流槽构造示意图(尺寸单位:m)
1-耳墙;2-消力池;3-混凝土槽底;4-钢筋混凝土槽底;5-横向沟底;6-砌石护底

较长时,应分段砌筑,每段长度不宜超过 5~10m,预留伸缩缝,接头处用防水材料填缝。进水口与槽身连接处因断面不同需设过渡段,为使出水口水流流速与下游的容许流速相适应,槽底可用几个坡度,上坡较陡,向下逐渐放缓,若流速过大,可在出水口处设置消力池或与跌水槽联合使用。

(5)蒸发池

蒸发池是指在气候干燥地区的排水困难地段,于公路两侧每隔一定距离,为汇集边沟流水任

其蒸发所设置的积水池。一般蒸发池边缘距路基边沟外缘的距离,应以保证路基的稳定和安全为原则,并不应小于5m,湿陷性黄土地区不得小于湿陷半径,且池中设计水位应低于排水沟的沟底。池的容积按汇水流量决定,一般应以一个月内路基汇流入池中的雨水能及时完成渗透与蒸发作为设计依据,深可达1.5~2.0m。池周围可用土埂围护,防止其他水流进入池内。蒸发池应视具体情况采取适当的防护加固措施,并注意其设置不应使附近地面盐渍化或沼泽化。

(6)油水分离池

路基排水沟出口位于水质敏感区,且所排污水水质不满足《污水综合排放标准》(GB 8978—1996)中的规定时,可设置油水分离池。

油水分离池的大小应根据所在路段排水沟汇入水量确定,并保证流入分离池的油水能有足够的时间分离或过滤净化。污水进入油水分离池前,应通过格栅和沉淀池进行沉淀处理。

(7)排水泵站

排水泵站用于排出无法自流排出的路基汇水,包括集水池和泵房。集水池的布置,应考虑改善水泵吸水管的水力条件,减少滞流或涡流。集水池的大小,应根据汇水量、水泵能力和水泵工作情况等因素确定。排水泵站抽出的水应排出公路用地范围之外。

2)地下排水设施

地下排水设施是指处治地下水的设施。具有拦截、汇集、排除地下水或降低地下水位,或能兼排地面水的结构物。公路路基常用的地下排水设施有暗沟、渗沟及渗井等,若流量较大的地下水或地面水,应设置专用地下管道予以排除。

由于地下排水设施设置于地面以下,不易维修,建成后难以查明失效情况;因此,在施工及质量检测过程中,应严格按设计施工,并注重平常的养护,以免结构失效而后患无穷。

(1)暗沟

暗沟是指在路基或地基内设置的充填碎砾石等粗砾材料(有的其中埋设透水管)的排水、截水暗沟。

①暗沟的设置与作用

其设置是当路线无法绕避泉眼或高速公路、一级公路中央分隔带有雨水浸入时,通过雨水口将地面水引入设在地面以下引导水流的沟渠。它的主要作用是把路基范围内的泉水或渗沟所拦截、汇集的水流,排到路基范围以外,而其本身无汇水、渗水的作用。

②暗沟的构造及施工注意事项

暗沟属隐蔽工程,注意施工,避免失效。暗沟应在路基填土前或开挖后,按照泉眼范围及流量的大小或渗沟汇集的水流情况,确定断面尺寸,如图2-26所示。

暗沟可分成洞式和管式两大类,沟宽或管径b按泉眼范围或流量大小决定,一般为20~30cm,净高h约为20cm。若两侧沟壁为石质,盖板可直接放在两侧石壁上,为防止泥土淤塞,盖板周围用碎(砾)石做成反滤层,其颗粒直径自上而下,由外及里,逐渐增大,即上面和外层铺砂,中间铺砾石,下面和内层铺碎石,每层厚度不小于15cm,反滤层顶部设双层反铺草皮,再用黏土夯实,以免地面水下渗和黏土颗粒落入反滤层。可沿沟槽每隔10~15m或当沟槽通过软硬岩层分界处时设置伸缩缝或沉降缝。

暗沟的沟底纵坡宜不小于1%,条件困难时亦不得小于0.5%,出口处沟底应高出边沟最高水位0.2m以上。寒冷地区的暗沟,应作防冻保温处理或将暗沟设置在冻结深度以下。施工时宜由下游向上游施工,并应随挖、随撑、随填。

(2)渗沟

①渗沟的作用和适用范围

渗沟主要用来吸收降低地下水位,汇集和拦截流向路基的地下水,并将其排除路基范围之外,使路基土保持干燥,不致造成地下水害。

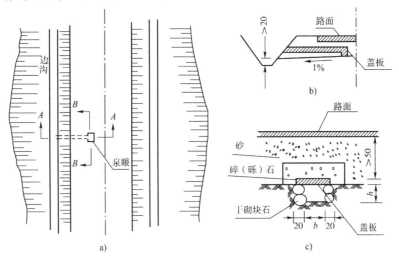

图2-26 暗沟结构示意图(尺寸单位:cm)
a)平面;b)A-A剖面;c)B-B剖面

渗沟是公路路基最常见的一种地下排水沟渠,根据地下水分布情况,可设置在边沟、路肩、路基中线以下或路基上侧山坡适当位置,当地下水埋藏较浅或有固定含水层时宜采用渗沟。

②渗沟的分类及使用条件

根据构造的不同,渗沟可分为填石渗沟(盲沟)、管式渗沟和洞式渗沟三类,如图2-27所示。

a. 填石渗沟

一般用于流量不大、渗沟不长的地段,是常用的一种渗沟。其最小纵坡不宜小于1%,无砂混凝土渗沟、管式及洞式渗沟最小纵坡不宜小于0.5%,渗沟出口段宜加大纵坡,出口处宜设置栅板或端墙,出水口应高出地表排水沟槽常水位0.2m以上。

b. 洞式渗沟

用于地下水流量较大,或缺乏水管的情况。

c. 管式渗沟

设于地下引水较长的地段,渗沟纵向长度应不大于250~350m,若渗沟过长时,加设横向泄水管,将纵向渗沟内的水流,迅速地分段排除。

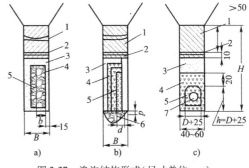

图2-27 渗沟结构形式(尺寸单位:cm)
a)盲沟式;b)洞式;c)管式

1-黏土夯实;2-双层反铺草皮;3-粗砂;4-石屑;5-碎石;
6-浆砌片石沟洞;7-预制混凝土管

③渗沟的构造

渗沟由排水层(或管、洞)、反滤层、封闭层组成。

a. 排水层(或管、洞)

填石渗沟的排水层,可采用石质坚硬的较大碎石或卵石(粒径3~5cm)填充,以保证具有足够的空隙度排除设计流量。洞式渗沟的排水层采用浆砌片石砌洞,其作用与水管相仿,能排较大水流,如图2-28所示。管式渗沟的泄水管一般采用混凝土预制管,或用陶土、石棉等材料制成,管壁应设泄水孔并交错布置,间距不宜大于20cm。

b.反滤层

汇集水流时,为防止砂、土挤入渗沟,应设反滤层。

反滤层应用筛洗过的中砂、粗砂、砾石等渗水材料分层填筑,颗粒粒径由上而下,自外向内逐渐增大,相邻层的粒径一般不小于1:4,每层厚度不小于15cm,或采用渗水土工织物做反滤层。

c.封闭层

为防止地面水流入渗沟,渗沟顶部应设封闭层。封闭层可用双层反铺草皮或用其他材料铺成隔层,并在其上夯填厚度不小于0.5m的防水层或用浆砌片石筑成。

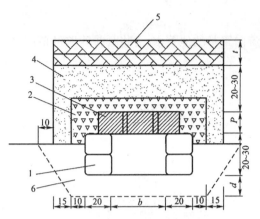

图2-28 洞式渗沟结构示意图(尺寸单位:cm)
1-浆砌块石;2-碎砾石;3-盖板;4-砂;5-双层反铺草皮;6-基础

④渗沟的施工安全技术要求

a.边坡渗沟、支撑渗沟应垂直嵌入边坡坡体,其平面形状宜采用条带形布置。对于范围较大的潮湿坡体,可采用增设支沟的分岔形布置或拱形布置。地下水位较高、水量较大的填挖交界路段和低填方路段应设置渗沟,以保证路基处于干燥或中湿状态。

b.一般沟深在2m以内,宽度为0.6~0.8m。沟深3~4m,宽度不小于1.0m。填石渗沟纵坡不宜小于1%,洞式及管式渗沟不宜小于0.5%。渗沟出水口必须保证水流顺畅,出口如在路基附近,须防止水流停滞或冲刷路基边坡。冰冻地区的渗沟出口应采取措施,如加大出口沟底纵坡,设保温层等,以保证水流不致冻结。

c.渗沟基底一般均埋入不透水层,沟壁一侧设反滤层汇集水流,而另一侧采用黏土夯实或M5砂浆浆砌片石,拦截水流。若含水层较厚,沟底不能埋入不透水层,沟壁两侧均应设置反滤层。

d.填充料(砂石料)颗粒小于0.15mm的含量不应大于5%,禁止用粉砂、细砂及风化石料填筑。泄水管可用陶土、混凝土或石棉水泥材料制成,为保证向管内渗水,集水部分排水管管壁应设渗水孔眼、缝隙或间隙,沟底用干砌片石铺砌,若渗沟沟底深入不透水层,则用浆砌片石或混凝土铺筑。

e.洞式渗沟,沟底纵坡坡度较大时,宜做成台阶式,并铺防渗层,当地下水流量较大且范围较广,而且当地石料比较丰富时,可采用石砌方洞。排水洞大小依设计流量而定,一般20~40m。洞顶可加设带泄水小孔的混凝土盖板或用条石铺砌,条石间设空隙,以利集水。

f.渗沟反滤层施工时,用木板将各层反滤材料组成垂直层,其高度视渗沟的填充高度而定,填筑完了后,将木板抽出。

(3)渗水井

①渗水井的作用及使用条件

在平坦地区,当路基附近的地面水或浅层地下水无法排除,如距离地面不深处有渗透性土层,而且地下水背离路基或较深,可设置渗井,将地面水或地下水经渗井通过不透水层中的钻孔流入下层透水层中排除。

渗井施工比较麻烦,造价较高,因易淤塞故一般不宜采用,确因地面水较多而地下水较为困难时,在与其他方案做经济技术比较,有条件的进行选用。

②渗水井的构造

渗水井结构如图2-29所示,渗水井上部为集水结构,下部为排水结构。

上部构造的渗井断面一般采用直径为0.7m圆形,或0.6~1.0m的方形。渗水井的顶部四周(进口除外)用黏土夯实筑堤围护,顶部加筑混凝土盖。渗水井的下部,必须穿过不透水层而深达透水层,井内填充砂石料。

③施工安全要求

a. 渗井应离路堤坡脚不小于10m。

b. 渗井的井深视地层构造而定,应保证将地面水或浅层地下水引入较深的透水层中去。透水土层离地面较深时,可用钻机钻孔,但钻井的直径不应小于15cm,有时可达50~60cm。

c. 井内由中心向四周按层次分别填入由粗到细的砂石材料。粗料渗水,细料反滤。

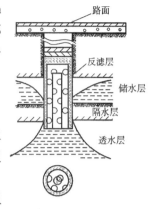

图2-29 渗水井结构图

d. 每层填充料应选取尺寸一致的材料,不得混杂,并要求筛分、冲洗、施工时用铁皮套筒或相应工具分隔填入不同粒径的材料,要求层次分明。

(4)仰斜式排水孔

①作用及使用条件

仰斜式排水孔是排泄挖方路基边坡上地下水的有效措施,当坡面上有集中地下水时,采用成群布置的仰斜式排水孔。

②构造与布置

仰斜式排水孔钻孔直径一般为75~150mm,仰角不小于6°,长度应伸至地下水富集或潜在滑动面层。孔内透水管直径一般为50~100mm。透水管应外包1~2层渗水土工布,防止泥土将渗水孔堵塞,管体四周宜用透水土工布作为反滤层。

6. 施工机械安全

不同的施工机械在使用过程中要遵循其相应的安全操作规程,在施工现场,使用、停放时通常要注意以下安全要点:

(1)操作人员在工作中不得撤离岗位,不得操作与操作证不相符的机械,不得将机械设备交给无本机种操作证的人员操作。

(2)操作人员必须按照本机说明书规定,严格执行工作前的检查制度,工作中注意观察及工作后的检查保养制度。

①工作前应检查以下几项内容:

a. 工作场地周围有无妨碍工作的障碍物。

b. 油、水、电及其他保证机械设备正常运转的条件是否完备。

c. 安全操作机构是否灵活可靠。

d. 指示仪表、指示灯显示正常可靠。

e. 油温、水温是否达到正常使用温度。

②工作中应观察以下几项内容:

a. 指示灯和仪表、工作和操作机构有无异常。

b. 工作场地有无异常变化。

③工作后应进行检查保养:

a. 工作机构有无过热、松动或其他故障。
b. 参照例行保养规定做例行保养作业。
c. 做好下一班的准备工作。
d. 填写好机械操作履历表。

(3)机械设备在施工现场停放时,应选择安全的停放地点,关闭好驾驶室(操作室),要拉上驻车制动闸。坡道上停车时,要用三角木或石块抵住车轮。夜间应有专人看管。

知识链接:夜间施工安全

①夜间施工时,现场必须有符合操作要求的照明设备,施工驻地及施工现场通往驻地的道路上要设置路灯。

②施工中的小型桥涵两侧及穿越路基的管线等临时工程,应设置围栏,并悬挂红灯示警标志。

③攀登用扶梯、斜道、通道等处应设有照明灯具,并符合照明要求。

④夜间作业船只或在通航江河上长期停置的锚船、码头船等,应按港航监督部门的规定,配置齐全的夜航、停泊标志灯,并正确使用。船只停靠码头应设照明灯。

⑤所有照明灯具及其线路必须符合施工现场临时用电的安全规定,做好防雨措施,严禁照明线路乱拉乱接。

(4)用手柄启动的机械应注意手柄倒转伤人,向机械内加油时附近应严禁烟火。

(5)柴、汽油机的正常工作温度应保持在60℃～90℃,温度在40℃以下时不得带负荷工作。

(6)对用水冷却的机械,当气温低于0℃时,工作后应及时放水,或采取其他防冻措施,以防冻裂机体。

(7)放置电动机的地点必须保持干燥,周围不得堆放杂物和易燃品。启动高压电开关及高压电机时,应戴绝缘手套,穿绝缘胶鞋。

思考题

1. 施工现场运输道路如何进行安全布置?
2. 施工现场消防设施如何设置?
3. 施工现场临时设施建设要注意哪些安全问题?
4. 施工现场排水设施布置要注意哪些安全问题?
5. 施工机械通常要注意哪些安全?
6. 制作一份安全检查表,列出施工现场平面布置要检查的项目及安全要求。

第五节 施工现场临时用电安全

一、学习目标

熟悉公路施工现场临时用电安全规范,能进行施工现场临时用电的安全检查。

二、资料准备

(1) 查阅《施工现场临时用电安全技术规范》(JGJ 46—2005)。
(2) 查找施工现场临时用电相关事故案例。
(3) 查阅安全检查表的编制方法,用 Word 文档设计制作一份施工现场临时用电安全检查表。

三、学习内容

(一) 临时用电安全管理控制要点

施工现场临时用电虽然是属于暂设,但是不应有临时观点,应有正规的电气设计,加强用电安全管理。

1. 临时用电的施工组织设计

临时用电设备在 5 台及 5 台以上或设备总容量在 50kW 及 50kW 以上者,应编制临时用电施工组织设计。临时用电设备在 5 台以下和设备总容量在 50kW 以下者,应制订安全用电技术措施和电气防火措施。

临时用电施工组织设计的内容和步骤应包括:

(1) 现场勘探。
(2) 确定电源进线,变电所、配电室、总配电箱、分配电箱等的位置及线路走向。
(3) 进行负荷计算。
(4) 选择变压器容量、导线截面和电器类型、规格。
(5) 绘制电气平面图、立面图和接线系统图。
(6) 制订安全用电技术措施和电气防火措施。

在进行临时用电施工组织设计的过程中,选择变压器容量、导线截面和电器类型、规格和确定电源进线,变电所、配电室、总配电箱、分配电箱等的位置及线路走向的工作至关重要。它直接影响施工的顺利进行、施工安全、施工经济成本。

临时用电工程图纸必须单独绘制,并作为临时用电施工的依据。

2. 专业人员

(1) 临时用电施工组织设计必须由电气工程技术人员编制。
(2) 安装、维修或拆除临时用电工程,必须由电工完成。电工等级应同工程的难易程度和技术复杂性相适应。

3. 建立临时用电安全技术档案

施工现场临时用电必须建立安全技术档案。安全技术档案应由该现场的电气技术人员负责建立与管理。其中,电工维修记录由电工负责填写并代为保管。所有电气安全技术档案要在临时用电工程拆除后统一归档。

(1) 临时用电施工组织设计和修改临时用电施工组织设计的全部资料是施工现场临时用电的基础技术、安全资料。
(2) 施工现场临时用电技术交底资料是电气工程技术人员向安装、维修临时用电工程的电工和各种设备用电人员分别贯彻临时用电安全重点的文字资料。技术交底内容包括:临时用电施工组织设计的总体意图,具体技术内容,安全用电技术措施和电气防火措施等文字资料。技术交底资料必须完备、可靠,应明确交底日期、讨论意见,交底与被交底人签名。

(3)安全检测记录是施工现场用电的一项经常性的、全面的安全监视工作的文字记录。它对及时发现并消除用电事故隐患具有重要意义。安全检测记录的内容主要包括:临时用电工程检查验收表,电气设备的试验、检验凭单和调试记录,接地电阻测定记录表,定期检(复)查表。

(4)电工维修工作记录是反映电工日常电气维修工作情况的资料,是电工执行《施工现场临时用电安全技术规范》(JGJ 46—2005)和电气操作规程的体现,同时也反映出现场安全用电的实际情况。电工维修工作记录对改进现场安全用电,预防某些用电事故,特别是触电伤害事故具有重要意义。

电工维修工作记录,应尽可能详尽,要记录时间、地点、设备、维修内容、技术措施、处理结果等。对事故维修必须进行技术原因分析,提出改进意见。对于应该维修的项目,由于主客观原因未能及时维修等情况,应将具体原因记载清楚,以备核查。工程竣工,拆除临时用电工程时间、参加人员、拆除程序、拆除方法和采取的安全防护措施,也应在电工维修工作记录中详细记录。

图2-30 临时用电施工图

(二)临时用电安全控制要点

1.施工现场、周围环境与外电线路的安全距离要求

施工现场、周围环境对外电线路的安全距离是指带电导体与附近接地的物体、地面、不同极(或相)带电体以及人体之间必须保持的最小空间距离或最小空气间隙。这个距离或间隙保证在各种可能的最大工作电压作用下,带电导体周围不致发生放电,而且还保证带电体周围工作人员身体健康不受损害。

临时用电施工图如图2-30所示。

在公路工程施工现场中,与外电线路的安全距离主要指在建工程(含脚手架)的外侧边缘与外电架空线路的边缘之间的最小安全操作距离以及现场施工的机动车道与外电架空线路交叉时的最小安全垂直距离。公路工程施工现场与外电线路安全距离的具体规定见表2-1、表2-6。

外电架空线路交叉时的最小垂直距离　　　表2-6

外电线路电压(kV)	1以下	1~10	35
最小垂直距离(m)	6	6.5	7

除满足上述安全距离的要求外,还要特别注意:

(1)在建桥梁、构造物的斜道严禁搭设在有外电线路的一侧。

(2)旋转臂架式起重机的任何部位或被吊物边缘与10kV以下的架空线路边线最小水平距离不得小于2m。

(3)施工现场开挖非热管道沟槽的边缘与埋地外电缆沟槽边缘之间的距离不得小于0.5m。

(4)外电线路的防护:

①一般情况下,为了防止外电线路对施工现场构成潜在的危害,在建工程与外电线路(不论是高压,还是低压)之间必须按照表2-1保持规定的安全距离。机动车道与外电线路之间则必须按照规定保持安全距离。

②施工现场的在建工程受位置限制无法保证规定的安全距离时,为了确保施工安全,必须采取设置防护性遮拦、栅栏以及悬挂警告标志牌等防护措施。在架设防护设施时,应有电气工程技术人员或专职安全人员负责监护。各种不同电压等级的外电线路至遮拦、栅栏等防护设施的安全距离见表 2-7。

③在现场搭设遮挡、栅栏的场地狭窄,无法按照表 2-7 要求的数据搭设时,则只能与有关部门协商,采取停电、迁移外电线路或改变工程位置,否则不得施工。

带电体至遮挡、栅栏的安全距离　　　　表 2-7

外电线路的额定电压(kV)	1~3	6	10	35	60	110	220	330	500
线路边线至栅栏的安全距离(cm)	95	95	95	115	135	175	265	450	—
线路边线至网状遮拦的安全距离(cm)	30	30	30	50	70	110	190	270	500

注:220j、330j、500j 系指中性点直接接地系统。

2. 施工现场临时用电的接地与防雷保护安全技术要求

人身触电事故的发生一般分为两种情况:一是人体直接接触或过分靠近电气设备的带电部分(搭设防护遮拦、栅栏等就属于防止直接触电的安全技术措施);二是人体碰触平时不带电,因绝缘损坏而带电的金属外壳或金属构架。这种情况下的触电更容易发生。因此,必须从电气设备本身和电气作业过程中采取妥善的保证人身安全的技术措施。

(1)电气设备的保护接地和保护接零是防止人身触及绝缘损坏的电气设备所引起的触电事故而采取的技术措施。接地和接零保护方式是否合理,关系到人身安全,影响到供电系统的正常运行。因此,正确地运用接地和接零保护是电气安全技术中的重要内容。

①在施工现场专用的中性点直接接地的电力线路中必须采用 TN—S 接零保护系统,如图 2-31 所示。隧道等潮湿或条件特别恶劣的施工现场的电气设备必须采用保护接零。采用 TN—S 接零保护的电气设备的金属外壳必须与专用保护零线连接。专用保护零线连接(简称保护零线)应由工作接地线、配电室的零线或第一级漏电保护器电源侧的零线引出。

②移动式发电机供电的用电设备,其金属外壳或底座,应与发电机电源的接地装置有可靠的电气连接,如图 2-32 所示。

③当施工现场与外电线路共用同一供电系统时,电气设备应根据当地的要求作保护接零,或作保护接地。绝对不能一部分设备做保护接零,另一部分设备作保护接地,如图 2-33 所示。

④作防雷接地的电气设备,必须同时作重复接地。同一台电气设备的重复接地与防雷接地可使用同一个接地体,接地电阻应符合重复接地电阻值的要求。施工现场的电气设备和避雷装置可利用自然接地体接地。如已有的各种金属构件、金属井管、钢筋混凝土建(构)筑物的基础、非燃物质用的金属管道和设备等。但是,必须保证电气连接并校验自然接地体的热稳定。

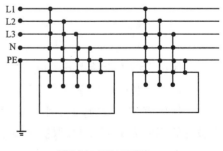

图 2-31　TN—S 系统

(2)在正常情况下,下列电气设备不带电的外露导电部分,应作保护接零:

①电机、变压器、电器、照明器具、手持电动工具的金属外壳。

②电气设备传动装置的金属部件。

③配电屏、控制屏的金属框架。

④室内、外配电装置的金属框架及靠近带电部分的金属围栏和金属门。

⑤电力线路的金属保护管、敷线的钢索、起重机轨道、滑升模板金属操作平台等。

⑥安装在电力线路杆(塔)上的开关、电容器等电气装置的金属外壳机支架。

⑦保护零线除必须在配电室或总配箱处作重复接地外,还必须在配电线路的中间处和末端处作重复接地,如图 2-34 所示。

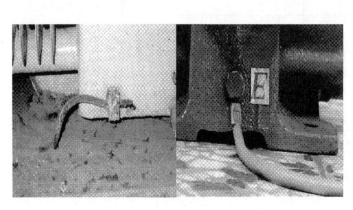

图 2-32 设备外壳接地

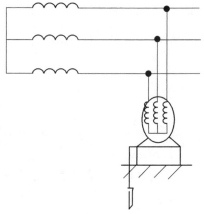

图 2-33 保护接地示意图

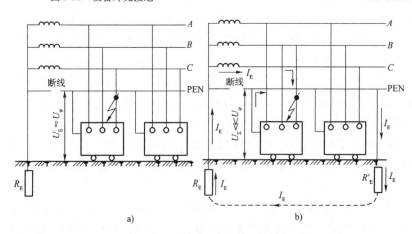

图 2-34 重复接地示意图

(3)保护零线的有关技术要求:

①应单独敷设,不作他用,重复接地应与保护零线相连接。

②保护零线不得装设开关或熔断器。

③施工现场的电力系统严禁利用大地作相线或零线。

④保护零线的截面,应不小于工作零线的截面,同时必须满足机械强度要求。保护零线架空敷设的间距大于12m 时,保护零线必须选择不小于 10 绝缘铜线或不小于10mm² 的绝缘铝线。与电气设备相连接的保护零线,应为截面不小于2.5mm² 的绝缘多股铜线。

⑤保护零线的统一标志为绿/黄双色线。在任何情况下不准使用绿/黄双色线作负荷线。

保护零线如图2-35所示。

(4)电力变压器或发电机的工作接地电阻值不得大于4Ω。单台容量不超过100kV或使用统一接地装置并联运行且总容量不超过100kV的变压器或发电机的工作接地电阻值不得大于10Ω。保护零线每一重复接地装置的接地电阻值不应大于10Ω在工作接地电阻允许达到10Ω的电力系统中，所有重复接地的并联等值电阻应不大于10Ω。

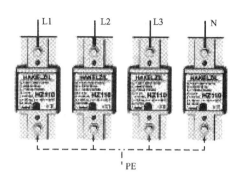

注：L1、L2、L3—相线，N—工作零线，PE—保护零线

图2-35　保护接零示意图

(5)施工现场所有用电设备，除作保护接零外，必须在设备负荷线的首端处设置漏电保护器。

(6)防雷保护。施工现场内的起重机、井字架、龙门架、拌和设备以及在相邻建筑物、构筑物、设备的防雷装置保护范围以外的作业场所，都应安装防雷装置，如图2-36所示。配电室的进线或出线处应将绝缘子铁脚与配电室的接地装置相连接。

图2-36　防雷装置示意图

施工现场内所有防雷装置的冲击接地电阻值不得大于30Ω。设施设备上的避雷针(接闪器)长度应为1~2m。

安装避雷针的机械设备所有动力、控制、照明、信号和通信等线路，应采用钢管敷设。并将钢管与该机械设备的金属结构体电气连接。

在进行施工作业时，还必须特别注意及时采取安全措施。打雷时，施工现场工作人员应尽量减少在场地逗留。在户外或野外作业时，最好穿塑料雨衣等不浸水的雨衣，并应尽量离开小山、小丘、隆起的小道以及海滨、河边、池旁及铁丝网、金属晒衣绳、铁质旗杆、烟囱、塔、孤独树木等，还应尽量离开没有防雷保护的小建筑物或其他设施。在户内，应关闭门窗，防止球形雷进入室内造成危害。同时，应离开照明线、动力线、电话线、广播线、收音机和电视机的电源线、天线及与其相连的各种设备1.5m，以防止这些线路或设备对人体二次放电。

3．施工现场配电室及自备电源的安全技术要求

1)配电室的安全技术要求

施工现场配电室如图2-37所示，配电装置如图2-38所示。

(1)施工现场配电室应靠近电源,并应设在无尘土、无蒸汽、无腐蚀介质及无振动的地方。尽量设在污染源的上风侧,不要设在容易积水的场所或其正下方。配电室还应尽量靠近负荷中心,以减少线路的长度和导线的截面积,提高配电质量,使配电线路清晰,便于维护。

图2-37 施工现场配电室示意图

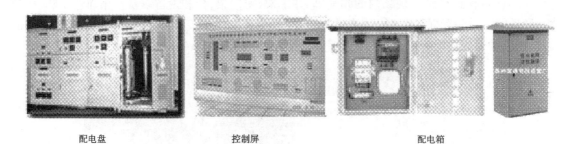

配电盘　　　　　　　控制屏　　　　　　　配电箱

图2-38 配电装置示意图

(2)成列的配电屏(盘)和控制屏(台)两端应与重复接地及保护零线做电气连接。

(3)配电室和控制室应能自然通风,并应采取防止雨雪和动物出入的措施。

(4)配电屏(盘)正面的操作通道宽度,单列布置不小于1.5m,双列布置不小于2m。配电屏(盘)后的维护通道宽度不小于0.8m。配电屏(盘)侧面的维护通道宽度不小于1m。配电室的天棚距地面不低于3m。配电室内设值班或检修室时,该室距配电屏(盘)的水平距离大于lm,并采取屏障隔离。配电室内的裸母线与地面垂直距离小于2.5m时,采用遮挡隔离,遮挡下面通行道的高度不小于1.9m。配电室的围栏上端与垂直上方带电部分的净距不小于0.075m;配电装置的上端距天棚不小于0.5m。

(5)配电室的门向外开,并配锁。

(6)母线均应涂刷有色油漆[以屏(盘)正面方向为准],其涂色应符合表2-8规定。

母线涂色表　　　　　　　　表2-8

相　别	颜　色	垂直排列	水平排列	引下排列
A	黄	上	后	左
B	绿	中	中	中
C	红	下	前	右
0	黑	—	—	—

(7)配电室的建筑物和构筑物的耐火等级应不低于3级,室内应配置砂箱和绝缘灭火器。

(8)配电屏(盘)应装设有功、无功电度表,并应分路装设电流、电压表。电流表与计费电度表不得共用一组电流互感器。配电屏(盘)应装设短路、过负荷保护装置和漏电保护器。配电屏(盘)上的各配电线路应编号,并标明用途标记。配电屏(盘)或配电线路维修时,应悬挂停电标志牌。停、送电必须由专人负责。

2)电压为400V/230V的自备发电机组(图2-39)的安全技术要求

(1)施工现场临时用自备发电机组的供配电系统应采用三相四线制中性点直接接地系统,并须独立设置,与外电线路隔离,不得有电气连接。

(2)自备发电机组电源应与外电线路电源联锁,严禁并列运行。

(3)发电机组应设置短路保护和过负荷保护。

(4)发电机控制屏宜装设交流电压表、交流电流表、有功功率表、电度表、功率因数表、频率表和直流电流表。

图2-39 自备发电机组示意图

(5)电机组的排烟管道必须伸出室外。发电机组及其控制配电室内严禁存放储油桶。

(6)发电机并列运行时,必须在机组同期后再向负荷供电。

4.施工现场的配电线路

施工现场的配电线路包括室内线路和室外线路。室内线路通常有绝缘导线和电缆的明敷设和暗敷设。室外线路主要有绝缘导线架空敷设和绝缘电缆埋地敷设两种,也有电缆线架空明敷设的。

1)架空线路安全技术要求

架空线路是由导线、绝缘子、横担及电杆等组成。

(1)架空线的相序必须排列为:当工作零线与相线在一个横担架设时,导线排列相序是:面向负荷从左侧起为A、(N)、B、C。和保护零线在同一横担架设时,导线的排列顺序是:面向负荷从左侧起为A、(N)、B、C、(PE)。

当动力线、照明线在两个横担上分别架设时,上层横担,面向负荷从左侧起为A、B、C。下层横担,面向负荷从左侧起为$A(B、C)$、(N)、(PE)。在两个横担上架设时,最下层横担面向负荷,最右边的导线为保护零线(PE)。

(2)架空线路必须采用绝缘铜线或绝缘铝线,铝线的截面积大于$16mm^2$,铜线的截面积大于$10mm^2$。

(3)架空线路严禁架设在树木、脚手架及其他非专用电杆上,且严禁成束架设。架空线路的档距不得大于35m,线间距离不得小于0.3m,架空线的最大弧垂处与施工现场地面最小距离一般为4m,与机动车道一般为6m,与铁路轨道一般为7.5m。

(4)电杆埋设深度宜为杆长1/10加0.6m。但在松软质处加大埋设深度或采用卡盘等加固。跨越机动车道的线杆应采取单横担双绝缘子。15°~45°的转角杆应采用双横担双绝缘子。45°以上的转角杆应采用十字横担。直线杆采用针式绝缘子,耐张杆采用蝶式绝缘子。

2)电缆线路的安全技术要求

(1)确定敷设电缆的方式和地点,应以方便安全、经济、可靠为依据。电缆直埋方式,施工简单、投资省、散热好,应首先考虑。敷设地点应保证电缆不受机械损伤或其他热辐射,同时应尽量避开建筑物和交通设施。

(2)电缆直接埋地的深度不小于0.6m,并在电缆上下均匀铺设不小于50mm厚的细沙,再覆盖砖等硬质保护层,并在地上插有标志。

(3)电缆穿过建筑物、构筑物时须设置套管。

(4)电缆线架空敷设时,应沿墙壁或电杆设置。严禁用金属裸线作绑线,电缆的最大弧垂距地不小于2.5m。

3)室内配电线路的安全技术要求

(1)接户线在当距内不得有接头,进线处离地高度不得小于2.5m。过墙应穿管保护,并采取防雨措施。室外端应采用绝缘子固定。

(2)室内线路必须采用绝缘导线,距地面高度不得小于2.5m。导线的线路应减少弯曲。导线绝缘层要符合规定和注意敷设的环境条件。钢索配线的吊架间距不宜大于12m,采用磁夹固定导线时,导线间距应不小于35m,磁夹间距应不大于800cm,采用磁瓶固定导线时,导线间距应不小于100mm,磁瓶间距应不大于1.5m。采用护套绝缘导线时,允许直接敷设于钢索上。

(3)导线的额定电压应符合线路的工作电压。导线的截面积要满足供电容量要求和机械强度要求,但铝线截面应不小于2.5mm^2,铜线截面应不小于1.5mm^2。导线应尽量减少分支、不受机械作用。

(4)线路布置尽可能避开热源,应便于检查。

4)施工现场的配电箱与开关箱(图2-40)

配电箱　　　　　　　　　　　　　　　　　　　　　开关箱

图2-40　配电箱与开关箱示意图

(1)配电箱与开关箱的设置的安全技术要求:

①施工现场的配电系统实行分级配电(图2-41),应设总配电箱(或配电室),总配电箱以下设分配电箱,分配电箱以下设开关箱,开关箱以下是用电设备。

②总配电箱应设在靠近电源的地区。分配电箱应装设在用电设备或负荷相对集中的地区。分配箱与开关箱的距离不得超过30m。开关箱应由末级分配电箱配电,开关箱与其控制的固定式用电设备的水平距离不宜超过3m。

③配电箱与开关箱应装设在干燥、通风及常温场所。不得装设在有严重损伤作用的甲烷、烟气、蒸汽、液体及其他有害介质中。不得装设在易受撞击、振动、液体浸溅及热源烘烤的场所。配电箱与开关箱周围应有足够两人同时工作的空间和通道,不得堆放任何妨碍操作、维修的物品,不得有灌木、杂草。

④配电箱、开关箱应采用铁板或优质绝缘材料制作,铁板厚度应大于1.5mm。

⑤配电箱、开关箱应装设端正、牢固,移动式配电箱、开关箱应装设在坚固的支架上。固定式配电箱、开关箱的下底与地面的垂直距离应大于1.3m,小于1.5m。移动式分配电箱、开关箱的下底与地面的垂直距离宜大于0.6m,小于1.5m。

总配电箱　　　　　　分配电箱　　　　　　开关箱

图2-41　三级配电示意图

⑥配电箱内的电器应首先安装在金属或非木质的绝缘电器安装板上,然后整体紧固在配电箱箱体内。金属板与配电箱箱体应做电气连接。

⑦配电箱、开关箱内的连接线应采用绝缘导线,接头不松动,不得有外露带电部分。配电箱、开关箱内的工作零线应通过接线端子板连接,与保护零线接线端子板分设。配电箱和开关箱的金属箱体、金属电器安装板以及箱内电器的不应带电金属底座、外壳等必须做保护接零。保护零线应通过接线端子板连接。

⑧动力配电箱与照明配电箱宜分别设置,如合置在同一配电箱内,动力和照明线路应分路设置。

⑨配电箱、开关箱中的导线的进线口和出线口应设在箱体的下底面,严禁设在箱体的上顶面、侧面、后面或箱门处。进、出线应加护套分路成束并做防水弯,导线束不得与箱体进、出口直接接触。进入开关箱的电源线,严禁用插销连接。移动式配电箱、开关箱的进、出线必须采用橡皮绝缘电缆。

⑩配电箱、开关箱必须防雨、防尘。

(2) 配电箱、开关箱内的电器装置选择的安全技术要求:

①配电箱、开关箱内的电器必须可靠完好,不准使用破损、不合格电器。各种开关电器的额定值应与其控制的用电设备的额定值相适应。

②总配电箱、分配电箱应装设总隔离开关和分路隔离开关、总熔断器和分路熔断器(或总自动开关和分路自动开关)。总开关电器的额定值、动作整定值应与分路开关电器的额定值、动作整定值相适应。总配电箱还必须安装漏电保护器(如具备过负荷和短路保护功能,则可不设分路熔断器或分路自动开关)、电压表、总电流表、总电度表和其他仪器。开关箱内的开关电器必须在任何情况下都可以使用电设备实行电源分离。开关箱内必须安装漏电保护器,其额定漏电动作电流应不大于30mA,额定漏电动作时间应小于0.1s。使用于潮湿和有腐蚀介质场所的漏电保护器应采用防溅型产品。其额定漏电动作电流应不大于15mA,额定漏电动作时间应小于0.1s。总配电箱和开关箱中的漏电保护器应合理选用,使之具有分级分段保护的功能。漏电保护器至少每一个月检查一次,确保完好有效。

③每台用电设备应有各自专用的开关箱,必须实行"一机一闸"制,严禁用同一个开关电器直接控制二台及二台以上用电设备(含插座)。

④容量大于5.5kW的动力电路应采用自动开关电器或降压起动装置控制。

(3)配电箱、开关箱使用与维护的安全技术要求:

①所有配电箱和开关箱都要由专人负责,所有配电箱和开关箱应配锁,并标明其名称、用途,做出分路标记。

②所有配电箱和开关箱每月必须由专业电工检查、维修一次。电工必须穿戴绝缘防护用品,使用电工绝缘工具。

③所有配电箱和开关箱在使用过程中必须按照由总配电箱—分配电箱—开关箱的顺序送电和由开关箱—分配电箱—总配电箱的顺序停电(出现电气故障的紧急情况除外)。

④施工现场停止作业1h以上时,应将动力开关箱断电上锁。

⑤开关箱操作人员应熟悉开关电器的正确操作方法。

⑥配电箱和开关箱内不得放置任何杂物,不得挂接其他临时用电设备。

⑦使用和更换熔断器,要符合规格要求。

⑧配电箱的进线和出线不得受外力。严禁与金属尖锐断口和强腐蚀介质接触。

5)电动施工机械和手持电动工具

(1)施工现场中电动施工机械和手持电动工具在选购、使用、检查和维修过程中的一般规定:

①选购的电动施工机械和手持电动工具以及用电安全装置,必须符合相应的国家标准、专业标准和安全技术规程,并且有产品合格证和使用说明书。

②建立和执行专人专机负责制,并定期检查和维修保养。

③保护零线的电气连接应符合要求,对产生振动的设备其保护零线的连接点不少于2处。手持电动工具中的Ⅱ类和Ⅲ类工具可不做保护接零。

④在做好保护接零的同时,还要按照规范要求装设漏电保护器。

⑤塔式起重机、拌和设备、室外电梯、滑升模板等要需要设置避雷装置的井字架等,除应做好保护接零外,还必须按照规范规定作重复接地。设备的金属结构之间保证电气连接。

⑥电动施工机械和手持电动工具的负荷线,必须按其容量选用无接头的多股铜芯橡皮护套软电缆。其中绿/黄双色线在任何情况下只能用作保护零线或重复接地。

⑦每一台电动施工机械或手持电动工具的开关箱内,除应装设过负荷、短路、漏电保护装置外,还必须装设隔离开关。

(2)手持式电动工具(图2-42)电气安全技术要求:

①一般场所应选用Ⅱ类手持式电动工具,并应装设额定动作电流不大于15mA,额定漏电动作时间小于0.1s的漏电保护器。若采用Ⅰ类手持式电动工具,还必须做保护接零。

②露天、潮湿场所,或在金属构架上操作时,必须选用Ⅱ类手持式电动工具,并装设防溅的漏电保护器。严禁使用Ⅰ类手持式电动工具。狭窄场所,以选用带隔离变压器的Ⅲ类手持式电动工具,并把隔离变压器、漏电保护器设在狭窄场所外面,工作时并应有专人监护。

图2-42 手持式电动工具示意图

③手持式电动工具的外壳、手柄、负荷线、插头、开关等必须完好无损。负荷线必须采用耐气候型的橡皮护套铜芯软电缆,并不得有接头。

使用前必须作空载检查,运转正常方可使用。

6)照明

(1)施工现场照明的一般电气安全技术要求:

①照明器具和器材的质量必须符合有关标准、规范的规定,不得使用绝缘老化或破损的器具和器材。

②照明器的选择应根据施工现场作业环境条件确定。正常湿度时,选用开启式照明器。在潮湿场所,选用密闭型防水防尘照明器或配有防水灯头的开启式照明器。含有大量尘埃但无爆炸和火灾危险场所,采用防尘型照明器。对有爆炸和火灾危险场所,必须按危险场所等级选择相应的照明器。振动较大场所,选用防振型照明器。对有腐蚀介质场所,应选用耐腐蚀型照明器。

③停电后,操作人员需要及时撤离现场的隧道等特殊工程,必须装设自备电源的应急照明。

(2)照明供电的电气安全技术要求:

①一般场所宜选用额定电压为220V的照明器。特殊场所必须使用安全电压照明器。隧道工程等,有高温、导电灰尘或灯具距地面高度低于2.4m等场所,电源电压应不大于36V。在潮湿和易触及带电体场所的照明电源电压不得大于24V。特别潮湿场所、导电良好地面、锅炉或金属容器、管道内工作的照明电源电压不得大于12V。

②照明系统中的每一单相回路上,灯具和插座数不宜超过25个,并应装设熔断电流为15～15A以下的熔断保护器。

③使用行灯(图2-43)时电源电压不超过36V,灯头、灯体、手柄相互结合牢固,灯头无开关,绝缘良好,耐热耐潮湿。灯头外部有金属保护网,金属网、反光罩、悬吊挂钩应固定在灯具的绝缘部位上。

④一般场所的电压偏移值允许为额定电压值-5%～5%。远离电源的小面积工作场所,电压偏移值允许为额定电压值-10%～5%。道路照明、警卫照明或额定电压为12～36V的照明,电压偏移值允许为额定电压值-10%～5%。

户外行灯　　　防爆行灯

图2-43　行灯图片

(3)照明灯具的电气安全技术要求:

①照明灯具的金属外壳必须作保护接零。单相回路的照明开关箱内必须装设漏电保护器。路灯的每个灯具应单独装设熔断器保护,灯头线做防水弯。

②室外灯具距地面不得低于3m,室内灯具不得低于2.4m,荧光灯管应用管座固定或用吊链,悬挂镇流器不得安装在易燃的结构物上。钠、铁、钢等金属卤化物灯具的安装高度宜在5m以上,灯线应在接线板上固定,不得靠近灯具。

③灯具内的接线必须牢固,灯具外的接线必须做可靠的绝缘包扎。螺口灯头及接线必须是:相线接在与中心触电相连的一端,零线接在与螺纹口相连的一端,灯头的绝缘外壳不得有损伤和漏电。

④暂设工程的照明灯具宜采用拉线开关。拉线开关距地面高度为2~3m,与出、入口的水平距离为0.15~0.2m,其他开关距地面高度为1.3m,与出、入口的水平距离为0.15~0.2m。严禁将插座与扳把开关靠近装设,严禁在床上装设开关。

⑤电器、灯具的相线必须经开关控制,不得将相线直接引入灯具。

⑥对于夜间影响飞机或车辆通行的在建工程或机械设备,必须安装设置醒目的红色信号灯。其电源应设在施工现场电源总开关的前侧。

思考题

1. 如何做好施工现场临时用电安全管理?
2. 施工现场电气设备接地、接零时要注意什么安全问题?
3. 如何进行配电室、配电箱、配电柜的安全检查?
4. 如何进行施工用电线路敷设的安全检查?
5. 施工现场照明有哪些安全要求?

第三章 路基工程施工安全控制

路基是公路工程的重要组成部分,它是路面的基础,公路的主体。路基工程质量的好坏,直接影响到结构物的排水稳定、公路的使用品质、旅客的舒适和正常的行车交通。

路基的特点是线长,通过的地带类型多,技术条件复杂,受地形、地物、气候和水文地质条件影响很大。施工过程,除了一般的施工技术外,还经常要进行边坡稳定、挡土墙和其他人工支持结构物的施工。

路基施工过程如图 3-1 所示,路基工程施工工艺、程序与施工单位所拥有的技术力量(设备、人员、管理)有很大关系,同样的工程,不同的施工单位制订的工艺流程并不完全相同。下面以图 3-2 的工艺过程为例,说明路基施工过程如何进行安全控制。

图 3-1 路基施工示意图

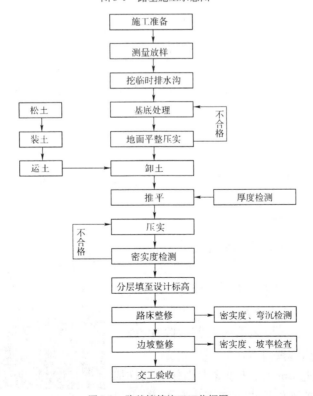

图 3-2 路基填筑施工工艺框图

本书任务1、任务2中已经叙述了施工准备、测量、挖排水沟等过程安全注意事项,下面主要说明土方工程的安全控制要点。

案例导学3

图3-3 事故现场图片

2006年4月18日,大溪公路工程的工地上虽然下着小雨,但因为前阶段雨水不断,施工地段地质松软潮湿,为了完成本月计划,驾驶员小张冒雨作业。在开挖K4+300边坡时,突然右侧那块久挖不动的巨石滚落下来,小张急忙挂倒退挡撤离,因为速度太快,旁边又无人指挥,挖掘机很快退到路边(距边沿0.3m),地面下陷,履挖滑落河谷,机毁人亡,事故现场如图3-3所示。

结合本任务的学习情境,分析事故发生的原因及在事前应采取的防范措施。

第一节 土方开挖安全

一、学习目标

通过学习,熟悉土方开挖(松土)过程安全规范,能进行土方开挖的安全检查。

二、资料准备

(1)查阅土方开挖施工内容、施工安全规范。
(2)查找土方开挖事故案例。
(3)查阅安全检查表的编制方法,用Word文档设计制作一份土方开挖安全检查表。

三、学习内容

(一)土方工程的认识

土方工程主要是指开挖、回填以及其中的装土、运土、卸土、推平、压实等过程,如图3-4所示。

(二)土方开挖一般规定

(1)土方开挖前,必须了解土质、地下水等情况,查清地下埋设的管道、电缆和有毒有害气体等危险物以及文物古迹的位置、深度走向,并加设标记、设置防护栏杆。施工现场技术负责人在开工前必须对作业人员详细交底,内容包括:地下设施情况及其危险性、施工作业方法,安全技术措施要点等。

(2)开挖深度超过2m时,其边缘上面作业同样应视为高处作业,要设置警告标志。特别是在街道、居民

图3-4 土方工程示意图

区、行车道和现场通道附近开挖土方时,不论深度大小都要设置警告标志和高度不低于1.2m的双道防护栏或定型护栏,夜间还要设红色标灯。

知识链接:

国家标准《高处作业分级》(GB/T 3608—93)将高处作业定义为:在坠落高度基准面2m以上(含2m)有可能坠落的高处进行作业。高处作业安全要点:

①高处作业必须设有可靠的安全防护措施。上下须设置人行斜道、爬梯或升降电梯,通行要设置通道,并一律加设护身栏(护身栏应为双杆,高度不得低于1.2m)。落差超过2m临边、孔隙口等应安设护栏或安全网。在开放型结构上施工,如高处搭设脚手架和无防护边缘上作业以及在受限制的高处或不稳定的高处或没有牢靠立足点的地方作业必须系挂安全带(绳)等可靠的个人防护装置。

②从事高处作业的人员要定期或随时体检,发现有不宜登高的病症者,要立即调换工作岗位,不得从事高处作业。除此之外,还要及时了解从事高处作业人员的思想情况,发现因各种原因导致思想压力过大或情绪不稳定者,应及时暂停其从事高处作业或工作。

③严禁酒后从事高处作业,严禁在大风、雨雪等恶劣天气下从事高处作业。

④高处作业人员要穿防滑鞋,严禁穿拖鞋或硬底鞋。所需的材料事先准备齐全,工具应放在工具袋内。

⑤高处作业所用的梯子不得缺档和垫高,同一架梯子不得2人同时上下。

⑥高处作业与地面联系,应有专人负责,配有通讯设备。

⑦运送人员和物件的各种升降电梯、吊笼属于特种设备,其产品和安装、拆除作业以及使用应严格按照国家有关特种设备安全监察条例等有关规定办理,并加强日常检查、保养,确保各项安全装置齐全、有效。

⑧严禁人员搭乘吊装、运送物件的设备上下。

(3)沟槽(坑)边缘1m以内不准堆土或堆放物料。距沟槽(坑)边缘1~3m间堆土高度不得超过1.5m。距沟槽(坑)边缘3~5m间堆土高度不得超过2.5m。停置车辆、设备、起重机械、振动机械不少于4m。小翻斗车往沟槽内卸料时,要设专道,并在距沟槽(坑)边缘1m处设限制器。

(4)挖沟槽时,应当根据土质情况进行放坡或支撑防护。挖掘深度超过1.5m,而且不加支撑时,应按规定确定放坡坡度,如图3-5所示。如果因施工区域狭窄等原因不能放坡,则应按规定采取围壁措施。要注意固壁支撑的木料,不能有槽、朽、断、裂现象。

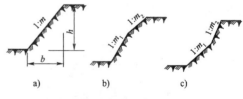

图3-5 土方边坡

a)直线变坡;b)不同土层折线边坡;c)相同土层折线边坡

(三)人工挖掘土方安全事项

(1)对锹、镐、锤等操作工具应随时检查,确保木柄结实,连接牢靠。

(2)开挖土方,操作人员之间必须保持足够的安全距离,横向间距不小于2m,纵向间距不小于3m。

(3)开挖土方必须自上而下顺序放坡进行,严禁采用挖空底脚的操作方法。

(4)要特别注意在靠近建筑物、设备基础、电杆及各种脚手架附近挖土时,必须采取安全防护措施。

(5)高陡边坡处施工,必须遵守下列规定:

①作业人员必须绑系安全带,绑挂安全带的绳索应牢固地拴在树干或插固的钢钎上,绳索应垂直。不得在同一安全桩上拴2根及以上安全绳或在一根安全绳上拴2人以上。

②边坡开挖中如遇地下水涌出,应先排水,后开挖。

③开挖工作应与装运作业面相互错开,严禁上、下双重作业。

④弃土下方和有滚石危及的区域,应设警告标志,下方有道路的,作业时严禁通行。

(6)施工中如发现山体有滑动、崩坍迹象危及施工安全时,应暂停施工,撤出人员和机具,并报告领导处理。滑坡地段的开挖,应从滑坡体两侧向中部自上而下进行,严禁全面拉槽开挖。弃土不得堆在主滑区内。开挖挡墙基槽也应从滑坡体两侧向中部分段跳槽进行,并加强支撑,及时砌筑和回填墙背,施工中要设专人观察,严防坍方。

知识链接:滑坡

滑坡是指在一定的地形地质条件下,由于各种自然的和人为的因素影响,山坡的不稳定土(岩)体在重力作用下,沿着一定软弱面或带作整体的、缓慢的、间歇性的滑动变形现象。

滑坡是山区公路的主要病害之一,对山区公路建设和交通设施危害很大,勘察工作繁重,防治工作艰巨,对大型滑坡应尽量绕避。当路线绕避困难,或经济上显著不合理而又必须通过滑坡时,应根据滑坡规模的大小,进行具体方案选择,采取综合治理,并力求根治。

(7)落石与岩堆地段施工,应先清理危石和设置拦截设施后再行开挖。其开挖面坡度应按设计进行,坡面上的松动石块应随挖随清除,严防岩堆松动滑落伤人。

(8)岩溶地区施工,应认真处理岩溶水的涌出,以免导致突发性的坍陷。

知识链接:岩溶

岩溶是指可溶性岩层,如石灰岩、白云岩、白云灰质岩、石膏、盐岩等,受水的化学和机械作用产生沟槽、裂缝和空洞以及由于空洞的顶部塌落使地表产生陷穴、洼地等类现象和作用。在我国西南、中南地区岩溶现象分布比较普遍。其中桂、黔、滇、川东、鄂西、粤北等连成一片,在皖、赣、闽等其他省市也有分布。岩溶的形态类型很多(图3-6),有石林、溶沟、漏斗、溶蚀洼地、落水洞、竖井、溶洞、暗河、天生桥、岩溶湖、岩溶泉、土洞等,其中落水洞、竖井、溶洞、暗河、天生桥和土洞对隧道

图3-6 岩溶形态示意图
1-石林;2-溶沟;3-漏斗;4-落水洞;5-溶洞;6-暗河;7-钟乳石;8-石笋

工程的影响极大。

(9)泥沼地段施工,应制定和落实预防人、机下陷的安全技术措施。挖出的废土应堆置在合适的地方,以防汛期造成人为的泥石流。

(四)机械挖掘土方安全事项

机械挖掘土方是现代施工中常用的挖土方法,它大大提高了生产效率,同时也要注意施工的安全问题。机械挖掘土方如图3-7所示。

1. 一般规定

(1)大型机械进场前,应查清所通过道路、桥梁的净宽和承载力是否足够,否则应先予拓宽和加固。

(2)施工单位应为进场机械提供临时机棚或停机场地。机械在停机棚内启动时,必须保持通风,棚内严禁烟火,机械人员必须掌握所备灭火器材的使用方法。

(3)在电杆附近挖土时,对于不能取消的拉线地垄及杆身应留出土台,土台半径:电杆为1~1.5m,拉线1.5~2.5m,并视土质决定边坡坡度。土台周围应插标杆示警。

图3-7 机械开挖示意图

(4)使用机械破冻土时,机械5m内禁止站人,并应注意附近建筑物的安全。人工打钎开挖冻土时,扶钎要用长把工具夹住,打锤人要站在扶钎人的侧面。钢钎要经常盘头,以防毛刺飞崩伤人。

(5)机械在危险地段作业时,必须设明显的安全警告标志,并应设专人站在操作人员能看清的地方指挥。驾机人员只能接受指挥人员发出的规定信号。

(6)机械在边坡、边沟作业时,应与边缘保持必要的安全距离,使轮胎(履带)压在坚实的地面上。

(7)配合机械作业的清底、平地、修坡等辅助工作应与机械作业交替进行。机上、机下人员必须密切配合,协同作业。当必须在机械作业范围内同时进行辅助工作时,应停止机械运转后,辅助人员方可进入。

(8)施工中遇有土体不稳,发生坍塌危险,水位暴涨或山洪暴发以及在爆破警戒区内听到爆破信号时,应立即停工,人机撤至安全地点。当工作场所发生交通堵塞、地面出现陷车(机)、机械运行道路发生打滑、防护设施毁坏失效或工作面不足以保证安全作业时,亦必须暂停施工,待恢复正常后方可继续施工。

2. 挖掘机作业安全控制要点

(1)发动机起动后,铲斗内、臂杆、履带和机棚上严禁站人。

(2)工作位置必须平坦稳固。工作前履带应制动,轮胎式挖掘机应顶好支腿,车身方向应与挖掘工作面延伸方向一致,操作时进铲不应过深,提斗不得过猛。

(3)在高陡的工作面上挖掘夹有石块的土方时,应将较大的石块和杂物除掉。如果土体挖成悬空状态而不能自然塌落时,则需人工处理,严禁用铲斗将悬空土方砸下。

(4)对吊杆顶端的滑轮和钢丝绳进行保养、检修拆换时,应将铲斗和吊杆放落地面,然后再进行维修。

(5)严禁铲斗从运土车的驾驶室顶上越过。向运土车辆卸土时,应降低铲斗高度,防止偏载或砸坏车厢。

(6)特别要注意铲斗作业范围内,严禁站人。

思考题

1. 人工开挖要注意哪些安全问题？
2. 机械开挖要注意哪些安全问题？
3. 挖掘机作业有哪些安全规定？

第二节 运土安全

一、学习目标

通过学习，熟悉运土过程安全规范，能进行运土作业的安全检查。

二、资料准备

(1) 查阅运土作业施工内容、施工机械及安全操作规程、施工安全规定。
(2) 查找运土过程事故案例。
(3) 用 Word 文档设计制作一份运土作业安全检查表。

三、学习内容

运土过程主要有自卸汽车、铲运机等机械作业。

(一) 载重汽车作业

1. 载重汽车作业认识

对于较远距离的土方运输，通常采用载重汽车进行运输（图 3-8）。

图 3-8 载重汽车作业示意图

2. 载重汽车作业安全控制要点

(1) 运土车辆必须遵守交通法规，不得超载、偏载、超高，不得人货混装，驾驶室内不得超员。

(2) 车辆装土场地必须平整坚实，当用机械装土时，汽车就位后应拉紧手闸，装载均匀，不得偏载。

(3) 在陡坡、高坡、坑边或填方边坡卸土时，停卸地点必须平整坚实，地面宜有反坡，与边缘必须保持安全距离。在危险地段时，应有专人指挥。

(4) 运土方的车辆会车时，应轻车让重车。通过窄路、交叉路口、铁路道口和交通繁忙地段以及转弯时，应注意来往行人和车辆。重车运行，前后两车间距必须大于 5m，下坡时，间距不小于 10m，严禁车上乘人，车道（包括施工便道以及便道与路基的连接道）应设专人管理、维修。悬崖陡壁处应设防护栏杆。

(二) 自卸汽车作业

1. 自卸汽车认识

自卸汽车在施工过程主要完成运土任务，也是一种载重汽车，它依靠起翻装置能实现自动卸土，如图 3-9 所示。

图 3-9 自卸汽车作业示意图

2. 自卸汽车作业安全控制要点

自卸汽车作业除应遵守上述载重汽车的各条规定外,还应遵守下列规定:

(1)发动机启动后应检查起翻装置,确保良好。严禁在驾驶室外进行翻斗操作,翻斗内严禁站人。

(2)当装载高度超过车厢栏板时,应平整行使,不得猛力加速,也不得紧急制动。

(3)装、卸土场地都要设专人指挥车辆行走和装卸土。

(4)卸料起斗时,应检视上空有无电线,防止挂断。卸土后,要确认货斗复位,起翻装置的发动机关闭后,再开始行走。

(5)特别注意:严禁边倒车边起斗或在猛进猛退中起斗。

(三)拖式铲运机作业

1. 拖式铲运机作业认识

拖式铲运机靠机车牵引作用实现铲土运土作业,如图 3-10 所示。

图 3-10 拖式铲运机示意图

2. 拖式铲运机作业安全控制

(1)作业前应先将运行道路刮平,其宽度应大于机身宽 2m。

(2)行驶中严禁把铲斗和斗门提升到最高点,以免在转弯时将钢丝绳崩断,下坡时,应放下铲运机斗作辅助制动,严禁空挡滑行。

(3)铲斗与机身不正时,不得铲土。

(4)驾驶员离开机车时,应将变速杆放在空挡,关闭发动机,将铲斗放落在地上。

(5)在新填的土堤上作业,应离开土堤边缘 1m 以上,靠路堤边缘填土时,必须保持外侧高内侧低和纵向基本平顺,卸土时铲斗应放低,防止铲运机滑落。

(6)多台铲运机作业,前后净距不得小于 10m,左右净距不得小于 2m。

(7)拖运铲运机时,必须用挂钩将铲斗挂牢,解除钢丝绳负荷。

(四)自行式铲运机作业

1. 自行式铲运机作业认识

自行式铲运机主要用于中距离大规模土方转移工程,能综合完成铲土、装土、运土和卸土四个工序,能控制填土铺卸厚度,能平土作业并能局部压实,具有较高的生产效率和经济性,如图 3-11 所示。

图 3-11 自行式铲运机示意图

2. 自行式铲运机作业安全控制

(1)运行车道必须平整坚实,单行道的宽度不得小于 4.5m(或 1.5 倍车宽),超、会车时,两车净距不得小于 1m。

(2)多台机械在工地纵队行驶时,前后间距不得小于 20m。

(3)在作业过程中发现后主离合器制动不灵,机械有异响,警报器发生时,应立即停车检修。

(4)特别注意严禁在大于 15°的横坡上行驶,不应在陡坡上进行危险性作业。

(五)装载机作业安全控制要点

1. 装载机作业认识

图 3-12 装载机作业示意图

装载机可实现近距离的铲土、运土、平土作业,如图 3-12 所示。

2. 装载机作业安全控制要点

(1)起步前,应将铲斗提升到离地面 0.5m 左右。作业时应使用低速挡,用高速挡行驶时,不得进行升降和翻转铲斗。

(2)严禁铲斗载人。

(3)不准用装载机代替起重设备,进行吊装作业。

(4)要对装载机行驶道路、作业场地情况进行检查。

(5)装载机运送距离不宜过长,铲斗满载运送时,铲斗应保持在低位。

(6)装料时,铲斗应从正面低速插入,防止铲斗单边受力。铲斗卸料时,前翻和回位不得碰撞车厢。

思考题

1. 载重汽车作业要注意哪些安全问题?
2. 自卸车作业要注意哪些安全问题?
3. 拖式(自行式)铲运机作业要注意哪些安全问题?
4. 装载机作业要注意哪些安全问题?

第三节 填 土 安 全

一、学习目标

通过学习,了解填土工程施工内容,熟悉其安全注意事项,能进行填土工程施工安全检查。

二、资料准备

(1)查阅填土工程施工内容。

(2)查找填土工程安全事故案例。

(3)用 Word 文档设计制作一份填土工程施工安全检查表格式。

三、学习内容

施工过程,如遇软土、淤泥,必须进行换土回填,填土主要包括推土、平地、压实等过程,回填时必须注意以下安全问题。

(一)填土一般规定

(1)回填以前,应清除填方区的各杂物,如遇软土、淤泥,必须进行换土回填。在回填时,应防止地面水流入,并预留一定的下沉高度(一般不得超过填方高度的3%)。

(2)沟槽(坑)回填时,必须在构筑物两侧对称回填夯实。

(3)使用推土机回填土时,严禁从一侧直接将土推入沟槽(坑)。使用手推车回填土时,沟槽(坑)边应设挡板,下方不得有人操作,卸土时不得撒把。

(二)推土作业安全控制

1. 推土作业认识

推土作业是将土堆、不平的地面初步推平的施工过程,如图3-13所示。

图3-13 推土机施工图

2. 推土机作业安全控制要点

(1)推土机上下坡时,其坡度不得大于30°,在横坡上作业,其横坡度不得大于10°。下坡时,宜采用后退下行,严禁空挡滑行,必要时可放下刀片作辅助制动。

(2)在陡坡、高坎上作业时,必须有专人指挥,严禁铲刀超出边坡的边缘。送土终了应先换成倒车挡后再提铲刀倒车。

(3)在垂直边坡的沟槽作业,其沟槽深度,对大型推土机不得超过2m,对小型推土机不得超过1.5m。推土机刀片不得推坡壁上高于机身的孤石或大土块。

(4)推土机在摘卸推土刀片时,必须考虑下次挂装的方便。摘刀片时辅助人员应同驾驶员密切配合,抽穿钢丝绳时应带帆布手套,严禁将眼睛挨近绳孔窥视。

(5)多机在同一作业面作业时,前后两机相距不应小于8m,左右相距应大于1.5m。两台或两台以上推土机并排推土时,两推土机刀片之间应保持20~30cm间距。

(6)用推土机伐除大树或清除残墙断壁时,应提高着力点,防止其上部反向倒下。

(三)平地作业

1. 平地作业认识

平地作业是在推土机初步推平的基础上,进一步推平,为后面的压实工序作准备。如图3-14所示。

2. 平地机作业安全控制要点

(1)在公路上行驶时,应遵守道路交通规则,刮刀和松土器应提起,刮刀不得伸出机侧,速度不得超过20km/h。

(2)平地机作业一般需有专人现场指挥,驾驶员对作业环境要进行动态观察。

(3)刮刀的回转与铲土角的调整以及向机外倾斜都必须停机后进行。

(4)作业中,刮刀升降量差不得过大。

(5)在坡道停放时,应使车头向下坡方向,并将刀片或松土器压入土中。

(6)夜间不宜作业。

图3-14 平地机施工作业示意图

(四)压实作业

1. 压实作业认识

土方回填后,必须对松土进行压实,填土压实方法有碾压、夯实和振动三种(图3-15)。

1)碾压法

碾压法[图3-15a)]是由沿着表面滚动的鼓筒或轮子的压力压实土壤。一切拖动和自动的碾压机具,如平滚碾、羊足碾和气胎碾等的工作都属于同一原理。

碾压法主要用于大面积的填土,如场地平整、路基、堤坝等工程。平滚碾适用于碾压黏性和非黏性土壤。羊足碾只能用来压实黏性土壤。气胎碾对土壤压力较为均匀,故其填土质量较好。按碾轮质量,平滚碾又分为轻型(5t以下)、中型(8t以下)和重型(10t)三种。轻型滚碾压实土层的厚度不大,但土层上部变得较密实,当用轻型滚碾初碾后,再用重型滚碾碾压,就会取得较好的效果。如直接用重型滚碾碾压松土,则由于强烈的起伏现象,其碾压效果较差。用碾压法压实填土时,铺土应均匀一致,碾压遍数要一样,碾压方向应从填土区的两边逐渐压向中心,每次碾压应有15~20cm的重叠。碾压施工如图3-16所示。

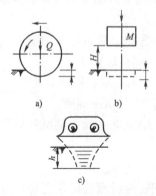

图3-15 填土压实方法
a)碾压;b)夯实;c)振动

图3-16 碾压施工示意图

2)夯实法

夯实法[图3-15b)]是利用夯锤自由下落的冲击力来夯实土壤,主要用于小面积的回填土。夯实机具的类型较多,有木夯、石硪、硅式打夯机、火力夯以及利用挖土机或起重机装上夯板后的夯土机等。其中蛙式打夯机轻巧灵活,构造简单,在小型土方工程中应用最广。

夯实法的优点是,可以夯实较厚的土层,如重锤夯其夯实厚度可达 1.0～1.5m,强力夯可对深层土壤夯实。但对木夯、石硪或蛙式打夯机等机具,其夯实厚度则较小,一般均在 20cm 以内。夯实施工如图 3-17 所示。

图 3-17　水沟夯实示意图

3) 振动法

振动法[图 3-15c)]是将重锤放在土层的表面或内部,借助于振动设备使重锤振动,土壤颗粒即发生相对位移达到紧密状态。此法用于振实非黏性土壤效果较好。

近年来,又将碾压和振动法结合起来而设计和制造了振动平碾、振动凸块碾等新型压实机械。振动平碾适用于填料为爆破碎石渣、碎石类土、杂填土或轻亚黏土的大型填方。振动凸块碾则适用于亚黏土或黏土的大型填方。当压实爆破石渣或碎石类土时,可选用质量 8～15t 的振动平碾,铺土厚度为 0.6～1.5m,先静压、后碾压,碾压遍数由现场试验确定,一般为 6～8 遍。

2. 压实作业安全控制要点

(1) 压路机启动时,要特别注意前后左右的情况,确认没有人员和障碍物。

(2) 压路机靠近路堤边缘作业时,应根据路堤高度留有必要的安全距离。碾压傍山道路时,必须由里侧向外侧碾压。

(3) 特别注意压路机不能上陡坡,上坡时变速应在制动后进行,下坡时,严禁脱挡滑行。

(4) 两台以上压路机同时作业,其前后间距不得小于 3m,在坡道上纵队行驶时,其间距不得小于 20m。

(5) 振动压路机起振和停振必须在压路机行走时进行。

(6) 换向离合器、起振离合器和制动器的调整,必须在主离合器脱开后进行,不得在急转弯使用快速挡。严禁在尚未起振情况下调节振动频率。

(7) 电动蛙式夯机的电源线必须完好无损,并应安装漏电保护器。操作时,应带绝缘手套,并要求一人操作、一人扶持电缆进行辅助。辅助与操作人员必须密切配合,严禁在夯机前方隔机扔电缆或背线拖拉前进。电缆线不应扭结和缠绕,不得夯及电缆线,也不得在斜坡上夯打。停用或搬运打桩机时,应切断电源。

思考题

1. 推土作业要注意哪些安全问题?

2. 平地作业要注意哪些安全问题？
3. 压实作业要如何进行安全检查？

第四节　石方工程安全

一、学习目标

通过学习，了解石方工程施工内容，熟悉其安全注意事项，能进行石方工程施工安全工作安排和安全检查。

二、资料准备

(1) 查阅石方工程施工内容及施工安全规定。
(2) 查找石方工程安全事故案例。
(3) 用 Word 设计制作一份石方工程施工安全检查表。

三、学习内容

(一) 石方工程认识

路基施工过程的障碍石、路面施工基底用料，需要进行石方爆破或石方开挖等石方作业。石方开挖如图 3-18 所示。

由于石方较坚硬，其施工过程比土方复杂，对安全要求也较高。石方开挖施工工艺如图 3-19 所示。

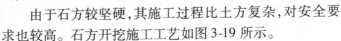

(二) 石方工程施工安全控制

1. 石方爆破

石方爆破作业，以及爆破器材的加工、运输、储存、检验和销毁等工作必须严格遵守国家爆破安全规程，主动接受当地公安部门的监督管理。

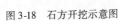

图 3-18　石方开挖示意图

1) 爆破器材的加工

(1) 制作起爆药包(柱)，应在专设的加工房或爆破现场的专用棚内进行。加工数量不应超过当班爆破作业量，棚内不准有电气、金属设备，无关人员不得入内。

(2) 导火索要用快刀在木板上切齐，每盘导火索或每卷导爆管，两端均应切除不小于 5cm。

(3) 加工起爆管和信号管，应在带有安全防护罩，铺有软垫并带有凸边缘的台上操作。每个工作台上存放的雷管不得超过 100 发，并且应放在带盖的木盒里，操作者手中只允许拿一发雷管。

(4) 加工好的起爆管和信号管应分开存放，信号管应制作标记。

(5) 导火索和导爆管(见图 3-20)要轻轻插入雷管，不得猛插、旋转或摩擦。金属壳雷管应采用安全紧口钳紧口，严禁用牙咬。纸壳雷管应用胶布包扎严密或附加金属箍圈后用安全紧口钳紧口。

(6) 药卷应用和雷管同样直径的竹、木锥子扎一个深为 1.5 倍雷管长度的小孔，然后放入接好引线的雷管，封闭扎口。雷管不得露在药柱外面。加工的起爆药包(柱)，不应超过当班爆破作业的需要量。

(7)爆破器材应按规定要求进行检验,对失效和不符合技术条件要求的不得使用。

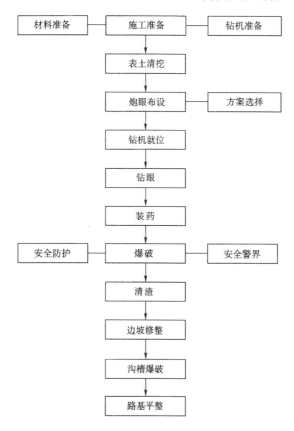

图 3-19 石方开挖施工工艺框图

2)爆破器材的储存

(1)爆破器材库的选址和搭建以及配套设施应请当地公安部门进行监督和指导,运输爆破器材要使用专用运输工具,在公安部门的押运下进行,并应避开人员密集地段,中途不得停留。

(2)要根据当地的气候和水文等情况,制定严密的爆破器材保护预案,防止因为施工过程中突遇气候等环境因素骤变等不测,导致爆破器材的流失。

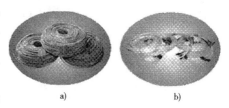

图 3-20 导火索和导爆管
a)导火索;b)导爆管

(3)每间库房储存爆破器材的数量,不应超过库房设计的允许储存药量。

(4)爆破器材应码放整齐、稳当,不得倾斜,码放宜有 0.6m 以上宽度的安全通道,码放高度不宜超过 1.6m。

(5)爆破器材包装箱下,应垫有大于 0.1m 高的垫木,爆破器材包装箱与墙距离宜大于 0.4m。

(6)库房应设警卫,加强巡逻,无关人员不应进入库区。

(7)库区应整洁,防潮和通风良好,杜绝鼠害。库区的消防设备、通信设备、警报装置和防雷装置应定期检查。

(8)进入库区不应带烟火及其他引火物,不应穿钉鞋和易产生静电的衣服,不应使用能产生火花的工具开启炸药雷管箱。作业人员在保管、加工、运输爆破器材过程中,严禁穿着化纤服装。

(9)爆破器材必须严格管理,建立并严格执行爆破器材领用、退库制度,各种手续都要严格记录,严禁私藏、乱丢乱放。爆破器材应有专人领取,严禁由一人同时搬运炸药与雷管。电雷管严禁与带电物品一起携带运送。

3)炮眼布设

(1)选择炮位时,炮眼口应避开正对的电线、路口和构造物。

(2)凿打炮眼时,凿眼所用的工具和机械要详加检查,确认完好。坡面上的浮岩危石应予以处理,严禁在残眼上打孔。

(3)用人力冲击法打松软岩眼时,应清理现场的障碍物。双人、多人冲钎时,动作应协调一致。

(4)人工打眼时,使锤人应站立在掌钎人的侧面,严禁对面使锤。

(5)机械扩眼,宜采取湿式凿岩或带有捕尘器的凿岩机(图3-21)。凿岩机支架要牢固,严禁用胸部和肩头紧顶把手。风动凿岩机的管道要顺直,接头要紧密,气压不应过高。电动凿岩机的电缆线宜悬空挂设,工作时应注意观察电流值是否正常。

(6)空压机(图3-22)必须在无荷载状态下启动。开启送气阀前,应将输气管道连接好,不得扭曲。在征得凿眼机操作人员同意后方可送气,出气口前方不得有人工作或站立。储气瓶内压力不得超过规定值,安全阀应灵敏有效。运转中应注意检查是否有异常情况,不得擅离岗位。

图3-21 凿岩机及作业图　　　　　　　　　　图3-22 空压机样图

4)装药作业规定

(1)装药前应对炮眼进行验收和清理。对刚打成的炮眼应待其冷却后装药,湿炮眼应擦干后才能装药。

(2)严禁烟火和明火照明。无关人员必须远离现场。

(3)应用木质炮棍装药,严禁使用金属器皿装药。深孔装药出现堵塞时,在未装入雷管和起爆药前,可采用铜和木质长杆处理。

(4)装好的炸药包(柱)和硝化甘油类炸药,严禁投扔或冲击。

(5)不得采用无填塞爆破(扩壶除外),也不得使用石块和易燃材料填塞炮孔。不得捣固直接接触药包的填塞材料或用填塞材料冲击起爆药包,也不得在深孔装入起爆药包后直接用木楔填塞。填塞炮眼时不得破坏起爆线路。

(6)已装药的炮孔必须当班爆破,装填的炮孔数量应以一次爆破的作业量为限。

(7)扩药壶时,孔口的碎石、杂物必须清除干净。装药量应随扩壶次数、扩壶的大小和石质而定,不得盲目加大药量。扩烘时,起爆药柱送下孔底后,不得使用炮棍在炮眼内捣插。导火索点燃后,人员应迅速远离。严禁采用先点燃导火索再将药柱抛入孔底的危险操作方法。

需要多次扩壶时,每次爆破后15min(硝化甘油炸药应经过30min),等孔壁岩石冷却后,方可再次装药扩壶。

5)爆破作业安全要点

(1)爆破作业必须有专人指挥,确定的危险边界应有明显标志,警戒区四周必须派设警戒人员。警戒区内的人员、牲畜必须撤离,施工机具应妥善安置。预告、起爆、解除警戒等信号应有明确的规定。

(2)爆破时,防止个别飞散物对人员伤害的安全距离,应按照表3-1的规定确定。

个别飞散物对人员的安全距离 表3-1

爆破类型及方法	个别飞散物的最小安全距离(m)
1. 破碎大块岩矿	—
裸露药包爆破法	400
浅眼爆破法	300
2. 浅眼爆破法	200(复杂地质条件下未修成台阶工作面时不小于300)
3. 浅眼药壶爆破	300
4. 蛇穴爆破	300
5. 深孔爆破	按设计,但不小于200
6. 深孔药壶爆破	按设计,但不小于300
7. 浅眼眼底扩壶	50
8. 深孔孔底扩壶	50
9. 峒室爆破	按设计,但不小于300

注:沿山坡爆破时,下坡方向的安全距离应比表内数值增大50%。

(3)导火索起爆安全规定:

①导火索起爆应采用一次点火法点火,其长度应保证点完导火索后人员能撤至安全地点,但不得短于1.2m。不得在同次爆破中使用不同燃速的导火索。

②露天爆破,一人连续点火的导火索不得超过10根,严禁使用明火点燃,严禁脚踩和挤压已点燃的导火索。

③多人同时点炮时,每人点炮数量应相同。必须先点燃信号管,信号管响后无论导火索点完与否,人员必须立即撤离。信号管的长度不得超过该次被点导火索中最短导火索长度的1/3。

④爆破时,应点清爆炸数与装炮数量是否相符。确认炮响完并过5min后,方准爆破人员进入爆破作业点。

⑤超过5m的深孔不得使用导火索起爆。

(4)电力起爆必须遵守下列规定:

①在同一爆破网路上必须使用同厂、同型号的电雷管,其电阻值差应控制在±0.20Ω以内。

②爆破网路主线应绝缘良好,并设中间开关,与其他电源线路应分开敷设。

③特别注意:必须严格检查主线、区域线、端线、电源开关和插座等的断通与绝缘情况,在联入网络前各自的两端必须短路。

④特别注意:爆破网络的连接必须在全部炮孔装填完毕,无关人员全部撤至安全地点后进行。连接必须由工作面向起爆站依次进行,两线的接点应错开10cm,接点必须牢固,绝缘

良好。

⑤用动力或照明电源起爆时,起爆开关必须放在上锁的专用起爆箱内,起爆开关箱和起爆器的钥匙在整个爆破作业时间里,必须由爆破工作的负责人严加保管,决不能交给他人。

⑥装好炸药包后,必须撤除作业现场的一切电源。

⑦雷雨季节、潮湿场地等情况下,应采用非电起爆法。

(5)裸露爆破必须保证先爆的药包不致破坏其他药包,否则应用齐发起爆。严禁用石块覆盖裸露药包和将炸药包插入石缝中进行爆破。

(6)大型爆破必须按审批的爆破设计书,并证得当地县(市)以上公安部门同意后,由专门成立的现场指挥机构组织人员实施。

大型爆破的安全距离,除考虑个别飞散物的因素外,还必须考虑爆破引起地震及冲击波对人员、设施及建筑物的影响,按规定经计算后确定安全距离。

6)爆后检查

(1)爆后检查等待时间

①露天浅孔爆破,爆后应超过5min,方准检查人员进入爆破作业地点。如不能确定有无盲炮,应经15min后才能进入爆区检查。

②露天深孔及药壶蛇穴爆破,爆后应超过15min,方准检查人员进入爆区。

③露天爆破经检查确认爆破点安全后,经当班爆破班长同意,方准许作业人员进入爆区。

④地下矿山和大型地下开挖工程爆破后,经通风吹散炮烟、检查确认井下空气合格后,等待时间超过15min,方准作业人员进入爆破作业地点。

⑤硐室爆破、水下深孔爆破及未规定的其他爆破作业,爆后的等待时间,由设计确定。

(2)爆后检查内容

①确认有无盲炮。

②露天爆破爆堆是否稳定,有无危坡、危石。

③地下爆破有无冒顶、危岩,支撑是否破坏,炮烟是否排除。

④硐室爆破、水下深孔爆破及其他特殊爆破作业,爆后检查应按有关规定执行。

(3)检查后的处理

①检查人员发现盲炮及其他险情,应及时上报或处理。处理前应在现场设立危险标志,并采取相应的安全措施,无关人员不应接近。

②各种类型的"盲炮"处理必须按照国家现行的《爆破安全规程》(GB 6722—2003)有关规定办。

③发现残余爆破器材应收集上缴,集中销毁。

7)爆后石方处理及边坡整修

(1)石方地段爆破后,坡面上的松动土、石块必须及时清除。必须确认已经解除警戒,作业面上的悬岩危石也经检查处理后,经过履行必要的确认手续,清理石方人员方准进入现场。

(2)坡面上的操作人员须戴安全帽。

(3)撬动岩石必须由上而下逐层撬(打)落,严禁上下双重作业,不得将下面撬空使其上部自然坍落。撬棍的高度不要超过人的肩部,不得将棍端紧抵腹部,也不得把撬棍放在肩上施力。

(4)严禁在危石下方作业、休息和存放机具。边坡上方有人工作时,边坡下方不准站人。

(5)抬运石块的铁链或绳索应理顺并拴牢,抬运时要同起同落、步调一致。

2.石方开挖其他安全注意事项

石方开挖其他安全注意事项可参照土方开挖执行。

思考题

1. 爆破器材的加工要注意哪些安全问题?
2. 爆破器材的储存要注意哪些安全问题?
3. 炮眼布设安全检查的重点内容是什么?
4. 装药作业要注意哪些安全问题?
5. 爆破作业有哪些安全规定?
6. 爆后要如何进行安全检查?
7. 爆后石方处理及边坡整修时要注意哪些安全问题?

第五节　路基防护与加固安全

一、学习目标

通过学习,熟悉路基防护设施和加固的形式,能进行路基防护和加固的安全检查。

二、资料准备

(1)查阅路基防护和加固的安全规定。
(2)查找路基防护和加固事故案例。
(3)用 Word 文档设计制作一份路基防护和加固的安全检查表。

三、学习内容

路基建成之后,暴露在太阳的照射下,加上风化、降水、冰冻、风沙等自然因素的侵蚀,随着时间的推移,路基边坡的轮廓发生变形,岩土的物理性质也会发生很大的变化,使路基的强度和稳定性受到影响。所以,必须对路基进行有效的防护和加固,路基防护设施主要是以路基稳定为前提,防止冲刷和风化,起隔离作用。路基加固设施主要防止路基或山体因重力作用而坍塌起支撑作用,如图 3-23 所示。

图 3-23　路基防护与加固示意图

(一)防护设施

路基防护工程设施,按作用不同可分为坡面防护、冲刷防护、支挡建筑物及湿软地基加固。

1. 坡面防护

土坡表面最容易遭受降水的冲刷、冰冻的损毁和风沙的吹蚀。因此通过对坡面的封闭隔绝或隔离,避免或减缓与大气的接触,阻止或减缓降水对坡面的冲刷、侵蚀。从而达到防护的目的。

1)植物防护

植物防护,可美化路容,协调环境,调节边坡土的湿温,起到固结和稳定边坡的作用。它对于坡高不大,边坡比较平缓的土质坡面,是一种简易有效的防护设施,其方法有种草、铺草皮和植树。

种草,适用边坡坡度不陡于1:1,土质适宜种草、不侵水的边坡。草的品种,应适应当地自然条件,最好是根系发达,叶茎低矮,多年生长,几种草籽混种。

当坡面冲刷比较严重,边坡较陡,径流速度大于0.6m/s,容许最大速度为1.8m/s时,应根据具体条件(坡度与流速等),分别采用平铺(平行于坡面)、水平叠置、垂直坡面或与坡面成一半坡角的倾斜叠置草皮,还可采用片石铺砌成方格或拱式边框,方格或框内再铺草皮。

2)矿料防护

在不适宜植物防护的情况下,可采用砂石、水泥或石灰等材料对风化的软质岩石进行抹面防护,一般采用三合土(石灰、炉渣或黏土)或四合土(石灰、炉渣、黏土和砂)。对于整体性较好,表面平整和施工面石质新鲜的边坡,可采用水泥喷枪,将水泥粉末与少量像雾一样的水珠混合,借高压喷涂到岩层表面上,形成一层水泥薄壳罩在岩石面上。对于易风化而坡面不平的岩石边坡可采用喷浆防护,喷浆为水泥、石灰、砂和水的混合料。对于岩石坚硬而不易风化的边坡,如果岩层缝隙较宽或岩层间夹有很薄的软层,为防止水分侵入裂隙导致岩石抗风化能离减弱,可用水泥、砂浆灌缝和勾缝。

3)砌石防护

对于易发生严重剥落或溜方的路基边坡,可采用砌石防护。砌石防护可分为干砌和浆砌,干砌靠石料之间的摩阻力和嵌挤力而不使用水泥砂浆,通过水泥砂浆将石料粘结在一起。

(1)护面墙。为覆盖各种软质岩层和较破碎岩石的挖方边坡免受大气因素影响而修建的墙,称为护面墙。护面墙除自重外,不承受其他载重,也不承受墙后土压力,所以,护面墙所防护的边坡应该是稳定的。

(2)沿河路基边坡因长期受水冲刷或严重剥落的软质岩层边坡,可采用护坡。干砌片石护坡一般可分为单层铺砌和双层铺砌两种。当水流流速较大,波浪作用强,有漂浮物等冲击时,采用浆砌片石护坡。无论是干砌还是浆砌,均应在片石下设置碎(砾)石或砂砾混合物垫层,以起到平整作用,并可防止水流将片石下面的边坡细土粒带走。

4)混凝土预制块防护

在缺乏石料的地区,可采用混凝土预制块防护路基,它比浆砌片石护坡能较强地抵抗较大的流速水流和波浪的冲击,但造价较高。

2. 冲刷防护

(1)抛石防护。主要用于防护受水流冲刷和淘刷的路基边坡和坡脚,以及挡土墙、护坡的基础等。它不受气候条件的限制,对于季节性浸水或长期浸水的边坡均可使用。在水流或波浪很强烈的地方或缺乏石料的地区,可用水泥混凝土预制的人工块体。

（2）石笼防护。用铁丝编制成框架，内填石料，设置在坡角处。笼内填石粒径一般为5~20cm，外层石料要求有棱角。铺砌时，根据不同的目的，铺成与坡角线垂直或垒码平铺成梯形。

(二) 路基加固

挡土墙是路基加固的主要设施，为防止路基填土或山坡土体坍塌而修筑的承受土体侧压力的墙式结构物。路基挡土墙既可用于抵御挖方边坡岩土的滑坍，也可抵御路堤填料下滑，起稳定边坡的作用。在公路工程中，它广泛地用于支撑路堤或路堑边坡、隧道洞口、桥梁两端及河流岸壁等。

按照墙的设置位置，挡土墙可分为路肩墙，路堤墙、路堑墙和山坡墙等类型，如图3-24所示。

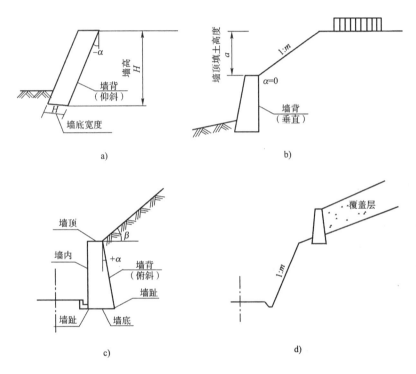

图 3-24 设置在不同位置的挡土墙
a) 路肩挡土墙；b) 路堤挡土墙；c) 路堑挡土墙；d) 山坡挡土墙

路肩墙或路堤墙设置在高填路堤或陡坡路堤的下方，可以防止路基边坡或基底滑动，确保路基稳定，同时可收缩填土坡脚，减少填方数量，减少拆迁和占地面积，以及保护临近线路的既有的重要建筑物。滨河及水库路堤，在傍水一侧设置挡土墙，可防止水流对路基的冲刷和浸蚀，也是减少压缩河床或少占库容的有效措施。

路堑挡土墙设置在堑坡底部，主要用于支撑开挖后不能自行稳定的边坡，同时可减少刷方数量，降低刷坡高度。山坡挡土墙设在堑坡上部，用于支挡山坡上可能坍滑的覆盖层或破碎岩层，有的兼有拦石作用。

此外，设置在隧道口或明洞口的挡土墙，可缩短隧道或明洞长度，降低工程造价。设置在桥梁两端的挡土墙，作为翼墙或桥台，起着护台及连接路堤的作用。而抗滑挡土墙则用于防治滑坡。

(三)防护加固作业安全控制防护工程作业安全控制要点

(1)边坡防护作业,必须搭设牢固的脚手架。注意脚手架必须落地,严禁采用支挑悬空脚手架。

(2)砌石作业必须自下而上进行。片石改小,不得在脚手架上进行。护墙砌筑时,墙下严禁站人。抬运石块上架,跳板应坚固,并设防滑条。

(3)抹面、勾缝作业必须先上后下。严禁在坡面上行走,上下必须用爬梯,作业在脚手架上。

(4)架上作业时,架下不准有人操作或停留,不得上面砌筑,下面勾缝。

(5)挡墙挖基应视土质、湿度和挖掘的深度设放安全边坡,否则应设置相适应的围壁支撑。基坑壁坡度可参照表3-2办理。

基坑坑壁坡度表　　　　　　　　　　　　　　　　　　　　表3-2

坑壁土质	坑壁坡度		
	基坑顶缘无载质量	基坑顶缘有静载	基坑顶缘有动载
砂石土	1:1	1:1.25	1:1.5
碎卵石类土	1:0.75	1:1	1:1.25
轻亚黏土	1:0.67	1:0.75	1:1
亚黏土	1:0.33	1:0.5	1:0.75
极软土	1:0.25	1:0.33	1:0.67
软质岩	1:0	1:0.1	1:0.25
硬质岩	1:0	1:0	1:0

注:本表适用于基坑深度在5m以内,无地下水,土质结构均匀的情况。

(四)砂浆喷射机作业安全控制要点

(1)砂浆喷射机(图3-25)、砂浆输送泵等发生故障时,必须先停机后检修。在检修时,应先打开泄浆阀使压力下降,然后在排除故障。砂浆泵压力未降到零时,不得拆卸空气室、压力安全阀和管道。

(2)输送管道各接头应连接牢固,并设有牢固的支撑,尽量减少管道长度和弯管数量,管道上不得加压或悬挂重物。

(3)输送泵作业前应空运转,在确定旋转方向正确、电路开关、传动保护装置及料斗滤网齐全可靠后,方可进行作业。

(4)运转正常后,方可向泵内注入砂浆。砂浆泵须连续运转,短时间不用砂浆时,应打开回浆阀使砂浆在泵内循环运行。如停机时间较长时,应每隔3~5min泵送一次,使灰浆在管道和泵体内流动,以防凝结、阻塞。

(5)作业中应随时注意压力表指针是否正常,检查球阀、阀座和挤压管有无异常,如发现漏浆应立即停机,修复后方可作业。

(6)喷射机应保持内部清洁,输送泵和喷射机人员

图3-25　砂浆喷射机

应密切联系,协调配合。

(7)在喷嘴前5m范围内不得站人。工作停歇时,喷嘴不得朝向有人的方向。

(8)输料软管如发生堵塞,可用木棍轻轻敲打外壁,如无效时,可在关闭砂浆后拆卸胶管,用压缩空气吹通。

(9)转换作业面时,输料软管不得随地拖拉和弯折。

(五)砂浆拌和机作业安全控制要点

(1)拌和机应安置稳妥,开机前必须确认传动及各部装置牢固可靠,操作灵活。

(2)运转中不得用手或木棒等伸进筒内清理筒口的灰浆。

(3)作业中如发生故障,应立即切断电源,并将筒内砂浆倒出。

思考题

1. 路基防护加固的原因是什么?
2. 坡面防护有几种形式,分别适用什么条件?
3. 挡土墙的作用及其设置要求。
4. 路基防护加固作业时要注意哪些安全问题?
5. 砂浆喷射机作业要注意那些安全问题?
6. 砂浆拌和机作业要注意哪些安全问题?

第四章　路面工程施工安全控制

路面工程一般包括面层、基层、垫层。面层是路面结构层最上面的一个层次,直接承受车辆荷载及自然因素的影响,并将荷载传递到下面,面层的主要材料是水泥混凝土、沥青混凝土、沥青碎石、半整齐的石块以及粒料加固土等。基层为于面层以下,主要承受由面层传递来的车辆荷载垂直力,并将其分布到垫层或路基上。基层的主要材料是水泥稳定碎石、石灰粉煤碎石、级配碎(砾)石、水泥稳定土、石灰稳定土、石灰工业废渣等。垫层位于基层与土基之间,通常采用砂砾、碎石等水稳性好的材料及石灰土或炉渣石灰土等保温性材料。实际上,路面的结构层不一定像上述那样完备,有时一个层次可以起到两个层次的作用。例如,碎石路面铺筑在土基上,则这层碎石既是面层也是基层。

路面施工如图 4-1 所示。

路面基层施工图

沥青路面施工图

图 4-1　路面施工示意图

案例导学 4

黄石公路施工现场,崔某正在开搅拌机,开了半小时后,他发现地坑内砂石较多,于是将搅拌机料斗提升到顶,忘记用铁链锁住,自己拿铁锹去地坑挖石,此时料斗突然落下,将其砸成重伤。遵守操作规程是保证安全生产的一个基本条件,结合本任务的情境学习,分析基层施工过程如何做好安全控制。

第一节　基层施工安全

一、学习目标

通过学习,了解基层施工的内容,熟悉基层施工的安全要求,能进行基层施工的安全检查。

二、资料准备

(1)查阅基层施工的作业内容及安全规定。
(2)查找基层施工相关事故案例。
(3)用 Word 文档设计制作一份基层施工的安全检查表。

三、学习内容

(一)基层施工认识

基层的主要材料有水泥稳定碎石、石灰粉煤碎石、级配碎(砾)石、水泥稳定土、石灰稳定土、石灰工业废渣等,但施工过程基本类似,比如常见的水泥稳定碎石基层施工工艺如图4-2所示。

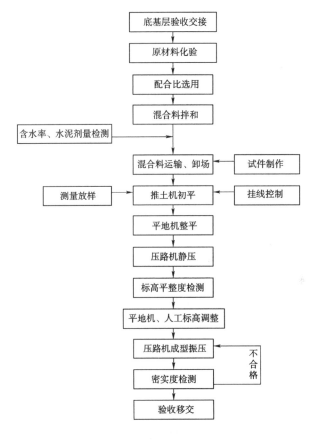

图4-2 水泥稳定碎石层施工工艺框图

(二)基层施工安全控制要点

1. 一般规定

(1)装卸、洒铺及翻动粉状材料时,操作人员应站在上风侧,轻拌轻翻减少粉尘。散装粉状材料宜使用粉料运输车运输,否则,车厢上应采用篷布遮盖。装卸尽量避免在大风天气下进行。城市、有人居住的地方,大风天气下,严禁装卸粉状材料。

(2)消解石灰,不得在浸水的同时边投料、边翻拌,人员应远避,以防烫伤。

2. 碎石机作业安全控制

1)碎石机作业认识

碎石机是将大石料根据施工要求加工成各种细小粒径的过程,如图4-3所示。

2)碎石机作业安全控制要点

(1)进料要均匀,不得过大,严防金属块等混入。碎石机的传动部分应安装护罩,进料口平台应设围栏,出料口上方应有挡板,以防石料弹出伤人。

(2)不得从上方向碎石机口内窥视。

(3)若石料卡住进口,应用铁钩翻动,严禁用手搬动。

(4)当机械突然停止时,首先切断电源查明原因,待排除故障后方可重新开机。

(5)待碎石机腔内石料全部排尽后,方可按顺序停机。

3.稳定土拌和机作业安全控制

1)稳定土拌和机作业认识

稳定土拌和机作业如图4-4所示。

图4-3 碎石机作业示意图　　　　　　　　图4-4 稳定土拌和机图

2)稳定土拌和机作业安全控制要点

(1)应根据不同的拌和材料,选择合适的拌和齿。

(2)拌和作业时,应先将转子提起离开地面空转,然后再慢慢下降至拌和深度。

(3)在拌和过程中,不能急转弯或原地转向,严禁使用倒挡进行拌和作业。遇到底层有障碍物时,应及时提起转子,进行检查处理。

(4)拌和机在行走和作业过程中,必须采用低速,保持匀速。液压油的温度不得超过规定。

(5)停车时应拉上制动,将转子置于地面。

4.场拌稳定土机械作业安全控制要点

1)场拌稳定土机械作业认识

场拌稳定土机械作业如图4-5所示。

2)场拌稳定土机械作业安全控制要点

(1)皮带运输机应尽量降低供料高度,以减轻物料冲击。在停机前必须将料卸尽。

(2)仓壁振动器在作业中铁心和衔铁不得碰撞,如发生碰撞应立即调整振动体的振幅和工作间隙。仓内不出料时,严禁使用振动器。

(3)拌和结束后给料斗、储料仓中不得有存料。

(4)应经常检查搅拌壁和叶浆的紧固状况,稍有松动迅即拧紧。

5.碎石撒布机作业安全控制

1)碎石撒布机作业认识

碎石撒布机作业如图4-6所示。

图4-5 场拌稳定土机械示意图　　　　　　图4-6 碎石撒布机

2）碎石撒布机作业安全控制要点

（1）自卸汽车与撒布机联合作业，应紧密配合，以防碰撞。

（2）撒布碎石，车速要稳定，不应在撒布过程中换挡。严禁撒布机长途自行转移。

（3）在工地作短距离转移，必须停止拨料辊及皮带运输机的传动，并注意道路状况以防碰坏机件。

（4）作业时无关人员不得进入现场，以防碎石伤人。

（5）石料的最大粒径不得超过说明书中的规定。

6．洒水车作业安全控制

1）洒水车作业认识

洒水车作业如图4-7所示。

2）洒水车作业安全控制要点

（1）洒水车在公路上抽水时，不得妨碍交通。

（2）在有水草和杂草的水道中抽水，吸水管端应加设过滤网罩。

图4-7　洒水车作业示意图

（3）洒水车在上下坡及弯道运行中，不得高速行驶，并避免紧急制动。

（4）洒水车驾驶室外不得载人。

思考题

1．如何查找基层施工过程的安全隐患？

2．碎石机作业要注意哪些安全问题？

3．碎石撒布机作业要注意哪些安全问题？

4．稳定土拌和机作业要注意哪些安全问题？

5．洒水车作业要注意哪些安全问题？

6．场拌稳定土机械作业要注意哪些安全问题？

第二节　沥青路面施工安全

一、学习目标

通过学习，了解沥青路面施工的内容，熟悉沥青路面施工的安全要求，能进行沥青路面施工的安全检查。

二、资料准备

（1）查阅沥青路面施工的作业内容及安全规定。

（2）查找沥青路面施工相关事故案例。

（3）用Word文档设计制作一份沥青路面施工的安全检查表。

三、学习内容

(一)沥青路面施工作业认识

沥青路面是用沥青作黏结料修筑面层并与其他各类基层所组成的路面,因沥青具有很强的黏结性,其施工过程特别要注意安全,其施工工艺如图 4-8 所示。

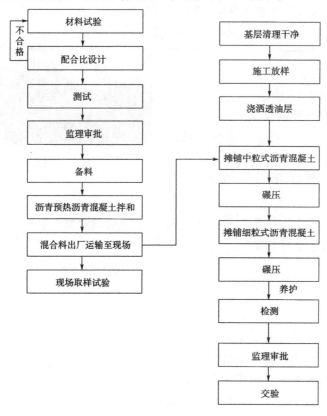

图 4-8 沥青混凝土路面施工工艺框图

(二)沥青路面施工安全控制要点

1. 一般规定

(1)沥青操作人员均应进行体检。凡患有结膜炎、皮肤病及对沥青过敏反应者,不宜从事沥青作业。

(2)从事沥青作业人员,皮肤外露部分均须涂抹防护药膏。工地上应配有医务人员。

(3)沥青操作人员的工作服及防护用品,应集中存放,严禁穿戴回家或进入集体宿舍,以防污染中毒。

(4)沥青的加热及混合料拌制,宜设在人员较少、场地空旷的地段。产量较大的拌和设备,应装设防尘设施。

(5)块状沥青搬运一般宜在夜间和阴天进行,尤其避免炎热季节。搬运时,宜采用小型机械装卸,不宜用于直接搬运。

2. 沥青运送

1)液态沥青车运送

(1)液态沥青车运送作业认识

液态沥青车运送如图4-9所示。

(2)液态沥青车运送安全要点

①用泵抽送热沥青进出油罐时,工作人员应避让,以免烫伤。

②向储油罐注入沥青时,当浮标指标达到允许最大容量时,要及时停止注入以免沥青外溢。

③满载运行时,遇有弯道、下坡时,提前减速,避免紧急制动。油罐装载不满时,要始终保持中速行驶。

2)吊耳吊装桶装沥青规定

(1)吊装作业应有专人指挥,沥青桶的吊索应绑扎牢固,吊车驾驶员应听从指挥,轻起轻落。

(2)吊起的沥青桶不得从运输车辆的驾驶室上空越过,并应稍高于车厢板,以防碰撞。

(3)吊臂旋转半径范围内不得站人。

(4)沥青桶未稳妥落地前,严禁卸、取吊绳。

3)人工装卸、运送桶装沥青规定

(1)运输车辆应停放在平坡地段,并拉上手闸。

(2)沥青桶不得漏油,否则应先堵漏,后搬运。

(3)跳板应有足够的强度,以防折断。跳板的搁置坡度不应过陡。

(4)放倒和搬起沥青桶时,要相互关照,防止砸脚伤人。

(5)放倒的沥青桶经跳板向上(下)滚动装(卸)车时,要在露出跳板两侧的铁桶上各套一根绳索,收放绳索时要缓慢,并应两端同步上下,以防铁桶歪斜,跌落伤人。

(6)人工运送液态沥青,只准一人挑,不得两人抬。油量不得超过容器的2/3。绳索要系牢,防止油桶滑脱。

3. **沥青的预热**

1)沥青的预热作业认识

沥青的预热可采取蒸汽、导热油、远红外等加工工艺,沥青的加热要特别注意安全,图4-10所示为沥青加热炉爆炸事故。

图4-9 液态沥青车示意图

图4-10 沥青加热炉爆炸示意图

2)沥青的加热作业安全控制

(1)蒸汽加温沥青时,其蒸汽管道应连接牢固,严加保护,在人员易触及的部位,必须用保温材料包扎。锅炉必须经过当地主管部门验收合格,并严格执行锅炉安全技术规程。

(2)导热油加热沥青,加热炉使用前必须进行耐压试验,水压力不得低于额定工作压力的2倍。对加热炉及设备应作全面检查,各种仪表应齐全完好,泵、阀门、循环系统和安全附件应符合技术要求,超压、超温报警系统应灵敏可靠。必须经常检查循环系统有无渗漏、振动和异响,定期检查膨胀箱的液面是否超过规定,自控系统的灵敏性和可靠性是否符合要求,并定期清除炉管及除尘器内的积灰。导热油的管道应有防护设施。

(3)远红外加热沥青作业前,应检查机电设备和短路、过载保护装置是否良好,电气设备有无接地,确认符合要求后方可合闸作业。沥青油泵应进行预热,当用手能转动联轴器时,方可启动油泵送油。输油完毕后将电机反转,使管道中余油流回锅内,并立即用柴油清洗沥青泵及管道。清洗前必须关闭有关阀门,严禁柴油流入油锅。

4. 明火熬制沥青作业安全控制

1)明火熬制沥青作业认识

明火熬制沥青是在露天明火作业,将固态沥青熬制成液态沥青的过程。

2)明火熬制沥青作业安全控制要点

(1)锅灶设置

①支搭的沥青锅灶,应距建筑物至少30cm,距电线垂直下方在10m以上。周围不得有易燃易爆物品,并应备用锅盖、灭火器等防火用具。

②油锅上方搭设的防雨棚,严禁使用易燃材料。

③沥青锅的前沿(有人操作的一面)应高出后沿10cm以上,并高出地面0.8~1.0m。

④舀、盛热沥青的勺、桶、壶等不得锡焊。

(2)沥青预热

①打开沥青桶上大小盖。当只有一个桶盖时,应在其相对方向另开一孔,以便通气出油。桶内如有积水必须先予排除。

②操作人员应注意沥青突然喷出,如发现沥青从桶的砂眼中喷出,应在桶外的侧面,铲以湿泥涂封,不得用手直接涂封。

③烤油中如发现沥青桶口堵塞时,操作人员应站在侧面用热铁棍疏通。

④烤油时必须使用微火,不得用大火猛烤。

⑤卧桶烤油的油槽应搭设牢固,流向储油锅的通道要畅通。

(3)沥青熬制

①熬油锅内不得有水和杂物,沥青投入量不得超过油锅容积的2/3,块状沥青应改小并装在铁丝瓢内下锅,不得直接向锅内抛掷,严禁烈火加热空锅时,加入沥青。

②预热后的沥青宜用溜槽流下油锅。如用油桶直接倒入油锅时,桶口应尽量放低,防止被热沥青溅伤。

③在熬制沥青时,如发现油锅漏油,必须立即熄灭炉火。

④舀油时,应用长柄勺,并要经常检查其连接是否牢固。

⑤油料脱水应缓慢加热,经常搅动,严禁猛火导致沥青溢锅。如发现有漫油迹象时,应立即熄灭炉火。

⑥熬油工应随时掌握油温变化情况,当白色烟转为红、黄色烟时,应立即熄灭炉火。

⑦熬油现场临时堆放的沥青及燃料不应过多,堆放位置距沥青锅应在5m以外。

5. 沥青混合料拌和作业安全控制

1)沥青混合料拌和作业认识

沥青混合料必须在沥青拌和厂(场、站)采用拌和设备拌制,沥青混合料拌和设备如图4-11所示。拌和厂设置在空旷、干燥、运输条件良好的地方,沥青混合料可采用间歇式或连续式拌和机拌制。各类拌和机都设有防止矿粉飞扬散失的密封性能及除尘设备,并有检测拌和温度的装置。

2)沥青混合料拌和作业安全控制要点

(1)人工拌和作业时应使用铁壶或长柄勺倒油,壶嘴或勺口不应提得过高,防止热油溅起伤人。

(2)沥青混合料拌和设备作业安全控制要点

①作业前,热料提升斗、拌和器及各种秤斗内不得有存料。

图4-11 沥青混合料拌和设备示意图

②配有湿式除尘系统的拌和设备,其除尘系统的水泵应完好,并保证喷水量稳定且不中断。

③卸料斗处于地下底坑时,应防止坑内积水淹没电器元件。

④拌和机启动、停机,必须按规定程序进行。点火失效时,应及时关闭喷燃器油门,待充分通风后再行点火。需要调整点火时,必须先切断高压电源。

⑤液化气点火时,必须有减压阀和压力表。燃烧器点燃后,必须关闭总阀门。

⑥连续式拌和设备的燃烧器熄火时应立即停止喷射沥青。当烘干拌和筒着火时,应立即关闭燃烧器鼓风机及排风机,停止供给沥青,再用含水率高的细骨料投入烘干拌和筒,并在外部卸料口用干粉或泡沫灭火器进行灭火。

⑦关机后应清除皮带上,各供料斗及除尘装置内外的残余积物,并清洗沥青管道。

(3)沥青混合料拌和站的各种机电设备,在运转前均须由机工、电工、电脑操作人员进行详细检查,确认正常完好后才能合闸运转。

(4)机组投入正常运转后,各部门、各工种都要随时监视各部位运转情况,不得擅离岗位。

(5)运转过程中,如发现有异常情况,应报告机长,并及时排除故障。停机前应首先停止进料,等各部位(拌鼓、烘干筒等)卸完料后,才可提前停机。再次启动时,不得带负荷启动。

(6)运转中严禁人员靠近各种运转机构。

(7)搅拌机运行中,不得使用工具伸入滚筒内掏挖或清理。需要清理时必须停机。如需人员进入搅拌室内工作时,搅拌室外要有人监护。

(8)料斗升起时,严禁有人在料斗下工作或通过。检查料斗时应将保险链挂好。

(9)拌和站机械设备需经常检查的部位应设置铁爬梯。采用皮带机上料时储料仓应加防护。

图4-12 洒布车示意图

6.洒布作业安全控制

1)洒布作业认识

洒布作业是通过沥青洒布车(机)将沥青均匀洒在路面的过程,如图4-12所示。

2)洒布作业安全控制要点

(1)沥青洒布车作业安全控制要点:

①洒布车(机)作业地段应有专人警戒。施工现场的障碍物应清除干净,洒油时作业范围内不得有人。施工现场严禁使用明火。

②沥青洒布车作业要检查机械、洒布装置及防护、防火设备是否齐全有效。采用固定式

喷灯向沥青箱的火管加热时,应先打开沥青箱上的烟囱口,并在液态沥青淹没火管后,方可点燃喷灯。加热喷灯的火焰过大或扩散蔓延时,应立即关闭喷灯,待多余的燃油烧尽后再行使用。喷灯使用前,应先封闭吸油管及进料口,手提喷灯点燃后不得接近易燃品。

③满载沥青的洒布车应中速行驶。遇有弯道、下坡时应提前减速,尽量避免紧急制动。行驶时严禁使用加热系统。

④驾驶员与机上操作人员应密切配合,操作人员应注意自身的安全。作业时,在喷洒沥青方向10m以内不得有人停留。

(2)沥青洒布机作业安全控制要点

①沥青洒布机作业前,应将车轮固定,检查高压胶管与喷油管连接是否牢固,油嘴和节门是否畅通,机件有无损坏。检查确认完好后,再将喷油管预热,安装喷头,经过在油箱内试喷后,方可正式喷洒。

②装载热沥青的油桶应坚固不得漏油,其装油量要低于桶口10cm。向洒布机油箱注油时,油桶要靠稳,在油箱口缓慢向下倒油,不得猛倒。

③喷洒沥青时,手握的喷油管部分应加缠旧麻袋或石棉绳等隔热材料。操作时,喷头严禁向上。喷头附近不得站人,不得逆风操作。

④压油时,速度要均匀,不得突然加快。喷油中断时,应将喷头放在洒布机油箱内,固定好喷管,不得滑动。

⑤移动洒布机,油箱中的沥青不得过满。

⑥喷洒沥青时,如发现喷头堵塞或其他故障,应立即关闭阀门,等修理完好后再行作业。

7. 沥青混合料摊铺机作业安全控制

1)沥青混合料摊铺机作业认识

图4-13 沥青混合料摊铺机作业示意图

混合料运到工地之前,清理好下承层,进行施工放样,洒铺透层沥青,将拌和好的混合料装入自卸车运到工地,将运到工地的沥青混合料卸在摊铺机的料斗上,立即进行摊铺,摊铺时,根据试验段确定的松铺系数及相关摊铺机的各项参数进行摊铺。最后是一台摊铺机全幅摊铺,这样可以消灭施工接茬,摊铺机作业过程如图4-13所示。

2)沥青混合料摊铺机作业安全控制要点

(1)上机后打开操作控制箱,检查燃油、润滑油、液压油,并应符合启动标准。

(2)查看行速链条、输料刮板链条及各项润滑部分的状况。

(3)驾驶台及作业现场要视野开阔,清除一切有碍工作的障碍物。作业时无关人员不得在驾驶台上逗留,驾驶员不得擅离岗位。

(4)运料车向摊铺机卸料时,应协调动作,同步行进,防止互撞。

(5)换挡必须在摊铺机完全停止时进行。严禁强行挂挡。严禁在坡道上换挡或空挡滑行。

(6)操作人员发现机械故障时要先停机,并立即报告,经负责人研究决定后,再继续作业或停机检修。

(7)操作人,必须注意其他配合作业人员、机械车辆的动向,运料车未离开前,不准收缩料斗,人员未退开前不准随便展、降料斗。

(8)熨平板预热时,应控制热量,防止因局部过热而变形。加热过程中,必须有专人看管。

(9)驾驶员力求平稳,不得急剧转向。弯道作业时,烫平装置的端头与路缘石的间距不得小于10cm,以免发生碰撞。

(10)用柴油清洗摊铺机时,不得接近明火。

8.沥青混合料的压实作业安全控制

1)压实作业认识

沥青混合料摊铺整平后,应及时进行碾压。沥青混合料的压实过程可分为初压、复压和终压三个阶段进行碾压。常用的压路机有钢筒式、轮胎式及振动压路机。沥青混合料的压实作业宜采用钢筒式静态压路机与轮胎压路机或振动压路机组合的方式。沥青混合料的压实作业如图4-14所示。

图4-14 沥青混合料的压实作业

2)压实作业安全控制

(1)压路机前后轮的刮板,应保持平整良好。

(2)碾轮刷油或洒水人员与压路机驾驶员要密切配合,必须跟在碾轮行走的后方,要注意压路机转向。

(3)严禁在压路机没有熄火、下无支垫三角木的情况下,进行机下检修。

(4)压路机应停放在平坦、坚实并对交通及施工作业无妨碍的地方,停放在坡道上时,前后轮应置垫三角木。

思考题

1.沥青路面施工过程要注意哪些个人防护措施?

2.沥青加热作业要注意哪些安全问题?

3.沥青运输作业要注意哪些安全问题?

4.沥青混合料拌和作业要注意哪些安全问题?

5.沥青洒布作业要注意哪些安全问题?

6.沥青摊铺作业要注意哪些安全问题?

第三节 水泥混凝土路面施工安全

一、学习目标

通过学习,了解水泥混凝土路面施工的内容,熟悉水泥混凝土路面施工的安全要求,能进行水泥混凝土路面施工的安全检查。

二、资料准备

(1)查阅水泥混凝土路面施工的作业内容及安全规定。

(2)查找水泥混凝土路面施工相关事故案例。

(3)用 Word 文档设计制作一份水泥混凝土路面施工的安全检查表。

三、学习内容

(一)水泥混凝土路面施工认识

水泥混凝土路面是一种高级路面。它是以水泥混凝土面层和基层、垫层所组成的路面,也称刚性路面。这种路面应用广泛,主要用于公路、城市道路、港口码头、机场、停车场等。水泥混凝土路面施工工艺如图 4-15 所示。

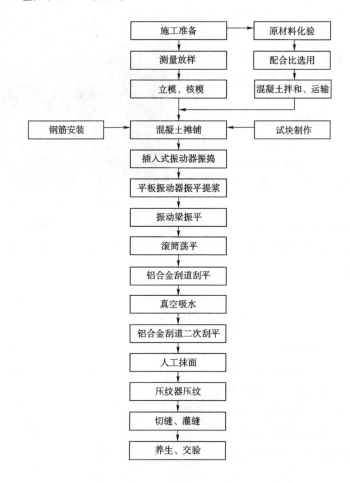

图 4-15　水泥混凝土路面施工工艺框图

(二)水泥混凝土路面施工安全控制

1.水泥混凝土拌和与运送作业安全控制

1)水泥混凝土拌和与运送作业认识

大规模公路施工现场水泥混凝土拌和通常在拌和站内进行,再通过混凝土运输车运到现场浇捣,小规模公路施工现场水泥混凝土拌和通常在拌和机完成。

2)水泥混凝土拌和与运送作业安全控制

(1)拌和机必须安置在坚实的地方,用支物或支脚筒架稳,不准以轮胎代替支撑,拌和机如图 4-16 所示。

(2)拌和机上的电器设施要由电工负责安装,要有防雨防潮措施,电器设施绝缘良好,电动机必须接地,开关闸刀要设箱加锁。传动离合器、制动器必须灵活可靠,传动部分必须加防护罩。

(3)拌和机操作前,应检查制动器、离合器是否有效,电线有无破损,滚筒内不得有异物。

(4)进料斗升起时,严禁任何人在料斗下通过或停留。工作完毕后应将料斗固定好。

(5)现场检修时,应固定好料斗,切断电源,如需人员进入搅拌机内工作时,机外要有专人监护,电闸箱上要挂"有人作业,禁止合闸"的醒目标志牌。监护人必须在确认机内无人后,最后一个离开。

图4-16 水泥混凝土拌和机示意图

(6)搬运袋装水泥时,必须逐层顺序取运,堆放时,要堆码整齐,其高度不得超过12袋。垛底要用方木、板料垫平,并采取防雨、防潮措施。

(7)向拌和机加装水泥时,应使用封闭式加料斗,以减少粉尘对人的危害。如用人工加料时,作业人员必须佩戴风镜、防尘口罩等防护用品。

(8)手推车和自卸汽车装运混凝土,车厢要对准出料口。车辆不得超载、超速,车停稳后方准顶升车厢卸料,车厢尚未放下回位时,操作人员不得上车清除残料。

(9)水泥混凝土运输车运送混凝土拌和料时,要注意:

①液压泵、液压马达及阀件应紧固,并与管道连接牢固,密封良好。各泵旋转时无卡阻和异响声。

②当传动系统出现故障,液压油输出中断而导致滚筒停转并一时无法修复时,要利用紧急排出系统快速排出混凝土拌和料。

③严禁用手触摸旋转中的搅拌筒和从动轮。

水泥混凝土拌和与运送作业示意如图4-17所示。

图4-17 水泥混凝土拌和与运送作业示意图

2.水泥混凝土摊铺作业安全控制

1)人工摊铺

人工摊铺如图4-18所示。

(1)装卸钢模时,必须逐片轻抬轻放,不得随意抛扔。

(2)使用振捣器时,操作人员要佩戴安全防护用品。配电盘(箱)的接线宜使用电缆线。

电源必须设漏电保护器,开关箱应放置在干燥处,多台振捣器同时作业,应设集中开关箱,由专人负责看管。风动振捣器的连接软管不得有破损或漏气,使用时要逐渐开大通气阀门。

(3)拆下的木模应及时起钉。

2)机械摊铺

机械摊铺如图4-19所示。

图4-18 人工摊铺示意图　　　　　　　　图4-19 机械摊铺示意图

(1)轨模式水泥混凝土摊铺机作业时,应遵守下面规定:

①先检查传动、电器操作系统以及各项安全和防尘设施是否完好正常。

②作业人员必须服从统一指挥,布料机和振平机之间应保持5～8m的安全距离,以防碰撞。

③布料机传动钢丝的松紧要适度,不得将刮板置于运动方向垂直的位置,也不得借助整机的惯性冲击料堆。

④振动梁在悬空状态下不能长时间振动,应特别注意其轴承是否过热,严禁在已凝固的混凝土上振动。

⑤作业中严禁驾驶员擅自离开驾驶台,无关人员不得在驾驶台上停留或上下摊铺机。在坡道及弯道上作业时,要注意防止摊铺机脱轨。

(2)滑模式水泥混凝土摊铺机作业,应遵守下面规定:

①要注意将摊铺机停在平坦、坚实的地方,并用支垫牢固地垫起机体,履带垫离地面后才可进行安装、调整工作。

②调整机器高度时,工作踏板及扶梯等处不得站人,作业期间严禁碰撞引导线。

③摊铺机应避免紧急转向,防止与预置钢筋、路缘石等碰撞。

④摊铺机不得牵引其他机械,其他机械牵引摊铺机时应用刚性拖杆。

⑤摊铺机停放在通车道路上时,周围必须设置明显的安全标志。夜间应以红灯示警,其能见度不得小于150m。

(3)采用真空吸水作业时,应检查软管吸垫及街头有无损伤、漏气,吸排水管是否畅通。吸垫四周的橡皮布应与板边混凝土表面结合良好,密封而不漏气。吸水作业时,严禁操作人员在吸垫上行走或将物件置压在吸垫上。

(4)使用水泥混凝土抹平机作业时,应确保抹平机的叶片光洁平整,并处于同一水平面。其连接螺栓应紧固不松动,抹平机需在无负荷状态下起动。要有专人收放电缆,电缆不允许打结和砸压。如发现有异常现象应立即停机检查。

3.切缝、养生作业安全控制

1)切缝、养生作业认识

混凝土路面铺筑完成或面层抗滑构造完毕后立即开始养生。养生可分为养生剂养生和覆盖养生。机械摊铺的水泥混凝土路面采用喷洒养生剂同时保湿覆盖的方式养生,喷洒养生剂时,应喷洒均匀、成膜厚度应足以形成完全密闭水分的薄膜。覆盖养生是用保湿膜、土工毡、土工布、麻袋、草袋等覆盖物保湿养生并及时洒水,保持混凝土表面始终处于潮湿状态,当昼夜温差大于10℃以上的地区,或日平均温度不大于5℃施工的混凝土路面采取保温保湿措施养生。

2) 切缝、养生作业安全控制要点

(1) 混凝土养生初期,严禁人、畜、车辆通行,在达到强度40%后,行人方可通行。

(2) 在路面养生期间,平交道口搭建临时便桥,面板达到设计弯拉强度后,方可开放交通。使用切缝机切缝时,刀片夹板的螺母应紧固,各连接部位和安全防护罩应完好正常。切缝前应先打开冷却水,冷却水中断时,应立即停止切缝。

(3) 切缝时,刀片要缓缓切入,注意割切深度指示器,当遇有较大切割阻力时,应立即升起刀片检查。

(4) 切缝时,操作人员必须站在刀片侧面。

(5) 停止切缝时,应先将刀片提离板面后才可停止运转。

(6) 薄膜养护的溶剂,一般具有毒性和易燃等特性,应做好储运、装卸的安全预防措施,并加以严格落实。喷洒时,应站在上风侧,必须穿戴好劳动防护用品。

(7) 混凝土养生所用的草袋,必须放置在安全地点,以防止发生火灾。特别注意:混凝土预留孔洞部位覆盖养生时,上面要设置明显标志,划定警戒范围,以防跌落伤人。

思考题

1. 水泥混凝土拌和与运送作业要注意哪些安全问题?
2. 水泥混凝土摊铺作业要注意哪些安全问题?
3. 水泥混凝土切缝、养生作业要注意哪些安全问题?

第四节 旧路面凿除作业安全

一、学习目标

通过学习,了解旧路面凿除作业的内容,熟悉旧路面凿除作业的安全要求,能进行旧路面凿除作业的安全检查。

二、资料准备

(1) 查阅旧路面凿除作业的内容及安全规定。
(2) 查找旧路面凿除作业相关事故案例。
(3) 用 Word 文档设计制作一份旧路面凿除作业的安全检查表。

三、学习内容

1. 旧路面凿除作业认识

旧路面凿除是用大锤、风镐、凿岩机械等将旧路面破坏掉,以便重新修路的过程,如图4-20所示。

图 4-20　旧路面凿除作业

2. 旧路面凿除作业安全控制要点

（1）旧路面凿除宜小段分块进行，以免妨碍交通。

（2）风动工具凿除旧路面时，应注意以下安全问题：

①各部管道接头必须紧固，不漏气。胶皮管不得缠绕打结，并不得用折弯风管的办法作断气之用，也不得将风管置于胯下。

②风管通过过道，须挖沟将风管下埋，以防车辆碾压。

③风管连接风包后要试送气，检查风管内有无杂物堵塞。送气时，要缓慢旋开阀门，不得猛开。

图 4-21　机械凿除旧路面

④风镐操作人员应与空压机驾驶员密切配合，及时送气或闭气。

⑤钎子插入风动工具后，不得空打，防止产生意外。

（3）利用机械破碎旧路面时，应有专人统一指挥。铲刀切入地面不宜过深，推刀速度应缓慢（图 4-21）。操作范围内不得有人，防止路面破碎物弹跳伤人。

（4）人工凿除旧路面作业安全控制要点：

①用镐开挖旧路面时，应并排前进，左右间距应不少于 2m。不得面对面使镐。

②用大锤敲打旧路面时，周围不得有人站立或通行。锤击钢钎，使锤人应站在扶钎人的侧面，使锤者不得戴手套。

③用撬棍撬旧沥青路面时，不准两脚站在撬棍上压撬或双脚离地悬空压撬。

思考题

1. 风动工具凿除旧路面要注意哪些安全问题？
2. 机械凿除旧路面要注意哪些安全问题？
3. 人工凿除旧路面要注意哪些安全问题？

第五章 桥涵工程施工安全控制

桥涵工程包括桥梁和涵洞,桥梁是指在公路建设中,为跨越江河、深谷、海峡或其他构造物而建造的结构物,按主要承重构件的受力情况可分为梁式桥(分为简支梁桥、连续梁桥、悬臂梁桥)、拱桥、刚架桥、吊桥以及组合体系桥梁,各种桥梁的施工工艺有所不同,如图 5-1 为简支梁(板)桥安装工艺框图,图 5-2 为石拱桥施工工艺框图,但基本施工过程主要包括基础工程、墩台工程、上部工程、混凝土预制场以及预制构件运输。

桥涵工程施工过程中,影响和制约安全生产的因素比较多。因此,在安全生产方面要加以重点控制。桥涵工程施工如图 5-3 所示。桥涵施工的一般安全要求:

(1)桥涵工程施工前,应详细核对技术设计、图纸、文件。高桥、大跨、深水、结构复杂的大型桥梁施工,应对施工安全技术措施做专项调查研究,采取切实可靠的先进技术、设备和防护措施。中、小桥涵工程施工应制定针对性的安全技术措施计划。

(2)每单项工程,在开工前应根据规程规定安全操作细则,并向施工人员进行安全技术交底。

(3)桥涵工程施工的辅助结构、临时工程及大型设施等,均应按有关规定做好安全防护措施。各项安全设施完成后,应经检验合格,方能使用。

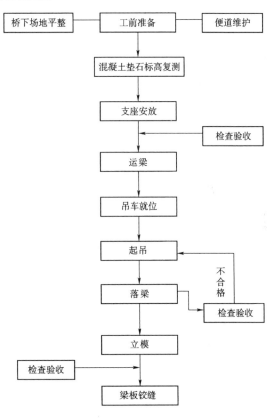

图 5-1 简支梁(板)桥安装工艺框图

(4)特殊结构的桥涵,采用新技术、新工艺、新材料、新设备时,必须制定相应的有针对性的安全技术措施,通过试验和检验,证明可行后方可实施。

(5)桥涵工程施工,应尽量避免双层或多层同时作业,当无法避免,而必须双层同时作业或桥下通航、通车及行人等立体施工时,应设防护棚、防护网、防撞装置和醒目的警示标志、信号等,切实做好安全防护措施。

(6)手持式电动工具,应按规定加设漏电保护器。

(7)对于通航江河上的桥涵工程,施工前应与当地港航监督部门联系,制定有关通航、作业安全事宜,办理水上施工许可证等必要的手续,否则,不得开始施工。

(8)遇有六级(含六级)以上大风等恶劣天气时,应停止高处露天作业、缆索吊装及大型构件起重吊装等作业。

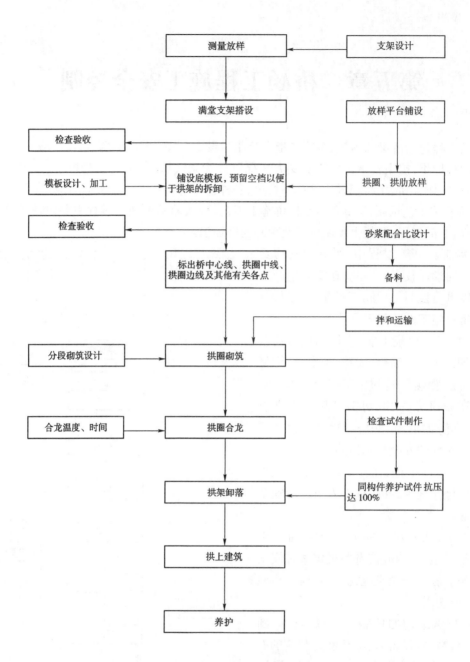

图 5-2 石拱桥施工工艺框图

图 5-3 桥涵工程施工示意图

知识链接:起重吊装作业安全

(1)起重作业必须遵守下列规定:

①大型吊装工程,应在编制施工组织设计时,单独编制相应的安全施工组织设计或方案,并向参加施工作业人员进行安全技术交底。

②吊装作业应指派专人统一指挥,参加吊装的起重工要掌握作业的安全要求,其他人员要有明确分工。

③吊装作业前必须严格检查起重设备各部件的可靠性和安全性,并进行试吊。

④各种起重机具不得超负荷使用。

⑤钢丝绳的安全系数,见表5-1。

钢丝绳安全系数　　　　　　　　　　　　　　表5-1

用　　途	安全系数	用　　途	安全系数
缆风绳	3.5	吊挂和捆绑用	6
支承动臂用	4	千斤绳	8~10
卷扬机用	5	缆索承重绳	3.75

⑥地锚要牢固,缆风绳不得绑扎在电杆或其他不稳定的物件上。

⑦作业中遇有停电或其他特殊情况,应将重物落至地面,不得悬在空中。

(2)起重机具作业安全控制要点:

起重机具属于特种设备,必须执行国家现行的有关特种设备的安全监察条例、安全规程,定期进行验收、检验,各项管理和技术资料齐全、有效,并做好登记建档工作。从事特种设备操作的人员应具备相应的特种作业资格。

①卷扬机安全控制要点:

a.卷扬机的各部机件、电气元件以及安全防护装置、钢丝绳等应符合现行的国家关于卷扬机安全规程的规定。

b.卷扬机应安装牢固、稳定,防止受力时位移和倾斜。操作位置必须视野开阔,联系方便。

c.作业前应检查钢丝绳、离合器、制动器、保险棘轮、传动滑轮等。发现故障应立即排除。

d.通过滑轮的钢丝绳不得有接头、结节和扭绕,钢丝绳在卷筒上必须排列整齐,作业中最少保留三圈。

e.操作人员不得擅自离开岗位,作业中突然停电,应立即拉开闸刀,并将运送物件放下。

②轮胎式起重机和履带式起重机安全控制要点:

a.作业地面应坚实平整,支脚必须支垫牢靠,回转半径内不得有障碍物。两台或多台起重机吊运同一重物时,钢丝绳应保持垂直,各台起重机不得超过各自的额定起重能力。

b.吊起重物时,应先将重物吊离地面10cm左右,停机检查制动器灵敏性和可靠性以及重物绑扎的牢固程度,确认情况正常后,方可继续工作。作业中不得悬吊重物行走。

c.起升或降下重物时,速度要均匀、平稳,保持机身的稳定,防止重心倾斜。严禁起吊的重物自由下落。

d.在驳船上作业,应用绳索系牢在船上,前后轮(或履带)下应用三角木块楔紧。遇有四、五级风时,应根据驳船载重吨位适当调整吊机负荷。工作完毕应将起重臂放下,制动器制动牢固。

e.配备必要的灭火器,驾驶室内不得存放易燃品。雨天作业,制动带淋雨打滑时,应停止作业。

f.在输电线路下作业时,起重臂、吊具、辅具、钢丝绳等与输电线的距离不得小于表5-2的规定。

起重臂、吊具、辅具、钢丝绳等与输电线的最小距离表　　　表5-2

输送线路电压(kV)	最小距离(m)
1以下	1.5
1~35	3
≥60	$0.01(v-50)+3$

注:v-行驶速度。

g.工作完毕,应将机车停放在坚固的地面上,吊钩收起,各部制动器制动牢固,操纵杆放到空挡位置。

③塔式起重机安全控制要点:

a.塔式起重机的安装、拆除应由具备相应资格的单位,按照国家现行特种设备安全监察条例的有关规定进行,并组织好检查、验收工作。

b.塔式起重机必须装备齐各种安全防护装置,并应符合有关规定的要求。

c.在轨道上行驶前应检查轨道和行走轮等的技术状况,不得有啃轨、变形、下沉等现象,轨道上不得有障碍物。

图5-4　龙门架

d.起重机行走前轮(行走方向)至轨道端部的距离不得小于5m。工作完毕,锁紧夹轨器,并将各控制开关转到"零"位,切断电源。

④龙门架安全控制要点:

龙门架如图5-4所示。

a.龙门架的制作、拼装、拆除应由具备相应资格的单位,按照国家现行特种设备安全监察条例的有关规定进行,制定、实施安全技术措施方案,并组织好检查、验收工作。

b.移动式龙门架除进行静载试验外,还应等载在轨道上往返运行一次,检查龙门架在移动中的变形以及轨距、轨道平整度等情况。

c.吊起重物作水平移动时,应将重物提高到可能遇到的障碍物0.5m以上。运行时被吊重物不得左右摇摆。

d.牵引移动的跨墩龙门架,在行走时两侧牵引卷扬机必须同时、同速起动和运行。

e.开动和停止电动机,应缓慢平稳地操纵控制器,作向后移动时,必须等机、物完全停稳后方可操作。

⑤人字桅杆和独脚桅杆安全控制要点:

a.人字桅杆和独脚桅杆应选用优质钢、木材料制作。

b.人字桅杆两腿的夹角不得大于45°。

c.桅杆底脚基础要坚固,底脚要稳定牢靠。人字桅杆设置的缆风绳不少于两根,独脚桅杆设置的缆风绳不少于四根。

d.独脚桅杆如加设摇杆时,变幅钢丝绳应在起重前固定好,调整适度。摇杆摆动幅度应用钢丝绳(或牵引卷扬机)控制。

⑥手拉葫芦(吊链)安全控制要点:

手拉葫芦如图5-5所示。

图5-5 手拉葫芦

a.悬挂支承点必须牢固,使用三角架悬挂时,基础应坚实,三支架腿受力要均匀,防止滑动和倾覆。

b.严禁斜拉重物。

c.重物吊起后发生卡链时,应在重物下方支垫后进行检查修理,不得硬拉。

⑦千斤顶安全控制要点:

a.顶升重物必须在重心位置。如需用千斤顶纠正偏斜物体时,放置千斤顶的台座必须坚固可靠。

b.顶升重物过程中,千斤顶出现故障时,应在重物支垫稳固后,再取出修理。

c.用多台千斤顶起升同一重物时,动作应同步、均衡。

⑧缆索吊装设备安全控制要点:

a.缆索塔架拼装时,应按设计图组拼。索鞍、跑车在组拼前,应进行全面检查。在装卸、运输及组拼中,要防止碰伤,有损伤的杆件不得使用。木塔架施工,应优选材质,精细加工制作,连接处应采取加固措施。

b.各种滑轮在使用前,要检查是否灵活,绳槽是否平滑。滑轮组应共同承受荷载,受力不均匀时,应进行调整。

c.钢丝绳必须按设计荷载要求,选用适合的标准绳索。在使用当中,应经常注意检查,并做好必要的维护。

d.塔架拼装,应随塔高的增加逐步搭好脚手架。作业平台四周挂好安全网并设上下扶梯。随着塔身增高,安全网应随之上移,同时应增设辅助缆风绳,待设计缆风绳安设完成后,方可拆除。

e.使用万能杆件或衍梁片组拼的索塔,可利用已装好的杆件搭设塔内作业平台。平台木板必须满铺,平稳、牢固。塔架节段增高时,操作人员不得攀登杆件,应通过安全梯或吊篮上下。

f.主索道两端应设置限位器,工作完毕,收紧吊钩,并切断电源。

g.主索道和塔架的支拆和使用应按照国家有关特种设备安全监察条例的有关规定执行,确认安装、拆除,使用单位、人员以及设备本身的安全资格和相关手续是否符合规定。同时,还要制定支拆作业的安全技术措施方案。作业现场应设置警示标志,并设专人(或监护船只)维护道口、航道和村屯附近的交通安全。

案例导学 5

某桥梁工地,当人工挖孔桩的孔挖完以后,在地面绑扎钢筋笼,清晨上班不久,开始往已挖好的孔中安放钢筋笼。当第一个 6m 高钢筋笼被 8 名工人抬起,搬到孔洞的边上,准备放下去的时候,在南边角上的一个工人脚下踩空失稳,刚往下弯腰,钢筋笼随即向南倾倒,倒在了离孔洞边洞 2.5m 外的 4m 高外电线路上,抬钢筋笼的 8 名工人中除 1 人幸免外,其余 7 人死亡。往深孔洞中施放钢筋笼应该有具体的施工方案,同时,穿过施工现场的外电线路应该按规定采取防护措施。结合本任务的情境学习,分析桥梁施工应采取的安全措施,做好施工前的安全准备和施工过程安全检查工作。

第一节　基础工程施工安全

一、学习目标

通过学习,了解基础工程作业的内容,熟悉基础工程施工的安全要求,能进行基础工程施工的安全检查。

二、资料准备

(1)查阅基础工程施工的内容及安全规定。
(2)查找基础工程施工过程相关事故案例。
(3)用 Word 文档设计制作一份基础工程施工的安全检查表。

三、学习内容

(一)基础工程施工认识

基础工程施工(图 5-6)主要包括基础开挖、围堰、沉井、桩基础、拔桩等施工过程。

图 5-6　基础工程施工示意图

(二)基础工程施工安全控制

1. 明挖基础安全控制

(1)基坑开挖的方法、顺序以及支撑结构的安设,均应按照施工组织设计中的规定进行。开挖较大较深和地质水文复杂的基坑必须制定详细的施工方案和安全措施方案。

(2)开挖基坑时,要指派专人检查对邻近建(构)筑物或临时设施的安全,并留有检查记录。如有影响或不安全时,应采取安全防护措施后,才能开挖。

(3)基坑深度超过 1.5m 时,为便利上下必须挖设专用坡道或铺设跳板,其宽度应超过

60cm,深狭沟槽应设靠梯或软梯,禁止脚踏固壁支撑上下。

(4)开挖基坑时,要根据土质、水文等情况,按规定的边坡坡度分层下挖,严禁局部深挖,掏洞开挖。基坑深度超过1.5m,不加支撑时,应按表3-2中的标准进行放坡。如施工地区狭小或受其他条件限制,不能按表3-2基坑坑壁坡度表中的标准放坡时,应采取固壁支撑措施,支撑方法应根据土质和施工具体情况事先做好施工设计。

(5)基坑、井坑开挖过程中,必须随时检查坑壁边坡有无裂缝和坍塌现象(特别是雨后和解冻时期),如果发现边坡有裂缝、疏松或支撑有折断、走动等危险先兆,应立即采取措施。在雨季、地下水及流沙地区挖土时,必须视具体情况增加坡度或加固支撑。

(6)要注意有关基坑边缘停放机械、堆土、堆料的有关规定(任务二路基工程土方施工安全控制)。

(7)边缘有表面水时,应采取截流措施,开挖排水沟或排水槽,不得使水流沿基坑边缘流下。

(8)有大量地下水流的情况下进行挖基时,应配足抽水机具,施工人员应穿胶鞋,并设置出入基坑的安全通道,以防意外。

(9)采取挖土机械开挖基坑,坑内不得有人作业。必须留人在坑内操作时,挖土机械应暂停作业。

(10)挖掘机等机械在坑顶进行挖基出土作业时,机身距坑边的安全距离应视基坑深度、坡度、土质情况而定,一般应不小于1m。

(11)采用吊斗、扒杆或皮带运输机出土时,应检查吊斗绳索、挂钩、机具等是否完好牢固。

(12)向斗内装土时,不得超出斗缘。吊斗升降时,下面不得站人。坑内作业人员应躲离吊斗升降移动作业范围以外。吊斗不使用时,应及时摘下,不得悬挂。

(13)开挖基坑的人员不得在坑壁下休息。

(14)基坑开挖中,遇到有流沙、涌水、涌沙及基坑边坡不稳定现象发生时,应立即采取防护加固措施。

(15)小型桥涵施工,如不能保证车辆通行时,应事先修好便道或便桥(涵),并在修建桥涵的公路两端设置"禁止通行"的标志,如图5-7所示。

(16)基坑开挖需要爆破,应按国家现行的爆破安全规程办理,可参见路基工程中有关爆破作业的安全要求。

(17)寒冷地区采用冻结法开挖基坑时,应根据地质、水文、气温等情况,分层冻结,逐层开挖。

图5-7 禁止通行标志示意图

(18)基坑需机械排水开挖时,抽水机机管路等要安放牢靠,并须配备足够的抽排水设备。

(19)采用井点法降低基坑地下水位,要根据土层渗透系数、降水深度等,先计算其渗水量,并经过井点布置设计及抽水试验等。在开挖中,应保持基坑不被水浸泡,并认真对下列问题加以监控、检查。

①采用钻机打设井点,应遵守钻孔施工安全操作规程。

②采用集水井降水法,使用无砂混凝土管用作护壁,管与管间的连接,应绑扎牢固,不得脱节。

③集水井内放置的潜水泵,要事先逐台进行检查,试验抽排水,应指派专人看管潜水泵及电源。

④拆除集水井或在井坑内开挖时,作业人员之间应保持安全距离。

⑤开挖的边坡应保持稳定,随基坑的挖深,要及时拆除已裸露的无砂混凝土管,以防其倾倒伤人。

⑥遇有流沙,应采取围堰或打板桩支撑等防护措施。

⑦采用皮带输送机运土出基坑时,机械要安装牢固,设专人看管操作。

⑧降水作业中,应随时观测对邻近建筑物的影响程度,采取相应的防护措施。

2. 筑岛、围堰施工安全控制

1) 筑岛、围堰施工认识

桥梁上部基础、水工建筑物基础常常位于地表水位以下,有时水流速还比较大,施工时总希望在干地条件下进行。水中基础施工最常用的方法是围堰法。围堰的作用主要是防水和围水,有时还起着支撑基坑坑壁的作用。

(1) 围堰的类型

围堰的类型很多,按使用的材料最常用的形式有如下几种。

①土(石)围堰

土围堰适用于水浅、流速不大、河床土层不透水的情况下。它可用任意土料筑成,以黏土或砂类黏土较好。土围堰的断面一般为梯形(图5-8)。当流速大于0.7m/s时,为保证堰堤不被冲刷,可用草(麻)袋盛装黏性土码砌堰堤边坡,称为草(麻)袋围堰(图5-9)。

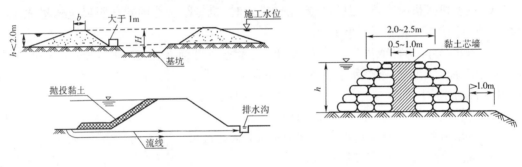

图5-8 土围堰　　　　　　图5-9 草(麻)袋围堰

②木(竹)笼围堰

在岩层裸露河底不能打桩,或流速较大而水深1.5~7.0m的情况下,可采用木(竹)笼围堰。木(竹)笼围堰是用木或竹材料叠成框架,内填土石构成。为节约材料可先建成木笼架,现抛填片石,然后在外侧设置板桩墙(图5-10)。

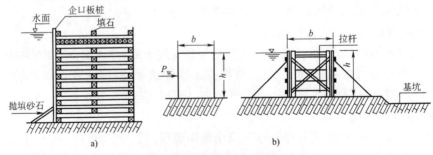

图5-10 禾(竹)笼围堰
a) 木笼围堰; b) 木笼架围堰

其他常用的还有钢板桩围堰、钢木套箱围堰、混凝土围堰、钢筋混凝土板桩围堰等。

(2) 施工要求

围堰的结构形式和材料要求根据水深、流速、地质情况、基础类型以及通航要求等条件进行选择,但不论何种形式的材料的围堰,均必须满足下列要求:

①围堰顶高宜高出施工期间最高水位70cm,最低不应小于50cm,用于防御地下水的围堰宜高出水位或地面20～40cm。

②围堰外形应适应水流排泄,大小不应压缩流水断面过多,以免壅水过高危害围堰安全,以及影响通航、导流等。围堰的形式应适应基础施工的要求。堰身断面尺寸应保证有足够的强度和稳定性,使基坑开挖后,围堰不致发生破裂、滑动或倾覆。

③应尽量采用措施防止或减少渗漏,以减轻排水工作。对围堰外围边坡的冲刷和筑围堰后引起河床的冲刷均应有防护措施。

④围堰施工一般应安排在枯水期进行。

2)筑岛、围堰施工安全要点

(1)人工筑岛,应搭设双向运输便道或便桥。

(2)在围堰内作业,遇有洪水或水流,应立即撤出作业人员。

(3)采用挡土板或板桩围堰。应视土质、涌水、挖深情况,逐段支撑。并应随时检查挡板、板桩、大框等挡土设施的稳定牢固状况。

(4)当基坑较深时,四周应悬挂人员上下扶梯。

(5)施工中,遇有流沙、涌沙或支撑变形等异常情况,应立即停止挖掘,并立即撤出作业人员。在切实采取安全加固措施后,方可继续开挖。

(6)采用吸泥船吹沙筑岛,要对船体吃水深度、停泊位置、管路射程及连接方法等进行严格检查和试验。并要特别注意:

①作业区内严禁船舶和无关人员进入,承载吸泥管道的浮筒上不得行人。

②通航河流,施工前应与航监和有关部门联系好,按要求办理相关手续,以保证通航及施工的安全。

③作业人员应穿着救生衣,并备有救生船。

(7)挖基工程所设置的各种围堰和基坑支撑,其结构必须坚固牢靠。基础施工中,挖土、吊运、浇筑混凝土等作业,严禁碰撞支撑,并不得在支撑上放重物。施工中发现围堰、支撑有松动、变形时,应及时加固,危及作业人员安全时,应立即撤出。施工中交接班时,应将处理情况和注意事项交接清楚,并做好原始记录及签字工作。

(8)基坑抽水过程中,要指派专人经常检查土层变化,支撑结构受力等情况,发现有变形时,应立即向现场负责人报告,并及时采取安全措施。

(9)基坑支撑拆除时,应在现场技术负责人的指导下进行。拆除支撑可配合回填土进程,由低处向上拆除,严禁站在正在拆除的支撑上操作。有引起坑壁坍塌危险时,必须采取安全措施。

3. 钢板桩及钢筋混凝土板桩围堰施工安全控制

1)钢板桩及钢筋混凝土板桩围堰施工认识

钢板桩本身强度大,防水性能好,适用于深水或深基坑,较坚硬的土石河床。插打钢板桩时必须备有可靠的导向设备,以保证钢板桩的垂直沉入,一般先将全部钢板桩逐根或逐组插打到稳定深度,然后依次打入至设计深度,一般自上游分两头插向下游合拢。钢板桩有平板形和波浪形两种(图5-11)。钢板桩之间通过锁口互相连接,形成一道连续的挡墙。由于锁口的连接,使钢板桩连接牢固,形成整体,同时也具有较好的隔水能力。钢板桩截面积小,易于打入。

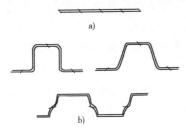

图 5-11　钢板桩形式
a) 平板式；b) 波浪式

U形、Z形等波浪式钢板桩截面抗弯能力较好。钢板桩在基础施工完毕后还可拔出重复使用。

2) 钢板桩及钢筋混凝土板桩围堰施工安全控制要点

(1) 使用钢板桩围堰时,要根据施工条件和安全要求及水深、地质等情况适当选择桩长,准确确定围堰尺寸、钢板桩数量、打入位置、入土深度和桩顶标高,使之既不影响水上施工,又不会伤及水下桩基等构造物。

(2) 钢板桩打入前,应在设计位置设置坚固的导向桩和足够强度的支撑框架并将钢板桩的打入位置标示在导向框架上,以确保板桩的稳定和准确合拢。

(3) 插打钢板桩(包括钢筋混凝土板桩)围堰前应对打桩机、卷扬机及其配套机具设备、绳索等,进行全面检查,经试验、鉴定合格后方可施工。

(4) 钢板桩起吊应听从信号指挥,作业前应在钢板桩上,拴好溜绳,防止起吊后急剧摆动。

(5) 吊起的钢板桩未就位前,插桩桩位处不得站人。在桩顶作业,应挂吊篮、爬梯,作业人员必须系好安全带。

(6) 钢板桩起吊前,应首先做到:

①钢板桩槽凹部位应清扫干净,锁口应先进行修整或试插。

②组拼的钢板桩组件,应采用坚固的夹具夹牢,起吊时,用绳索拴牢,挂钩应封钩。

③钢板桩吊环的焊接,应由专人检查,必要时应进行试吊。严禁将吊具拴在钢板桩夹具上或捆在钢板桩上进行吊装。

(7) 钢板桩插进锁口后,因锁口阻力不能插放到位而需用桩锤压插时,应用卷扬机钢丝绳控制桩锤下落行程,防止桩锤随钢板桩突然下滑。

(8) 插打钢板桩,应从上游依次对称向下游插打。插打双层钢板桩,应先外侧后内侧,最后在下游处合拢。受潮水影响的河流,应根据实际情况,制订插打方案及安全防护措施。

(9) 插打钢板桩,如因吊机高度不足,可改变吊点位置,但吊点不得低于桩顶以下 1/3 桩长位置。在转换吊点时,必须先挂后换,使新吊点吃力后,并确定牢固,才能拆除原吊点。

(10) 钢板桩在锤击下沉时,初始阶段应轻打。桩帽(垫)变形时应及时更换。

(11) 使用沉拔桩锤沉拔板桩时,桩锤各部机件、连接件要确保完好,电气部分要保持良好绝缘。每天使用前要认真检查,班后要进行保养。操作时,桩锤和板桩连接要牢固,系索人员要有稳固地点立足,要佩戴安全帽和安全带。

(12) 拔桩时,应从下游向上游依次进行。遇有拔不动的钢板桩,应立即停拔检查,可采取射水、振动等松动措施。严禁硬拔。

(13) 采用吊机船拔除钢板桩,应指派专人经常检查吊机船的吃水深度,拔桩机或吊机受力情况,拔桩机和吊机应安装"限负荷"装置,以防超负荷作业。

(14) 钢筋混凝土板桩采用锤击下沉时,桩头和桩尖部位,应采取加固措施。锤击时,应用桩帽、桩垫,并经常检查,发现异常情况应立即停击。

4. 套箱围堰施工安全控制

1) 套箱围堰施工认识

钢套箱围堰广泛地应用于大型深水桥梁的基础施工中。钢套箱围堰按形状可分为矩形(圆端形)和圆形,其中每种围堰又有单壁、双壁以及单双壁组合式钢围堰。其施工工艺如图

5-12 所示。

2)套箱围堰施工安全控制要点

(1)套箱围堰可根据工程需要,制成整体式、装配式、单壁式、双壁式。套箱的结构及形式应按设计制造,并经检查验收后方可交付使用。矩形钢套箱结构如图 5-13 所示。

(2)钢套箱的组装,应按施工组织设计进行,并根据钢套箱的结构特点、施工工艺要求以及不同的形式,制定针对性的安全技术措施,并在组装前,进行安全技术交底。

(3)拖船牵引浮运钢套箱时,应征得港航监管部门同意,并在了解航道水深、流速等情况后,制定拖船牵引方案,加以实施。多只拖船牵引浮运大型物件时,应配备通信器材,并建立统一的指挥机构。

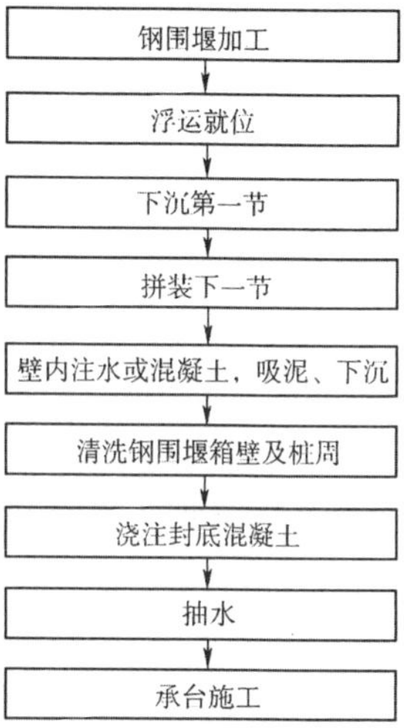

(4)套箱采用船组辅助定位时,应先将定位船、导向船(或其他导向设施)就位。定位船锚的设置应根据流速、河床地质情况具体而定。并要采取措施防止防止下铺时锚链(绳)缠绕或刮带伤人。抛锚地点应设置浮标,船只上的锚固绳栓均要加固补强。

图 5-12 套箱围堰施工工艺流程图

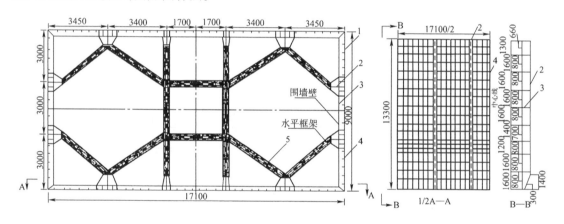

图 5-13 矩形钢套箱结构示意图(尺寸单位:mm)
1-壁板(δ6);2-大竖向龙骨(I80);3-大水平肋(I36);4-小竖向肋(L80×63×5);5-内支撑(2[32)

(5)导向船及定位船,在抛锚定位后,应经常检查锚绳、锚链及锚碇设施情况,防止来往船只及流水、漂流物等的碰撞以及洪水冲击等。

(6)两船之间的通道及连接梁上,应铺设人行道板和栏杆。严禁在一只导向船上或船的一侧偏载重物。

(7)在通航河流上施工,施工前应与港航监管部门联系,办理有关手续,协商有关通航安全事宜,并按要求设立标志和防撞装置。

(8)采用沉浮式双壁钢套箱,应具备能组拼、能分解、能注水下沉、能排水上浮的性能。注水下沉或排水上浮时,必须对称均衡进行施工,防止产生过大的倾斜。施工要经过周密设计计算,必要时,要经过试验,方可进行。

(9)钢套箱拆除,应按施工组织设计规定的程序进行。拆除时,应有足够的脚手板、扶梯和救生设备等安全防护设施。施工人员必须系安全带、穿救生衣。

(10) 拆下的铁件、螺栓等,应吊放在指定地点,不得从高处向下抛掷。

5. 沉井基础施工安全控制

1) 沉井基础施工认识

(1) 沉井结构

沉井是由刃脚、井筒、内隔墙等组成的呈圆形成或矩形的筒状钢筋混凝土结构。刃脚在井筒最下端,形如刀刃,在沉井下沉时起切入土中的作用。井筒是沉井的外壁,在下沉过程中起挡土作用,同时还需有足够的自重克服筒壁与土之间的摩阻力和刃脚底部的土阻力,使沉井能在自重作用下逐步下沉。内隔墙的作用是把沉井分成许多小间,减小井壁的净跨距以减小弯距,施工时亦便于挖土和控制沉降。

(2) 沉井施工

沉井施工时,先在地面上铺设砂垫层,设置承垫木,制作钢板或角钢刃脚后浇筑第一节沉井,待其达到一定重量和强度后,抽去承垫木,在井筒内边挖土边下沉,然后加高沉井,分解浇筑,多次下沉,下沉到设计标高后,用混凝土封底,浇钢筋混凝土底板则构成地下结构。如在井筒内填筑素混凝土或砂砾石则构成深基础。沉井施工过程示意图如图5-14所示。

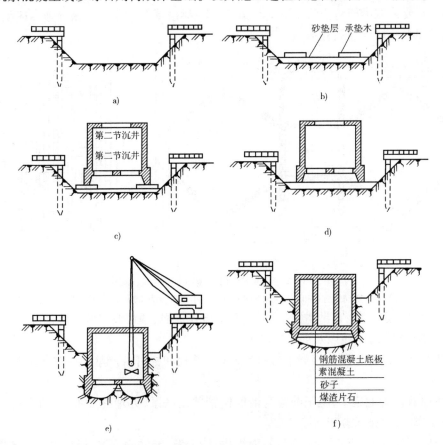

图 5-14 沉井施工主要程序示意图
a) 打桩、开挖、搭台;b) 铺砂垫层、承垫木;c) 沉井制作;d) 抽取承垫木后;e) 挖土下沉;f) 封底、回填、浇注其他部分结构

2) 沉井基础施工安全控制要点

(1) 井下沉四周影响区域内,不宜有高压线杆、地下管道、固定式机具设备和永久性建筑。必须设置时,应采取安全措施。

（2）沉井施工，应尽量避开汛期，特别是在初沉阶段不得在汛期内。如需渡过汛期、凌期时，应采取稳定可靠的安全防护措施。

（3）沉井施工前，应检查机具设备是否完好，并搭好脚手架、作业平台，并保证其牢靠，平台四周设置栏杆，高处作业和险要的空隙处，均应设安全网。

沉井施工如图5-15所示。

（4）在水中设围堰筑岛而导致水流被压缩或改变河道等，应检查对附近的堤坝、农田和其他建筑物的安全，以及岛体本身的稳定是否受到影响，严防因冲刷而坍塌。

（5）沉井下沉，采用人工挖掘时，劳动组织要合理，井内人员不宜过多。在刃脚处挖掘，应对称均匀掘进，并保持沉井均匀下沉。下井操作人员，安全防护用品必须佩戴齐全。井内要有充足的照明。沉井各室均应备有悬挂钢梯及安全绳，以应急需。涌水、涌沙量大时，不宜采用人工开挖下沉。

图5-15 沉井制作

（6）沉井的内外脚手架，如不能随同沉井下沉时，应和沉井的模板、钢筋分开。井字架、扶梯等设施均不得固定在井壁上，防止沉井突然下沉时被拉倒。

（7）沉井顶面应设安全防护围栏。井内、井上搭设的抽水机台座、水力机械管道等施工设施，均应架设牢固。井顶上的机具应设防护挡板，小型工具宜装箱存放。在沉井刃脚和井内横隔墙附近不得有人停留、休息，以防止坠物伤人。

（8）井内、井上的抽水机电路应使用防水胶线，安装漏电保护装置，以防止触电。

（9）空压机的储气罐应设有安全阀，输气管应编号，供气控制应由专人负责，在有潜水员工作时，应有滤清器，进气口应设置在能取得洁净空气处。

（10）沉井的制作高度不宜使重心离地太高，以不超过沉井短边或直径的长度为宜。特殊情况允许加高，但应有可靠的计算数据，并采取必要的安全技术措施。

（11）在围堰筑岛上就地浇筑的沉井，在沉井的外侧周围应留有护道。护道宽度应按设计规定修筑。筑岛岛面和开挖基坑的坑底标高，应比沉井施工期最高水位高出至少0.5m。

（12）沉井下沉前应把井壁上拉杆螺栓和圆钉切割掉。特别在不排水下沉时，应清除井内障碍和插筋，以防止割破潜水员的潜水服。

（13）在筑岛上，沉井下沉中，如刃脚尚未达到原河床以前，而需接高沉井时，应在沉井内回填砂土，并分层灌注混凝土，防止沉井接高加重，产生不均衡下沉，造成沉井倾斜。

（14）拆除沉井垫板应在沉井混凝土达到设计强度后进行。抽拔垫板时，应有专人统一指挥，分区、分层、同步、对称进行。抽拔垫板及下沉时，严禁人员从刃脚、底梁和隔墙下通过。抽掉垫板后，应及时回填、夯实，并注意检查是否有倾斜及险情。

（15）沉井面积较大，不排水下沉时，井内隔墙上应设有潜水员通过的预留孔。

（16）浮运沉井的防水围壁露出水面高度，在任何时候均不得小于1m。

（17）不排水沉井下沉中，应均匀出土，不得超挖、超吸，并应加强观测，必要时进行沉井底的潜水检查，防止沉井突然下沉和大量翻砂而导致沉井歪斜，造成人员和机械损伤。

知识链接：潜水作业安全

①潜水员必须经过专门培训，取得与所从事潜水作业相符合的潜水作业资格。

②潜水作业前施工负责人应将下潜任务、下潜环境、工作部位、水深、流速、流向等，向潜水员作书面的明确交代，下潜深度应符合现行的国家关于产业潜水最大深度标准的规定。

③在作业条件比较困难的情况下，应指派一名穿戴好潜水装具的潜水员在搭设的平台上待命，以便在必要时下水协助或救援。

④夜间潜水作业，除平台上的照明外，还应另装照明度较大的灯具，照在潜水点的水面上。

⑤在寒冷环境作业时，潜水员应穿保温内衣，双手应擦防冻油、戴手套。潜水前，供气软管应用压缩空气吹通几分钟，接头部位应用棉垫包裹严密。出水时，要用热水管加温排气阀，以防排气阀冻结。在冰层上入水要凿开能确保潜水员安全上下的洞口。水面有浮冰时，供气软管、信号绳与冰块摩擦接触处，应有防割断措施。潜水员行走的冰面和潜水用梯均应有防滑措施。

⑥正在进行潜水作业的水面上及其周围的一定范围内，严禁其他作业。

⑦潜水员在进行冲泥和吸沙作业时，要在头盔的排气阀上包裹纱布，防止沙粒、污泥等进入排气阀内。

⑧潜水员在水下行进时，要尽量避免在倒塌的物体或杂乱的索具空当内穿越。

⑨在检查船舶推进器或解除推进器的缠绕物时，严禁开动推进器，并派专人监护推动器开关，避免误开动。

⑩信绳员和掌握供气软管人员，应负责做好潜水员下潜和上升的安全工作。

⑪在沉井内作业时，沉井内的水位应不低于沉井外的水位。沉井内壁不得有钢筋头、扒钉头、铁线、铁钉等外露，潜水员不得进入刃脚下工作。潜水员在沉井内吸泥时，不得用手脚触动正在工作的吸泥管头部，吸泥机的开闭由地面电话员提前通知潜水员。

⑫在钻孔桩内作业时，桩内泥浆面必须高于护筒外的水位。潜水员在护筒底缘以下部位作业时，必须有安全防护措施。

⑬进行水下起吊作业时，应根据被吊物的特点和当地的水情制定起吊方案和专门的安全技术措施方案和应急预案。被吊物的特点、体积、质量、吊点和沉没原因潜水员应在实施作业前予以全面了解和熟悉。在正式进行起吊作业时，潜水员应将沉落物件拴牢，并须经检查确认拴挂牢固，待潜水员上升出水后再起吊。打捞沉船、钢结构、圆筒等物件时，潜水员严禁在上述打捞物件内穿行，不得进入已有断裂或破损面的船体内，不得在水中悬吊的物体上工作或从悬吊物件下穿行。

⑭进行水下焊接和切割作业，必须由同时具备水下焊接和切割作业资格的潜水员来完成。作业前，要查清作业环境，应制定专门、细致的水下焊割作业安全技术措施方案和应急预案，并事先检查作业工具、潜水用具、护具的安全技术性能，保证电焊钳、切割把、电缆线等绝缘良好，电路必须安装安全保护装置，头盔外面和领盘上要涂抹或包裹绝缘物质，作业时应带橡皮绝缘手套，观察窗下应加装焊接防护镜。

⑮进行水下爆破作业必须按照有关爆破作业的安全技术规程加以严格控制，并由同时具备水下爆破作业资格的潜水员来完成水下作业的各道工序。作业前，要查清作业环境，应制订专门、细致的水下爆破作业安全技术措施方案和应急预案，并事先仔细检查爆破器材、装置、潜

水用具、护具等的安全技术性能。潜水员应熟悉爆破器材的性能和引爆的安全操作技术要求。进行爆破前,必须根据爆破波及范围,划定危险区,并派专人警戒。雷管在使用前应做测试,在同一起爆点,不得使用不同型号的雷管。炸药包装好后,应由潜水员带下水,不得用绳索下放。炸药包布设完毕,潜水员出水,并躲避到安全地点后,方可引爆。引爆线路的开关必须设专人严格管理,未经现场负责人许可严禁通电。发生"盲炮"时,应切断电源15min后,再下潜取出。

(18)用吊斗出土时,斗梁与吊钩应封绑牢固,并应经常检查斗梁、斗门等磨损情况,损伤部位应更换或加固。吊斗升降时,井顶指挥人员应通知井下人员暂时避开。

(19)采用抓斗进行不排水下沉时,如钢丝绳缠绕在一起而需要转动抓斗进行排除时,作业人员应站在有护栏的部位。

(20)采用机吊人挖时,土斗装满后,需待井下人员躲开,并发出信号后,方可起吊。

(21)采用水力机械时,井内作业面与水泵站应建立通信联系。

(22)水力机械的水枪和吸泥机,应进行试运转,各连接处应严密不漏水。

(23)沉井在淤泥质黏土或亚黏土中下沉时,井内的工作平台应用活动平台,禁止固定在井壁、隔墙或底梁上。

(24)不排水沉井,井内应搭设专供潜水员使用的浮动操作平台,潜水员要注意按照规定进行增压或减压。

(25)灌注水下混凝土,应搭设作业平台、溜槽、导管及提升设备,经全面检查(提升设备应做升、降试运行),确认安全后,方可施工。

(26)沉井施工中,灌注混凝土如使用减速漏斗时,漏斗应悬挂牢固,并应附有保险绳索。漏斗应封钩,孔口四周的空隙应堵严。漏斗升降时,井上与井下作业人员,应设通信联络,协调配合,统一指挥。

(27)在深水处,采用浮式沉井施工时,有关沉井下水、浮运及悬浮状态下接高、下沉等,必须加以严密控制。

①各类浮式沉井在下水前,应对各节浮式沉井进行水密性试验,合格后方可下水。

②浮式沉井下水前,应制定下水方案。采用起吊下水时,应对起重设备进行检查。在河岸有适合坡度,采用滑移、牵引等方法下水时,必须严防倾覆。

③浮式沉井,必须对浮运、就位和落河床时的稳定性,进行验算。

(28)浮式沉井,定位落河床前,应考虑潮水涨落的影响,对所有锚碇设备进行检查和调整,使沉井安全准确落位。

(29)浮式沉井落河床后,应尽快下沉,并使沉井达到保持稳定的深度。随时观察沉井的倾斜、移位及河床冲刷情况。

(30)采用井内抽水强制下沉时,井上人员应离开沉井。

(31)沉井如由不排水转换为排水下沉时,抽水后应经过观测,确认沉井已稳定,方可井下作业。

(32)采用套井与触变泥浆法施工时,套井四周应设置防护设施。

(33)沉井下沉采用加载助沉时,加载平台应经过计算,加载或卸载范围内,应停止其他作业。

(34)浮式沉井,在船上或支架平台上制作时,对船舶或支架平台的承载力应进行验算。

(35)有严重流冰的河流上,进行沉井施工必须避开流冰期。确实不能避开时,应将沉井井顶下沉至冰底面的安全水位。

(36)沉井施工中,严防船舶及漂流物等的撞击。通航的河道,应与港监部门联系,办理有关水上施工的手续,设置导航标志,在水流斜交处,应备有导航船引导过往船只,缓慢安全驶过施工区。

(37)沉井水下混凝土封底时,工作平台应搭设牢固,导管周围应设栏杆,平台的荷载除考虑人员和机具自重外,还应考虑漏斗和导管堵塞后,装满混凝土时的悬吊质量。

6.钻孔灌注桩基础施工安全控制要点

1)钻孔灌注桩基础施工认识

钻孔灌注桩的施工(图 5-16),因其所选护壁形成的不同,有泥浆护壁方式法和全套管施工法两种。

图 5-16　钻孔灌注桩基础施工

(1)泥浆护壁施工法

冲击钻孔,冲抓钻孔和回转钻削成孔等均可采用泥浆护壁施工法。该施工法的过程是:平整场地──→泥浆制备──→埋设护筒──→铺设工作平台──→安装钻机并定位──→钻进成孔──→清孔并检查成孔质量──→下放钢筋笼──→灌注水下混凝土──→拔出护筒──→检查质量。

(2)全套管施工法

全套管施工法一般的施工过程是:平场地──→铺设工作平台──→安装钻机──→压套管──→钻进成孔──→安放钢筋笼──→防导管──→浇注混凝土──→拉拔套管──→检查成桩质量。

全套管施工法的主要施工步骤除不需泥浆及清孔外,其他的与泥浆护壁法都类似。压入套管的垂直度,取决于挖掘开始阶段的 5~6m 深时的垂直度。因此应该随使用水准仪及铅垂校核其垂直度。

2)钻孔灌注桩基础施工安全控制要点

(1)钻机就位后,对钻机及其配套设备,应进行全面检查,如卷扬机、钢丝绳、滑车、钻头、泥浆泵、水泵及电气设备等是否完好正常。

(2)钻机安设必须平稳、牢固,钻架应加设斜撑或缆风绳。钻机平台和作业平台,特别是水上钻机平台应搭设坚固牢靠,并满铺脚手板,设防护栏、走道。杂物及障碍物应及时清除。

(3)采用液压电动反循环机钻孔前,应随时检查液压油、润滑油情况,注满油料后,旋塞要拧紧、关严。钻机皮带转动部分,不得外露。所使用的电气线路必须是橡胶防水电缆。

(4)各类钻机在作业中,应由本机或机管负责人指定的操作人员操作,其他人不得任意登机。操作人员在当班中,不得擅自离岗。

(5)每次拆换钻杆或钻头时,要迅速快捷,并保证连接牢靠。严防工具、铁件及螺母等掉入孔内,应在孔口加设防护罩。

(6)采用冲击钻孔时,选用的钻锥、卷扬机和钢丝绳的损伤情况,当断丝已超过5%时,必须立即更换。

(7)钢丝绳与钻头连接的夹子数,应按等强度安装。

(8)卷扬机套筒上的钢丝绳应排列整齐。卷扬机在卷扬钢丝绳操作时,严禁作业人员在其上面跨越。卷扬机卷筒上的钢丝绳,不得全部放完,最少保留3圈。严禁手拉钢丝绳卷绕。钻机钻进时,卷扬机变速器的换挡,应事先停车,挂上挡后,方可开车操作。

(9)使用正、反循环及潜水钻机钻孔时,对电线要严格检查。当滑移钻台时,应防止挤压电缆线及风水管路。作业中,发现电缆破损要立即处理。使用潜水钻机钻孔,一般在完成一根钻孔桩时,要检查一次电机的封闭情况。钻进速度应根据地质变化,加以控制。

(10)钻孔过程中,必须设有专人指挥,按规定指标,保持孔内水位的高度及泥浆的稠度,严防坍孔。

(11)钻孔使用的泥浆,应设置泥浆循环净化系统,防止对环境的污染。

(12)钻机停钻,必须将钻头提出孔外,置于钻架上,严禁将钻头停留孔内过久。

(13)采用冲抓或冲击钻孔,应防止碰撞护筒、孔壁和钩挂护筒底缘。提升时,应缓慢平稳。钻头提升高度应分阶段(按进尺深度)严格控制。

(14)钻孔中,发生故障需排除时,严禁作业人员下孔内处理故障。

(15)对于已埋设护筒未开钻或已成桩护筒尚未拔除的,应加设护筒顶盖或铺设安全网遮罩。

7. 沉入桩基础施工安全控制要点

1)沉入桩基础施工认识

沉入桩又称打入桩,是靠桩锤的冲击能量将预制桩打(压)入土中,使土被挤压密实,以达到加固地基的作用。沉入桩所用的基桩主要为预制的钢筋混凝土桩和预应力混凝土桩,沉入桩的施工方法主要有锤击沉桩、振动沉桩、射水沉桩、静力压桩以及钻孔埋置桩等。沉入桩基础施工如图5-17所示。

图5-17 沉入桩基础施工

2)沉入桩基础施工安全控制要点

(1)钢筋混凝土桩、预应力混凝土桩采用锤击沉桩或振动沉桩时,施工现场应保持平整清洁。打桩机的移动轨道,铺设要平顺、轨距要准确、钢轨要钉牢。轨道端部应设止轮器。

(2)各种沉桩及桩架等拼装完成后,应对机具设备及安全防护设施,如作业平台、护栏、扶梯、跳板等进行全面检查验收,确认合格,方可施工。降雪或冰冻时,应及时清扫。

(3)打桩机移位时,禁止将桩锤悬起,必须将锤头稳放在销子上后,方准移位。严禁随移随起锤,机架移到桩位上稳固后方准起锤。远距离移位时,要事先拆除管路与电线。

(4)采用滚筒滑移打桩架,应专人指挥,作业人员不得在打桩架内操作。

(5)打桩机拆装时,桩架长度半径(并加一定安全系数)内不准拆装作业以外的人员进入。在起落机架时,要专人指挥,并禁止任何人在机架底下穿行或停留。

(6)在高压线下两侧安装打桩机械,应根据电压,保证打桩机与高压线最近距离大于安全距离。打桩机顶部上方2m内不准有任何架空障碍物。

(7)锤击沉桩或振动沉桩,均应选用适合的桩帽或桩垫。桩帽应与桩连接牢固,桩垫破碎时,应及时更换。在城镇和有人员居住地点附近,采用锤击或振动沉桩作业时,应采取减小噪声和振动影响的措施。

(8)水上打桩采用的固定平台,必须搭设牢固,底座与平台应连接牢靠。在水上采用浮式沉桩机锤击沉桩时,桩架与船体必须连接牢固,对其稳定性应进行验算和试验。施工中,应防止浮船晃动或偏载。

(9)降落锤头,不准猛然骤落,在起吊沉桩或桩锤时,严禁作业人员直接在吊钩下或在桩架龙门口处停留或作业。

(10)打桩架及起重工具,须经常检查维修。检查维修桩锤,必须将桩锤放落在地面或平台上,用销子或卡子固定于桩架上。严禁在桩锤悬挂状态下进行维修。

(11)遇有大风及恶劣天气,应停止打桩作业。雷雨时,作业人员不得在桩架附近停留。在水上用浮式沉桩机锤击或振动沉桩时,当波峰高于0.25m,或流速超过1.5m/s时,均不得从事沉桩作业。

(12)预制钢筋混凝土桩、预应力混凝土桩或钢管桩等,应检查合格后,方能起吊。桩节之间的连接法兰盘,必须安装密贴,上满拧紧螺栓。起吊时,必须在设计吊点处拴以吊具。

(13)吊桩时,应有统一的指挥信号。桩的下部应拴以溜绳,在指挥人员发出信号后,方可作业。

(14)钢筋混凝土桩沉桩完成后,应立即用木板或草袋将被头盖好。露出地面的桩头钢筋,应做好安全保护。

(15)作业间隙,应将桩锤固定在桩架龙门挺的方木上,作业人员不得在其下边走动或停留。

(16)采用浮式打桩船或浮式平台沉桩,应有足够的锚碇设施。当有船只通过时,应暂停沉桩作业。施工中,应对锚碇设施经常检查及进行必要的调整。

(17)采用静力压桩,应检查所施加压力之和是否与设计符合,其合力作用线是否与桩中心线符合。使用两台卷扬机成千斤顶施压时,必须同步作业,严防反力梁和桩架倾斜。

(18)采用高压水泵和空压机等助沉措施,应按设计要求进行。助沉设备的压力表、安全阀、水泵、输水管道、射水管水量及水压等,经检查符合要求后,方可作业。

(19)高压射水辅助沉桩,应根据不同水质情况,采用相应的压力沉桩,防止因急剧下沉造成桩架歪斜或倾倒事故等事故。采用振动锤或蒸汽锤打桩机,应放松牵引钢丝绳,使锤具紧压桩头,随射水徐徐下沉。高压水泵射水沉桩,要防止桩身尚未就位前通水。高压水泵的开启和压力表的控制均应设专人负责看管。要严格掌握射水方向。高处作业人员的安全带严禁系在被沉的桩上或龙门口上。

(20)振动打桩机开动后,作业人员必须站离基桩,信号员与驾驶员所在位置应能通视,并能看到基桩下沉情况。如发现桩有回跳,打桩机有异声及其他不正常情况,应立即停振。经调整处理后,再继续作业。所有开停、振,必须听从指挥。

(21)振动打桩机的导向架及四周脚手架等,应经常进行检查。振动下沉过程中,严禁进行机械维修和保养。振动打桩机在停止作业后,应立即切断电源。柴油打桩机打桩时,要掌握好油门,不得使油门过大或突然加大,以防桩锤跳跃过高击坏顶部横梁。

(22)振动打桩机作业时,禁止任何人进入其机器底部操作。

(23)振动打桩机加压时,如前轮离地应减压,以免钢丝绳、加压轮或立轴断裂。

(24)振动打桩机沉箱上的电缆接头应勤检查,做好绝缘防护。通过交通路口的电缆线要深埋土中。

(25)拆装套管或到沉箱上操作时,应切断沉箱电源后,方可进行工作。

(26)旋转钻机提钻时,不准钻头旋转,落锤时,不准一次骤落到底,钻完的孔应随时盖好。

(27)旋转钻机间歇时,不得使钻头悬在钻孔中间,应拉放到原来位置,并摘除动力挡,切断电源。

8．挖孔、沉管灌注桩基础施工安全控制要点

1)挖孔、沉管灌注桩基础施工认识

挖孔、沉管灌注桩基础施工是通过人工挖孔,安装沉管,插入钢筋,灌注混凝土形成桩基础的过程,如图 5-18 所示。

图 5-18　沉管灌注桩基础施工

2)沉管灌注桩基础施工安全控制要点

(1)挖孔灌注桩,应在无水或少水的密实土层或岩层中,按设计挖筑。挖孔较深或有渗水时,必须采取孔壁支护及排水、降水等措施,严防坍孔。

(2)人工挖孔(图 5-19),对孔壁的稳定及吊具设备等,应经常检查。孔顶出土机具应有专人管理,并设置高出地面的围挡。孔口不得堆积土渣及工具。作业人员的出入,应设常备的梯子。夜间作业应悬挂示警红灯。挖孔作业暂停时,孔口应设置罩盖及标志。

图 5-19　人工挖孔作业

(3)所用电器、设备,必须装设漏电保护装置,孔内照明应使用 36V 电压的灯具。起吊设备必须有限位器、防脱钩器等装置。

(4)孔内挖土人员的头顶部位应设置护盖。取土吊斗升降时,挖土人员应在护盖下面工

作。相邻两孔中,一孔进行浇注混凝土作业时,另一孔的挖孔人员应停止作业,撤出井孔。

(5) 人工挖孔,除应经常检查孔内的气体情况外,还要遵守下列规定:

①挖孔人员下孔作业前,应先用鼓风机将孔内空气排出更换。

②二氧化碳气体含量超过0.3%时,应采取通风措施。对含量虽不超过规定,但作业人员有呼吸不适感觉时,亦应采取通风或换班作业等措施。

③空气污染超过三级标准浓度值时,如没有安全可靠的措施不得采取人工挖孔作业。

知识链接:空气污染物

空气污染物三级标准浓度限值(mg/m^3):日平均(任何一日的平均浓度),总悬浮微粒应低于0.50,飘尘应低于0.25,二氧化硫应低于0.25,氮氧化物应低于0.15,一氧化碳应低于6.00,光化学氧化剂应低于0.20(1小时平均)。任何一次(任何一次采样测定值),总悬浮微粒应低于1.50,飘尘应低于0.70,二氧化硫应低于0.70,氮氧化物应低于0.30,一氧化碳应低于20.00。

(6) 人工挖孔超过10m深,应采用机械通风,并必须有足够保证安全的支护设施及常备的安全梯道。人工挖孔最深不得超过15m。

(7) 挖孔桩需要嵌岩或孔内有岩层需要爆破时,应采取浅眼爆破法,严格控制炸药用量,并按爆破安全规程的规定,一丝不苟地组织好爆破作业。

(8) 人工挖桩孔采用混凝土护壁时,每挖深1m(土质不好还应适当减少),应立即浇注护壁,护壁厚度不小于10cm。

(9) 机钻成孔作业完成后,人工清孔验孔要先放安全防护笼,笼距孔底不得大于1m。

(10) 人工挖孔采用混凝土护壁时,应对护壁进行验收,第一圈护壁要做成沿口圈,沿口宽度要大于护壁外径300mm,口沿处要高出地面100mm以上,孔内护壁应满足强度要求,孔底末端护壁应有可靠防滑壁措施。

(11) 在较好土层,人工挖扩桩孔不采用混凝土护壁时,必须使用工具式的安全防护笼进行施工,防护笼每节长度不超过2m。防护笼总长度要达到扩孔交界处,孔口必须做沿口混凝土护圈。

(12) 挖出的土方应随出随运,暂时不能运走的,应堆放在孔口边1m以外处,且堆土高度不得超过1m。

(13) 凡孔内有人作业时,3m以内不得有机动车辆行驶或停放。

(14) 孔内人员作业时,孔上必须有监护人员,并要随时与孔下人员保持联系,不得擅自撤离岗位。孔上监护工作人员应随时注意孔壁变化及孔底施工情况,发现异常时,应立即协助孔内人员撤离,并向有关人员汇报发现的真实情况。

(15) 沉管灌注桩采用振拔机,锤击或振动沉管施工时,可参照"沉入桩基础施工安全控制要点"中的有关内容加以控制。施工前,应检查管节与桩帽连接是否牢靠,桩尖分瓣是否灵活,所有机械与作业平台是否稳定、牢固。采用浮式沉管及拔管作业时,可参照"沉入桩基础施工安全控制要点"和"拔桩作业安全控制要点"中的有关内容加以控制。

9. 拔桩作业安全控制

1) 拔桩作业认识

拔桩作业是在桩基础形成后,利用拔桩设备将桩筒拔出再利用的过程。如图5-20所示。

2)拔桩作业安全控制要点

(1)采用人字桅杆、卷扬机进行拔桩时,应先计算拔桩力,然后根据上拔力的大小,配备适当功率的卷扬机和滑车组。拔桩时,人字桅杆滑车组要尽量靠近被拔桩中心。试拔中如发现缆风绳受力过大或地锚松动时,应在采取措施后再作业。拔桩应装设"限量器",严禁蛮拔。

(2)采用锚固桩或顶梁千斤顶施力拔桩,应先经过设计,被拔桩及锚固桩的各连接处,必须完好。千斤顶的置放点应避免偏心,并用方木承托。

(3)采用龙门吊架、吊机或拔桩船等进行拔桩时,应按设计经检验合格后进行。吊机应附有超载限制器,防止超负荷上拔。作业中应指派人员经常检查船体的平衡稳定情况。起重机配合振拔机拔桩时,起重机应随振拔机的起动而逐渐加荷。

(4)采用桩外射水或用千斤顶先顶松动及桩外浅挖后,再用吊机或其他方法配合拔桩作业时,必须符合有关安全规定的要求。

(5)利用柴油或蒸汽打桩机拔桩筒,应垂直吊拔,不准斜拉。桩筒入土较深吊拔困难时,要采取辅助措施,严禁硬拔。

(6)吊桩时要慢起,桩下部要系溜绳,掌握稳定。

图 5-20 拔桩作业示意图

10.管柱基础施工安全控制要点

1)管柱基础施工认识

管柱基础是指由钢筋混凝土、预应力混凝土或钢管柱群和钢筋混凝土承台组成的基础结构。也有由单根大型管柱构成基础的。它是一种深基础,多用于桥梁。管柱埋入土层一定深度,柱底尽可能落在坚实土层或锚固于岩层中,其顶部的钢筋混凝土承台,支托桥墩(台)及上部结构,作用在承台的全部荷载,通过管柱传递到深层的密实土或岩层上。管柱基础施工如图 5-21 所示。

图 5-21 管柱基础施工

2)管柱基础施工安全控制要点

(1)管柱振动下沉作业,应对邻近的建(构)筑物、临时设施及相邻管柱的安全和稳定进行检查,必要时采取安全防护措施。

(2)管柱下沉采用的导向设备,应根据水深、流速及基础形状,采取导向框架或钢围笼,以防止管柱下沉时,产生倾斜和位移。导向框架或钢围笼按设计制作加工后,应经检查合格后方可使用。

(3)钢围笼拼装,可根据围笼高度、形状及体重等情况,一次拼装完成,或分层接拼下沉就位。围笼拼装,应搭设作业平台、内芯桁架导环、托架及必要的安全设施等。在分层接高时,应防止接高变形,每接高8m左右,应加设风缆,以保安全。

(4)钢围笼浮运定位后,两导向船之间的通道及连接梁上面,应铺设人行道、步梯及栏杆。组应锚碇稳固,导向船上堆放重物,应对称摆放,并严防船舶及漂流物的撞击。

(5)管柱的吊点位置、平放支点及存放层数、竖立存放的稳定性等,均应符合设计要求,并保证安全性。

(6)钢筋混凝土管柱或预应力混凝土管柱,在现场施工时,应预先搭好脚手架、作业平台、护栏等安全设施。

(7)安装钢筋骨架或吊立管柱模板,应将吊具绑牢摆正,拴好溜绳,缓慢下落。每吊装一块模板,应立即连接、支撑牢固后,方可松钩。

(8)模板外侧安设的振动器,其固定处螺栓应拧紧,安装牢靠。电器绝缘应良好,电力线路应挂在安全处。

(9)管柱接长,其法兰盘接头必须拧紧密贴,法兰盘不得突出管壁之外。夹柱应牢固,作业人员的手指和头部不得伸入法兰盘之间。在管柱内电焊,应搭设脚手架,并备有通风设施。

(10)起吊管柱的吊具、导向结构安装、拆除、振动下沉等,所用的机具设备,均应按施工设计作业。施工时,应先检查合格后,方可作业。

(11)浮运管柱应按船的重心对称放置。浮运应在白天良好天气时运行。浮运速度不宜超过3km/h。

(12)管柱施工作业平台,除设护栏外,双层或高处作业处,以及两船拼装之间、跳板下面,均应悬挂安全网。

(13)管柱内钻凿岩层,钻孔平台的脚手板必须铺满,四周设置护栏和上下梯子,并备有救生和消防设施。

(14)管柱刃脚底附近,不宜吸泥,以防翻沙。

(15)管柱内水位,应保持高出管柱外水面,在管柱内清孔时,必须高出管柱外水面1.5～2.0m。有潮汐影响时,应采取稳定管柱内水头的措施。

思考题

1. 明挖基础要设置哪些安全措施?
2. 如何进行筑岛、围堰施工安全检查?
3. 套箱围堰施工应注意哪些危险环节?
4. 钢板桩及钢筋混凝土板桩围堰施工应注意哪些危险环节?
5. 拔桩作业过程要注意哪些安全问题?
6. 沉井基础施工要注意哪些安全问题?
7. 钻孔灌注桩基础施工要注意哪些安全问题?
8. 管柱基础施工应注意哪些危险环节?

第二节　墩台工程施工安全

一、学习目标

通过学习,了解墩台工程作业的内容,熟悉墩台工程施工的安全要求,能进行墩台工程施工的安全检查。

二、资料准备

(1)查阅墩台工程施工的内容及安全规定。
(2)查找墩台工程施工过程相关事故案例。
(3)用 Word 文档设计制作一份墩台工程施工的安全检查表。

三、学习内容

1. 墩台工程施工认识

桥墩是指多跨(不少于两跨)桥梁的中间支承结构,是支承桥跨结构和传递桥梁荷载的结构物。它主要有上部帽、上部身和基础三部分组成。桥墩按照施工工艺可分为就地砌筑或浇筑和预制安装桥墩。墩台工程施工图如图 5-22 所示。

图 5-22　墩台工程施工图

2. 墩台工程施工安全控制要点

1)就地浇筑的墩台施工安全控制要点

(1)就地浇筑墩台混凝土,施工前,必须搭设好脚手架和作业平台,墩身高度在 2~10m 时,平台外侧应设栏杆及上下扶梯。10m 以上时,还应加设安全网,如图 5-23 所示。

图 5-23　武邵高速公路小南源大桥薄壁墩施工

(2)模板就位后,应立即用撑木等固定其位置,以防倾倒砸人。用吊机吊模板合缝,模板底端应用撬棍等工具拨移,不得徒手操作。每节模板支立完毕,应在安好连接紧固器,支好内撑后,方可继续作业。

(3)在树立高桥墩的墩身模板过程中,安装模板的作业人员必须系好安全带,并拴于牢固地点。穿模板拉杆,应内外呼应。

(4)整体模板吊装前,模板要连接牢固,内撑拉杆、箍筋应上紧。吊点要正确牢固。起吊时,应挂好溜绳,并听从信号指挥。不得超载。

(5)用吊斗浇筑混凝土,吊斗提降,应设专人指挥。升降斗时,下部的作业人员必须躲开,墩台人员不得身倚栏杆推吊斗,严禁吊斗碰撞模板及脚手架。

(6)在围堰内浇筑墩台混凝土,应安设梯子或设置跳板,供作业人员上下。

(7)凿除混凝土浮浆及桩头,作业人员必须按规定佩带防护用品。人工凿除,应经常检查锤头是否牢固,使用风镐凿除桩头,应先经检查,安全可靠,方可作业。严禁风枪对准人。

(8)采用吊斗出渣,应拴好挂钩,关好斗门。吊机扒干转动范围内,不得站人。

(9)拆除模板,应划定禁行区,严禁行人通过。拆除水面上模板,应配有工作船、救护船。

(10)安设盆式橡胶支座或钢支座,应按设计及施工组织设计的要求施工。

2)砌筑墩台施工安全控制要点:

(1)砌筑墩台前,应搭设好脚手架、作业平台、护栏、扶梯等安全防护设施。

(2)人工、手推车推(抬)运石块或预制块件时,脚手跳板应铺满,其宽度、坡度及强度应经过设计,满足安全要求。脚手架和作业平台上堆放的物品不得超过设计荷载。砌筑材料应随运随砌。

(3)吊机、桅杆吊运砌筑材料时,应听从指挥信号。砌筑材料吊运到砌筑面时,作业人员应避让,待停稳后方可上前砌筑。在任何情况下,不得将手伸入到砌体缝隙之间。

(4)人工抬运大块石料,应捆绑牢靠,动作协调一致,缓慢平放,防止撞伤人。

(5)各种吊机作业,吊运重物的下边均不得站人。

3)滑模施工安全控制要点

(1)高桥墩(台)、塔墩、索塔等高层结构,采用滑升模板施工时,应按照高处作业的安全规定,加设安全防护设施,穿戴好个人防护用品,并须根据工程特点,编制单项施工方案及其安全技术措施,并向参加滑模施工人员进行安全技术交底。

(2)采用滑模施工,滑模及提升结构应按设计制作和施工,并严格按照施工设计安装。作业前,要对滑升模板进行验算和试验,并应有足够的安全系数。顶杆和提升设备,应符合墩台身的形状和要求,如图5-24所示。

(3)当塔墩等高层建筑采用爬模施工方法时,应进行特殊设计,在工厂制作。爬升架体系、操作平台、脚手架等,要保证具有足够的刚度和安全度。架体提升时,要另设保险装置。模板爬升,作业人员不得站在爬升的模板或爬

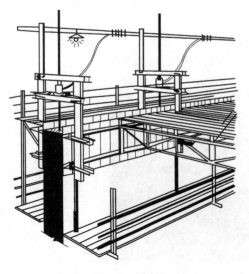

图5-24 滑模施工图

架上。

(4)液压系统组装完毕后,必须进行全面检查。施工过程中,液压设备应由专人操作,并经常维护,发现问题及时处理。

(5)模板提升到2m高以后,应安装好内外吊架、脚手架,铺好脚手板,挂设安全网。滑模内设置升降设施及安全梯。

(6)操作平台上的施工荷载,应均匀对称,不得超负荷。平台周围应安设防护栏杆,并备有消防及通信设备。

(7)浇筑混凝土,不得用大罐漏斗直接灌入,防止冲击模板。振捣时,不得振动顶杆、钢筋及模板。在提升模板时,不得进行振捣。

(8)模板每次提升前,应进行检查,排除故障,观察偏斜数值。提升时,千斤顶应同步作业。

(9)顶杆和平台应稳固,如顶杆有失稳或混凝土又被顶出的可能时,应及时加固。

(10)用手动或电动千斤顶做提升工具,千斤顶丝扣的旋转方向,应以左右方向对称安装,使其力矩相互抵消,防止平台被扭动而失稳。

(11)操作平台的水平度、倾斜度应经常检查,发现问题应及时采取措施。

(12)主要机具、电器、运输设备等,应定机定人,严格执行交接班制度。接班时,必须对机具检查一遍,并做好记录。

(13)平台上应规定人群荷载和堆放材料的限量标准。材料要均匀摆放,不得多人聚集一处。

(14)墩上养生人员必须系好安全带。输水管路及其他设备应栓绑牢固。

(15)运送人员、材料的罐笼或外用电梯,应有安全卡、限位开关等安全装置。

(16)夜间施工应有足够的照明。在人员上下及运输过道上,均应设置固定的照明设施。照明设备应使用36V以下的安全电压。

(17)为防止模板发生倾斜、扭转,滑模施工宜采用油压千斤顶,并保持同步提升。提升速度控制在10~30cm/h。

(18)支座安装,应按设计施工。采用盆式橡胶支座,可在场地装配后,整体或部分吊装就位。擦洗支座等表面污迹,应用酒精或丙酮,严禁用汽油、煤油等代替。

(19)拆除滑模设备时,应做好安全防护措施。拆除时可视吊装设备能力,分组拆除或吊至地面上解体,以减少高处作业量和杆件变形。拆除现场应划定警戒区。警戒线到建筑物边缘的安全距离不得小于10m。

思考题

1. 就地浇筑的墩台施工过程要注意哪些安全问题?
2. 砌筑墩台施工要注意哪些安全问题?
3. 墩台滑模施工时如何进行安全检查?

第三节 上部工程施工安全

一、学习目标

通过学习,了解上部工程作业的内容,熟悉上部工程施工的安全要求,能进行上部工程施工的安全检查。

二、资料准备

(1)查阅上部工程施工的内容及安全规定。
(2)查找上部工程施工过程相关事故案例。
(3)用 Word 文档设计制作一份上部工程施工的安全检查表。

三、学习内容

(一)上部工程施工认识

桥梁的组成基本上是一样的,但由于桥梁分为不同类型,它们分别也有许多不同之处,以钢筋混凝土梁桥为例,根据不同的施工方法,分为整体式和装配式,整体式是上部结构在桥位上整体现场浇筑而成,装配式是利用运输和起重设备将预制的独立构件运到桥位现场,进行起吊、安装、拼接。

桥梁上部工程施工如图 5-25 所示。

图 5-25 桥梁上部工程施工

(二)上部工程施工安全控制要点

1.预制构件安装作业安全控制要点

(1)装配式构件(梁、板)的安装,应制定安装方案,并建立统一的指挥系统。施工难度、危险性较大的作业项目应组织施工技术、指挥、作业人员进行培训。所有超重设备都应符合国家关于特种设备的安全规定,并进行严格管理。在实际作业中,要严格执行下列规定:

①吊装前,应检查安全技术措施及安全防护设施等准备工作是否齐备,检查机具设备、构件的质量、长度及吊点位置等是否符合设计要求,严禁无准备盲目施工。

②施工所需的脚手架、作业平台、防护栏杆、上下梯道、安全网必须齐备。深水施工,应备救护用船。

③旧钢丝绳在使用前,应检查其破损程度。每一节距内折断的钢丝,不得超过 5%。对大型构件、重构件的吊装宜使用新的钢丝绳,使用前也要检验。

④重大的吊装作业,应先进行试吊。按设计吊重分阶段进行观测,确定无误后,方可进行正式吊装作业。施工时,工地主要领导及专兼职安全员应在现场亲自指挥和监督。

⑤遇有大风及雷雨等恶劣天气时,应停止作业。

(2)根据吊装构件的大小、质量,选择适宜的吊装方法和机具,不准超负荷。

(3)吊钩的中心线,必须通过吊体的重心,严禁倾斜吊卸构件。吊装偏心构件时,应使用可调整偏心的吊具进行吊装。安装的构件必须平起稳落,就位准确,与支座密贴。

(4)起吊大型及有突出边棱的构件时,应在钢丝绳与构件接触的拐角处设垫衬。起吊时,离开作业地面0.1m后,暂停起吊,经检查确认安全可靠后,方可继续起吊。

(5)单导梁、墩顶龙门架安装构件时,应按照下列规定执行:

①到两组装时,各节点应连接牢固,在桥跨中推进时,悬臂部分不得超过已拼好导梁全长的1/3。

②墩顶或临时墩顶导梁通过的导轮支座必须牢固可靠。导梁接近导轮时,应采取渐进的方法进入导轮。导梁推进到位后,用千斤顶顶升,将导梁置于稳定的木垛上。

③导梁上的轨道必须平行等距铺设,使用不同规格的钢轨时,其接头处应妥善处理,不得有错台。

④墩顶龙门架使用托架托运时,托架两端应保持平衡稳定,行进速度应缓慢。龙门架落位后应立即与墩顶预埋件连接,并系好缆风绳。

⑤构件在预制场地起重装车后,牵引至导梁时,行进速度不得大于5m/min,到达安装位置后,平车行走轮应用木楔楔紧。

⑥构件起吊横移就位后,应加设支撑、垫木,以保持构件稳定。

⑦龙门架顶横移轨道的两端应设置制动枕木。

(6)预制场采用千斤顶(图5-26)顶升构件装车及双导梁、衍梁安装构件时,应遵守下列规定:

①千斤顶使用前,要做承载试验。起重吨位不得小于顶升构件的1.2倍。千斤顶一次顶升高度应为活塞行程的1/3。

②千斤顶的升降应随时加设或抽出保险垫木,构件底面与保险垫木间的距离应控制在5cm之内。

③构件进入落梁架或其他装载工具横移到位时,应保持构件在落梁时的平衡稳定。

④顶升T梁、箱梁等大吨位构件时,必须在梁两端加设支撑。构件两端不得同时顶起或下落,一端顶升时,另一端应支稳、稳牢。

⑤预制场和墩顶装载构件的滑移设备要有足够的强度和稳定性,牵引或顶推构件滑移时,施力要均匀。

⑥双导梁向前推进中,应保持两导梁同速进行。各岗位作业要精心工作,听从指挥,发现问题及时处理。

⑦双导梁进入墩顶导轮支座前、后,应采取与单导梁相同的措施。

(7)架桥机安装构件时,应符合下列规定

架桥机施工如图5-27所示。

图5-26 千斤顶

图5-27 架桥机施工

①架桥机组拼、悬臂牵引中的平衡稳定及机具配备等,均应按设计要求进行。

②架桥机就位后,为保持前后支点的稳定,应用方木支垫。前后支点处,还应用缆风绳封固于墩顶两侧。

③构件在架桥机上纵、横向移动时,应平缓进行,卷扬机操作人员应按指挥信号协同动作。

④全幅宽架桥机吊装的边梁就位前,墩顶作业人员应暂时避开。

⑤横移不能一次到位的构件,操作人员应将滑道板、落梁架等准备好,待构件落入后,再进入作业点进行构件顶推(或牵引)横移等项工作。

(8)跨墩龙门架安装构件时,应根据龙门架的高度、跨度,采取相应的安全措施,确保构件起吊和横移时的稳定。构件吊至墩顶,应慢速、平稳地缓落。

(9)吊车吊装简支梁、板等构件时,应符合起重吊装的有关安全规定。

(10)安装大型盆式橡胶支座,墩上两侧应搭设操作平台,墩顶作业人员应待支座吊至墩顶稳定后再扶正就位。

(11)龙门架、架桥机等设备拆除前应切断电源。拆除龙门架时,应将龙门架底部垫实,并在龙门架顶部拉好缆风绳和安装临时连接梁。拆下的杆件、螺栓、材料等应捆好向下吊放。

(12)安装涵洞预制盖板时,应用撬棍等工具拨移就位。单面配筋的盖板上应标明起吊标志。吊装涵管应绑扎牢固。

(13)各种大型吊装作业,在连续紧张作业一阶段后(如一孔梁、板或一较大工序等)应适当进行人员休整,避免长时间处于高度紧张状态,并检查、保养、维修吊装设备等。

2.就地浇筑上部结构施工安全控制要点

(1)钢筋混凝土或预应力混凝土就地浇筑时,应先搭设好脚手架、作业平台、护栏及安全网等安全防护设施。

(2)作业前,对机具设备及其拼装状态、防护设施等进行检查,主要机具应经过试运转。施工工艺及技术复杂的工程,对安全技术措施及安全操作细则等,应进行技术交底和培训。

(3)采用翻斗汽车或各种吊机提吊翻斗运送混凝土,不得超载、超速,停稳后方可翻转卸料或启斗放料。严禁在未停稳前,翻斗或启斗。翻斗车行驶时,斗内不得载人。

(4)在支架上浇筑混凝土,对简支梁、连续梁、悬臂梁的浇筑顺序,应严格按设计和有关规定办理。

(5)施工中,应随时检查支架和模板,发现异常状况,应及时采取措施。支架、模板拆除,应按设计和施工的有关规定的拆除程序进行。

(6)就地浇筑水上的各类上部结构,要按照水上作业的安全规定进行施工、作业。

知识链接:水上作业安全

①在通航江河湖海上施工的安全管理工作应符合国家有关海上交通安全法、内河交通安全管理条例以及水上水下施工作业通航安全管理规定,开工前应向当地港航监督部门报告、申请,并获得水上水下作业的许可证。

②施工所使用的船只应经船检部门检查合格,颁发合格证书,并进行注册登记后方可使用。

③施工期间按规定应设置临时码头、航行、作业标志、防撞装置及救护、消防等设施。

④船只应设专人管理和调度,由具备准驾证件的专人驾驶。船只航行前,应检查各部位的机械与设施是否良好,严禁带病作业。

⑤应掌握和及时了解当地的气象和水文情况,遇有大风天气应检查和加固船只的锚缆等设施。遇有雨、雾天,视线不清时,船只应显示规定的信号,必要时应停止航行或作业。

⑥定位船及作业船锚碇后,应在涉及航域范围内设置警示标志。抛锚时,锚链滚滑附近不得站人。

⑦船只靠岸后(或在两船间倒运货物时)应搭设牢固的跳板,跳板两侧加设护栏、扶手或安全网,经踏试稳定牢固,方可上下人或装卸货物。

⑧装船时,严禁超载、偏载,必要时应加配重,调整平衡。卸船时,应分层均匀卸运。

⑨打桩船、起重船施工前应了解作业区域的水深、流速、河床地质等有关情况,为船舶行驶、抛锚、定位做好安全准备工作。

⑩抛锚、就位应保持船体稳定。如用两艘船体连结时,必须连接牢固,稳定可靠。

⑪使用轮胎或履带吊车在船上打桩、起重作业时,船体应按施工要求进行加固,并在吊车轮胎(或履带)下加铺垫板。

⑫牵引或在旁侧拖带作业船时,严禁超载,牵引(或拖带)用的钢丝绳必须连接牢固。

⑬交通船必须符合客运船只的标准要求,并按事先规定的固定线路行驶,按规定的载人数量渡运,严禁超员强渡。

⑭所有驾乘人员都必须穿好救生衣,船上还要备有救生设备。

⑮船行途中,乘船人不得走动或站立。

3.悬臂浇筑法施工安全控制要点

悬臂浇筑施工如图 5-28 所示。

(1)悬臂浇筑采用桁架挂篮施工时,应遵守下列规定:

①施工前,应组织有关人员进行安全技术交底,制定安全技术措施。挂篮(图 5-29)组拼后,要进行全面检查,并做静载试验。

图 5-28 悬臂浇筑施工　　　　　　　　图 5-29 挂篮施工

②在墩上进行 0 号块施工并以斜拉托架做施工平台时,在平台边缘处,应设安全防护设施。墩身两侧斜拉托架平台之间搭设的人行道板必须连接牢固。0 号块拆模后,应保留一部分平台,为养生及其他作业使用。

③使用的机具设备(如千斤顶、滑车、手拉葫芦、钢丝绳等),应进行检查,不符合规定的严禁使用,如图 5-30 所示。

④检查墩身预埋件和斜拉钢带的位置及坚固程度,是否符合设计要求。

⑤遇有大风及恶劣天气时,应停止作业。

⑥双层作业时,操作人员必须严守各自岗位职责,防止疏漏和掉落铁件工具等。

图 5-30　检查钢丝绳

(2)挂篮使用时,应经常检查后锚固筋、千斤顶、手拉葫芦、张拉平台及保险绳等是否安全可靠。底模标高调整时,应设专人统一指挥。作业人员脚下应铺设稳固的脚手板,身系安全带。

(3)挂篮在安装、行走及使用中,应严格控制荷载,防止过大的冲击、振动。如需在挂篮上另行增加设施(如防雨棚、立井架、防寒棚等),不得损坏挂篮结构及改变其受力形式。

(4)挂篮拼装及悬臂组装中,危险性较大,在高处及深水处作业时,应设置安全网,满铺脚手板,设置临时护栏。操作人员必须按规定佩带安全防护用品,配备救生设施。

(5)使用水箱作平衡配重时,其位置、加水量等应符合设计要求。给排水设施和方法,应稳妥可靠。施工中,对上述情况要进行经常性安全检查。

(6)在底模滑移前,必须详细检查挂篮位置、后端压重及后吊杆安装情况是否符合要求。应先将上横梁两个吊带与底模下横梁连接好,确认安全后,方可滑移。

(7)挂篮行走时,要缓慢进行,速度应控制在 0.1m/min 以内。挂篮后部,各设一组溜绳,以保证安全。滑道要铺设平整、顺直,不得偏移,并随时注意观察,发现问题及时处理。

(8)浇筑混凝土时,挂篮桁架后端,应锚固在已完成的梁段上,并配重使与浇筑的混凝土质量保持平衡状态。挂篮桁架行走和浇筑混凝土时,其稳定系数不得小于 1.5。

(9)浇筑合拢段混凝土时,在悬臂端预加压重,随浇筑进程,加载逐步撤出时,应自上而下进行。撤出压重时,应注意防止砸伤。

(10)箱梁混凝土接触面的凿毛工作,要有安全防护设施,所用手锤柄应牢固。作业人员之间,应有一定的安全距离。

(11)滑移斜拉式挂篮施工,应遵守下列规定:

①采用滑动斜拉式挂篮,所用的活动铰、销、斜拉钢带等,采用高强钢材制作,材质要经检验,并打上标记,必须满足设计的要求。

②挂篮安装时或主梁行走到位后,应先安装好后锚固和水平限位装置,方可安装斜拉带悬挂底模平台。严防挂篮倾覆、坍落。

③底模和侧模沿滑梁行走前,需将斜拉带和后吊带拆除,用倒链起降和悬吊底模平台,同时,必须在倒链的位置加保险绳。

④采用四根斜拉带的挂篮,在斜拉带安装和使用过程中,要注意检查,保证受力均衡。

⑤浇筑混凝土前,应对挂篮锚固、水平限位、吊带起升和限位装置进行全面检查,确认安全可靠,方可作业。

⑥主梁及其吊梁系统安装后,应进行全面检查和验收,进行加载试验。自行设计、加工的挂篮首次使用前,应按最大施工荷载进行加载试验。

⑦在墩帽上作业(图 5-31),应制作并安设适合操作需要的脚手架,脚手架应满足安全标准。

图 5-31 脚手架上的墩帽作业

 知识链接:脚手架有关安全技术规定

①钢管脚手架连接材料应使用扣件,接头应错开,螺栓要紧固。立杆底端需使用立杆底座。铅丝和白麻绳不得连接钢脚手架。

②脚手板要满铺、绑牢,无探头板,并要牢固地固定在脚手架的支撑上。脚手架的任何部分均不得与模板相连。

③脚手架要设置1.2m高、双道栏杆。敷设的安全设施应经常检查,确保操作人员和小型机械安全通行。

④脚手架上的材料和工具要堆放整齐,积雪和杂物应及时清除。有坡度的脚手板,要加设防滑木条。

⑤悬空脚手架应用栏杆或撑木固定稳妥、牢靠,防止摆动摇晃。

⑥搭设在水中的脚手架,应经常检查受水冲刷情况,发现松动、变形或沉陷应及时加固。在脚手架上作业人员应配带救生设备。

⑦搭设钢管井架相临的两立杆的接头应错开,横杆和剪刀撑要同时安装。滑轨必须保持垂直,两轨间距误差不得超过10mm。

⑧吊篮应严格按照设计要求施工。悬挂吊篮的钢丝绳围绕挑梁不得少于3圈,卡子不得少于3个。一个吊篮的保险绳索不得少于2根。钢丝绳不得与构造物或其他物件相摩擦。

⑨脚手架高度在10~15m时,应设置一组(4~6根)缆风绳。每增高10m,应再加设一组。缆风绳与地面夹角为45°~60°。缆风绳的地锚应设围栏,防止碰撞破坏。

⑩拆除脚手架时,周围应设置护栏或警戒标志,并应从上而下地拆除,不得上下双层作业。拆除的脚手杆、板应用人工传递或吊机吊送,严禁随意抛掷。

⑪挂篮行走前,应认真检查后锚固及各部受力情况,有无隐患及不安全因素。行走时,应密切注意有无异状,并应慢速稳步到位,严防坍落事故。

4.悬臂拼装法施工(图5-32)安全控制要点

(1)预制构件,采用悬臂拼装法施工时,因属高处作业,应针对工程的具体情况,制定和实施相应的安全施工组织设计,其中必须包括安全防护设施标准要求和具体的安全技术措施。

对构件的预制、运输及吊装等,应按照本节中的有关内容制定安全控制的措施。

图 5-32 悬臂拼装施工

(2)龙门架或起重吊机进行悬臂拼装时,应遵照下列安全规定,进行作业:

①吊机的定位、锚固应按设计进行,并进行静载试验。龙门架起重吊机及轨道的下面,必须具有坚实的基础,不得有下沉、偏斜。

②预制构件运至现场后,如需暂时存放,应放置在平整坚实的场地上,并按设计设置支点及支撑。不得使吊装构件在设备上滞留时间过长,吊具必须在构件正式就位,经检查确认无误后,方可拆卸。

③现场拼装机具设备后,还必须经过检查验收,如有隐患及不符合安全规定时,不得使用。

④构件起吊前,应对起吊机具设备及构件进行全面检查、验收,并进行起吊试验。如发现吊环部位有损伤,结合面有突出外露物,构件上有浮置物件等情况时,不得起吊。

⑤构件应垂直起吊,并保持平衡稳定,在接近安装部位时,不得碰撞已安完的构件和其他作业设施。

⑥运送构件的车辆(或船只),构件起升后应迅速撤出。

⑦通过栈桥、码头,用吊机或龙门架吊装预制构件时,栈桥、码头应根据构件吊装的需要进行设置。

(3)遇有下列情况时,必须停止吊装作业:

①指挥信号系统失灵。

②天气突然变化,影响作业安全。

③卷扬机、电机过热、起重吊机或托梁部件变形或其他机械设备、构件等发现有异常情况。

(4)拆除硫磺砂浆临时支座,除要采取防止高处坠落的安全防护措施外,还要特别注意符合下列规定要求:

①融化硫磺砂浆垫块采用电热法时,电热丝不得与其他金属物接触。

②作业时人员应站在上风处操作,并应佩戴安全防护用品。

③人工凿除时,人员站位要拉开距离。

5.缆索吊装法施工安全控制要点

(1)吊装前,应针对工程的具体情况,制定和实施相应的安全施工组织设计,其中必须包括安全防护设施标准要求和具体的安全技术措施。对施工人员进行安全教育。

(2)安装时,应有统一的指挥信号。
(3)登高操作人员应携带工具袋。
(4)安全带不得挂在主索、扣索、缆风绳等上面。
(5)牵引卷扬机启动要缓慢,行进速度要平稳。构件在吊运时,起重卷扬机要协调配合,并控制好构件在空中的位置。起重卷扬机不得突然起升和下降构件,避免产生过大弹跳。构件吊运至安装部位时,作业人员要等构件稳定后再进行操作。
(6)构件不能垂直就位而需旁侧主索吊具协助斜拉时,指挥信号要明确,各组卷扬机要协调动作。
(7)缆索吊装大型构件时,应事先检查塔架、地锚、扣架、滑车、钢丝绳等机具设备。正式吊装前必须先进行吊载试运行,如图5-33所示。

图5-33 缆索吊装

(8)缆索跨越公路、铁路时,应搭设架空防护支架。在靠近街道和村镇的地方应设立警示标志。
(9)在通航航道上空吊装作业,应与当地港航主管部门取得联系,获得批准后方可进行。吊装作业宜采取临时封航措施。

6.顶推及滑移模架法施工安全控制要点

顶推法施工如图5-34所示。

顶推法施工

顶推法建成的桥梁

图5-34 顶推法施工图

(1)采用顶推法施工,除在桥台后面设置适当的预制场地外,在墩台上,也要有足够的工作面,以便更换滑道及留出安装支座的空间,并应验算在偏压情况下上部结构的安全度。
(2)顶推施工所用的机具设备、材料(如:拉锚器、工具锚、连接件、油压千斤顶、高压油泵、油管、压力表及滑动装置等)在使用前,应全面检查、验收和试验。
(3)使用油压千斤顶,应附有球形支承垫、保险圈及升程限孔。共同作用的多台千斤顶,应选用同一类型。
(4)设计应提供主梁最大悬臂状态下允许挠度值及顶推各阶段的墩顶反力和顶推力,应换算为油压读数和允许的墩顶位移值,以便控制位移量。顶推施工中,应随时进行必要的监测,以控制施工安全。

(5)采用多点顶推或单点顶推,其动力均应有统一的控制手段,使其能达到同步、纠偏、灵活和安全可靠。

(6)上下桥墩和梁上作业时,应设置扶梯、围栏、悬挂安全网等安全防护设施。使用的工具、材料等,均应吊运传递,不得向下抛掷。

(7)顶推施工中,应有统一的指挥信号。必要时,应备有便利的现场通信设备。

(8)落梁完毕,拆除千斤顶及其他设备时,应先用绳拴好,用吊机吊出。在吊运时,应防止撞击梁体。

(9)在各顶推点,应派专人进行测量,随时将墩顶的位移情况,报告给指挥人员。

(10)用滑移模架法浇筑箱梁混凝土时,应遵守下列规定:

①模架支撑于钢箱梁上,其前后端桁架梁,必须用优质高强螺栓连接好并拧紧。

②钢箱梁及桁架梁下弦底面装设不锈钢带,在滑撬上顶推滑行之前,应检查有无障碍物极不安全因素。所用机具设备及滑行板等,均须进行检查和试验。

③浇筑混凝土之前,应进行全面的安全检查,确认安全合格后,方可施工。

④牵引后横梁和装卸滑撬时,要有起重工协同配合作业。牵引时,应注意牵引力作用点,使后横梁在运行时,与桥轴线保持垂直。

⑤滑移模架行走时,必须听从指挥信号。对重要部位,应设专人负责值班观察,并注意人员及设备的安全。在滑道上要及时刷油。

⑥上岗作业必须穿防滑鞋、戴安全帽,拆卸底模人员,必须挂好安全带。防护用品如图5-35所示。

图 5-35　防护用品

(11)涵管采用顶入法施工时,施工前应做好施工点的调查。对顶入涵管的原有通车公路、铁路路段,应与当地公路、铁路管理部门联系,并签订施工协议。施工前应采取必要的加固措施,以保证顶入作业中通车线路的安全。当火车、汽车通过时,应暂停挖土或顶入,必要时作业人员应暂时离开作业面。

(12)顶入工作坑的边坡,应根据土质情况进行放坡或者支护。靠铁路、公路一侧的边坡,其上端应与铁路和公路保持一定安全距离。工作坑的后背墙(后背梁)应采取安全防护措施。

(13)为避免边缘坍塌,在工作坑坡顶的一定范围内,不得堆放弃土、料具。

(14)顶入法施工的现场应备有一定数量的木料或草袋,以备因雨水或其他原因引起路基变形时抢修加固路基,确保线路行车安全。

(15)顶入施工应连续进行。施工中要阻止地下渗水造成路基坍塌。顶推作业时遇有发生坍方,设备扭曲变形时应停止作业。

(16)机械挖土不得碰撞已挖好的洞内土壁。人工清理开挖面时,机械应及时退出。

(17)施顶时,非作业人员应撤离工作坑。严禁作业人员跨越或接近顶铁。

(18)顶入机械发生故障时,应停机检修,严禁带病作业。

(19)顶入施工的接缝应采取封闭措施,以防土石方掉落伤人。

(20)施工中地下水位较高时,应有防止坍方、流沙等安全防护措施。顶入法施工,不宜在雨季进行。

7.转体法及拖拉法施工安全控制要点

转体法施工如图5-36所示。

图5-36 转体法施工
a)平转;b)竖转

(1)桥梁上部如为预制钢筋混凝土或预应力混凝土结构,采用转体架桥法或纵横向拖拉法施工时,除按设计要求进行施工外,设支架(或拱架)、支立模板、绑扎钢筋、焊接及浇筑混凝土等,均应遵守相应的安全规定。

知识链接:焊接作业安全规定

(1)电焊作业安全控制要点:

①电焊机应安设在干燥、通风良好的地点,周围严禁存放易燃、易爆物品。

②电焊机应设置单独的开关箱,作业时应穿戴防护用品,施焊完毕,拉闸上锁。遇雨雪天,应停止露天作业。

③在潮湿地点工作,电焊机应放在木板上,操作人员应站在绝缘胶板或木板上操作。

④严禁在带压力的容器和管道上施焊。焊接带电设备时,必须先切断电源。

⑤储存过易燃、易爆、有毒物品的容器或管道,焊接前必须清洗干净。将所有孔口打开,保持空气流通。

⑥在密闭的金属容器内施焊时,必须开设进、出风口。容器内照明电压不得超过36V。焊工身体应用绝缘材料与容器壳体隔离开。施焊过程中每隔半小时至1小时外出休息10~15min,并应有安全人员在现场监护。

⑦把线、地线不得与钢丝绳、各种管道、金属构件等接触,不得用这些物件代替接地线。

⑧更换场地,移动电焊机时,必须切断电源,检查现场,清除焊渣。

⑨在高空焊接作业时,必须系好安全带。焊接作业现场周围应备有消防设备。

⑩焊接模板中的钢筋、钢板时,施焊部位下面应垫石棉板或铁板。

(2)气焊作业安全控制要点

气焊作业除应遵守电焊作业中的有关规定,还必须根据气焊作业本身的特点做到:

①气焊作业应采用乙炔瓶与氧气瓶,并不得同放一处,距易燃易爆物品不得少于10m。严禁用明火检验是否漏气。氧气瓶和乙炔瓶应随用随领,下班后送回专用库房。

②氧气瓶、乙炔瓶受热不得超过35℃,防止火花和锋利物件碰撞胶管。起焊枪点火时应按"先开乙炔、先关乙炔"的顺序作业。

③氧气瓶、乙炔瓶、压力表及焊割工具的表面,严禁沾污油脂。

④焊接场地距离明火不得少于10m。

⑤氧气瓶、乙炔瓶应设有防震胶圈,旋紧安全帽,避免碰撞、剧烈振动和强烈阳光下曝晒。

⑥点火时焊枪不得对人,正在燃烧的焊枪不得随意乱放。

⑦施焊时,场地应通风良好。施焊完毕,应将阀门关好,拧紧安全罩。

---

(2)转体法修建大跨径拱桥应建立统一的指挥机构并配备通信联络工具。

(3)转体法施工前,应合理选择有利地形。采用平转法,桥体旋转角应小于180°,转动设施在拆架后,悬臂体应转动方便,并符合安全施工的要求。转体时,悬臂端应设缆风绳。

(4)平衡重转体施工前,应先利用配重做试验,进行试转动,检查转体是否平衡稳定。试转的角度应大于实际需要转动的角度,并悬挂一定时间。如不符合要求,必须先进行调整。

(5)环道上的滑道,其平整度应严格控制。如上下游拱肋需同时作配重转体时,应采用型号相同的卷扬机,同步、同速、平衡转动。重量达的转体转动前,应先用千斤顶将转盘顶转后,再由卷扬机牵引。

(6)无平衡重平转法施工的扣索张拉时,应检查支撑、锚梁、锚碇、拱体等,确认安全后方可施工。

(7)采用纵向、横向拖拉法架梁时,施工前应全面检查所用机具设备及各项安全防护设施的落实情况。

(8)使用万能杆件或枕木垛作滑道支撑墩时,其基础必须稳固。枕木垛应垫密实,必要时应做压重试验。

(9)梁体及构件运行滑道应按设计铺设。采用滑板和辊轴时,滑板应铺平稳。梁体、构件拖拉或横移到达前方上部时,应采取引导措施,便于辊轴进入悬臂端的滑道内。搬抬辊轴时,作业人员要配合好。

(10)拖拉或横移施工中,应经常检查钢丝绳、滑车、卷扬机等机具设备是否完好,发现问题应立即处理。施工中,钢丝绳附近不得站人,无关人员不得进入作业区。

图5-37 预应力张拉作业

(11)拖拉或横移施工中,应听从统一指挥,发现问题或隐患,应及时报告,立即处理。

8.预应力张拉施工(图5-37)安全控制要点

(1)预应力钢束(钢丝束、钢绞线)张拉施工前,应做好下列工作:

①张拉作业区,应设警告标志,无关人员,严禁入内。

②检查张拉设备工具(如:千斤顶、油泵、压力表、油管、顶楔器及液控顶压阀等)是否符合施工安

全的要求。压力表应按规定周期进行检定。

③锚环和锚塞使用前,应认真仔细检查及试验,经检验合格后,方可使用。

④高压油泵与千斤顶之间的连接点各接口必须完好无损,螺母拧紧。油泵操作人员要戴防护眼镜。

⑤油泵开动时,进、回油速度与压力表指针升降保持一致,并平稳、均匀。安全阀保持灵敏可靠。

⑥张拉前,操作人员要确定联络信号。张拉两端应设便捷的通信设备。

(2)在已拼装或旋浇的箱梁上进行张拉作业,应事先搭好张拉作业平台,并保证张拉作业平台、拉伸机支架要搭设牢固,平台四周应加设护栏。高处作业时,应设上下扶梯及安全网。施工的吊篮,应安挂牢固,必要时可另备安全保险设施。

张拉时,千斤顶的对面及后面严禁站人,作业人员应站在千斤顶的两侧,以防锚具及销子弹出伤人。

(3)后张法张拉前,应检查混凝土强度,必须达到设计要求强度后,方可进行张拉。

(4)钢束张拉应严格按规定程序进行。在事先穿好钢丝束,并经检查确认合格后,方可张拉。张拉作业中,应集中精力,仪表要看准,记录要准确无误。

(5)张拉操作中,若出现异常现象(如:油表振动剧烈,发生漏油,电机声音异常,发生断丝、滑丝等),应立即停机进行检查。

(6)张拉钢束完毕,退销时,应采取安全防护措施,防止销子弹出伤人。卸销子时,不得强击。

(7)张拉时和完毕后,对张拉施锚两端均应妥善保护,不得压重物。张拉完毕,尚未灌浆前,梁端应设围护和挡板。严禁撞击锚具、钢束及钢筋。不得在梁端附近作业或休息。

(8)先张法张拉施工,除遵守张拉作业一般安全规定外,还要按照下列要求做到:

①先张法张拉台座结构,应满足设计要求。张拉前,对台座、横梁及各种张拉设备、仪器等进行详细检查,合格后方可施工。

②先张法张拉中和未浇筑混凝土之前,周围不得站人和进行其他作业。浇筑混凝土时,严防振动。振捣器不得撞击钢丝(钢束)。用卷扬机滑轮组张拉小型构件时,张拉完成后,应切断电源和卡固钢丝绳。现浇混凝土,不得停留时间过长。养生期内应妥善防护,确保安全。

(9)精轧螺纹钢筋张拉前,除对张拉台座检查外,还应对锚具、连接器进行试验检查。

(10)预应力钢筋冷拉时,在千斤顶的端部及非张拉端部均不得站人,以防钢筋断裂、螺母滑脱,张拉设备出现事故而伤人。

(11)钢筋张拉或冷拉时,螺丝端杆、套筒螺丝必须有足够的长度,夹具应有足够的夹紧能力,防止锚夹不牢,滑出伤人。

(12)管道压浆时,应严格按照规定压力进行。施压前应调整好安全阀,进行检验,确认无误后,方可作业。管道压浆时,操作人员必须戴防护眼镜和其他防护用品。关闭阀门时,作业人员应站在侧面,以确保安全。

9.拱桥施工安全控制要点

拱桥施工主要包括拱架制作与安装、拱石加工或砌筑、卸架等工序,其施工工艺如图5-2所示。

(1)拱架制作与安装,应按设计要求,具有足够的强度、刚度和稳定性。拱架须经验算,必须经试验或预压,并满足防洪、流水、排水、航运等安全要求。采用土牛拱架时,应采取相应的安全措施,保证拱圈砌筑的安全。

拱桥结构如图 5-38 所示。

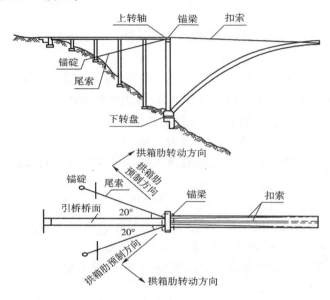

图 5-38 拱桥结构

(2)拱石加工或砌筑石拱工程时,除按规定穿戴安全防护用品外,并应注意锤头或飞石伤人,作业人员应保持一定的安全距离。

(3)圬工(石、砖及混凝土预制块)拱桥施工前,拱架支立安装方法、拆落拱架程序、机械设备等,均应经检查符合安全技术规定,方可施工。人工抬运上坡,应平行前进,落肩同步。抬运石料时,应用绳索捆扎结实。不宜装得过满。

(4)拱石或预制混凝土块,应按砌筑程序编号,依次运到工地,随用随运,不得堆积在拱架或脚手架上。

(5)拱石或顶制块砌筑时,底下严禁站人,操作人员的手指不得伸入砌筑面。拱石或预制块就位时,应用撬棍或绳索工具等扶稳,缓慢堆放。

(6)砌筑拱圈,应按施工要求搭设脚手架及作业平台,严禁用拱架代替脚手架。主拱、拱上建筑施工,必须严格按设计加载程序分段、对称、同时进行。

(7)拱圈砌筑,严禁拱下站人,并应随时注意观测拱架变形状况。必要时,须进行调整,以控制拱圈变形过大。卸架装置应有专人负责检查。

(8)卸架前,应检查砌筑砂浆强度是否达到设计要求。拆除工作必须按设计程序进行。

当拱架脱离拱圈后,经检查确认安全后,方可继续进行拱架拆除工作。拆除拱架时,应听从统一指挥。严禁在拱架上、下同时进行双重作业。拱架拆除,严禁捶击或用机械强拽拱架,使之脱离或倾倒的做法。

(9)采用无支架施工修建拱桥时,应按设计和施工方法选定适宜的吊装机具设备。采用吊装机具施工,除按吊装机具的有关安全要求,加以控制外,还应做到:

①大中跨径拱桥施工,应验算拱圈的纵、横向稳定性,保证有一定的横向稳定系数。分段吊装的单肋合拢后应用缆风绳稳固。并须采取悬扣边肋和次边肋,用横夹木临时横向连接等措施。

②双曲拱、箱形拱桥施工时,在墩、台顶设置的扣架,底部固定应牢靠,架顶应设风缆,风缆设置必须对称,与构件轴线应符合设计要求,风缆地锚环应埋设坚固,并应设置备用环。

拱肋分段拼装时,基肋应设置固定风缆,拱肋接头处,应加横向连接,以保证其横向稳定。

③多孔装配式拱桥上部安装时,除要遵守一般安全规定外,还必须按加载程序,由桥台或制动墩起,逐孔吊装。相邻两孔安装进度,不应相差过大,以减少对相邻桥墩产生的单向推力。

④装配式桁架拱或刚架拱桥施工(图5-39)时,除要遵守一般安全规定外,还必须在已安装的桁架或刚架拱片上,安装横向联系构件,以增强横向稳定性。

图5-39 拱桥施工

⑤在河流中设置缆风绳时,必须采取可靠的防护措施。

10. 跨线桥及通道桥涵施工安全控制要点

(1)公路桥跨越铁路或其他线路施工前,应编制专门的安全施工组织设计,并与铁路或其他有关部门协商有关事宜,并签订必要的安全协议。其内容应包括:利用列车间隔时间进行安装的计划、安全防护以及在发生紧急情况时的应急处理措施等。

(2)公路桥跨越铁路或其他线路时,施工期间,特别是梁体吊装阶段,应在施工现场及两端足够远处适宜地点设置人员和通信设备,与两端火车站进行联系,以便在发生紧急情况时,立即通知停车。要避免在列车通过的情况下,进行吊梁安装作业。

(3)在铁路路基附近挖基、钻孔时,不得损坏铁路设施,包括各种信号、通信设施。不得影响行车的了望视线。在作业处应设围栏、支撑及其他安全防护措施。防止火车振动,导致基础坍陷或路基坍方。

(4)跨越铁路或公路的立交桥施工时,上面作业,下面通行车辆或行人,应设置遮盖设施,并设岗哨监视管理。

(5)对结构复杂、施工期较长的大型立交桥施工时,必须做到:

①施工前,应编制专门的安全施工组织设计,进行安全检查,做好施工准备及安全防护设施的安装、验收工作。确保不发生影响通车及坠物伤人事故。

②制定架梁吊装施工方案及安全技术措施,向作业人员进行安全技术交底和培训。

③配备通信设施,确保在紧急情况下,能够妥善处理发生的事故。

11. 斜拉桥、悬索桥施工安全控制要点

(1)斜拉桥和悬索桥(吊桥)的索塔施工(图5-40),属于高处或超高处作业,应根据结构、高度及施工工艺的不同情况,制定相应的专门的安全施工组织设计、安全作业指导书(操作细则)。

一般情况下,混凝土、钢筋混凝土及预应力混凝土索塔,看参照上部施工及滑模施工的安全控制要点。

图 5-40 索塔施工

电气设备和线路的绝缘必须良好,各种电动机械必须接地,接地电阻不得大于 4Ω。电气设备和线路检修时,应先切断电源。

施工现场要有防火措施并备有消防器材,要防止电焊火花溅落在易燃物料上。

(2)索塔分节立模浇筑前,应搭好脚手架、扶梯、人行道及护栏。每层脚手架的缝隙处,应设置安全网。两层间距不得超过 8m。

(3)浇筑塔身混凝土,应按规定挂好减速漏斗及保险绳,漏斗上口应堵严,以防石子下落伤人。

(4)塔底与桥墩为铰接时,施工中,必须将塔底,临时固定。塔身建筑到一定高度后,必须设置风缆。斜缆索全部安装并张拉完成后,方可撤除风缆并恢复铰接。

(5)斜拉桥的塔底与墩固结时,脚手架必须在墩上搭设。当索塔与悬臂梁段同时交错施工,并分层浇筑索塔时,脚手架不得妨碍索塔的摆动。

(6)施工期间,应与当地气象台站建立联系,密切注意天气变化,大风、雷雨时,应立即停止作业。高处作业,其风力应根据作业高处的实际风力确定。如未设风力测定仪,可按当地天气预报数值推测作业高处的风力。

(7)随着索塔升高(到 20m 以上,或高度不足 20m 的索塔但郊区或平原区施工或附近无高大建筑物提供防雷保护时),防雷电设施必须相应跟上,避雷系统未完善前,不得开工。

(8)缆索的制作与安装作业,应该做到:

①缆索施工时,不得撞伤锚头。锚头发生移位时,不得用铁锤强击复位。缆索的防护层,不得有折损或磨伤,否则应在修补后安装,或做标记,安装后修补。

②悬索桥的主索及斜拉桥的斜缆索,应进行破断试验,其破断力应满足设计要求。

③锚具、套筒,应用超声波或射线探伤仪检查,内部有损伤者,不得使用。

④主索及斜缆索预张拉时,应选择适当场地,埋设足够强度的地锚。并在张拉台前设置防护墙。对张拉设备,应严格检查,以确保安全。

⑤锚具和孔道在未封口前,应临时予以防护,以防雨水侵入和锚头被撞击。

⑥斜拉桥的斜拉索(图 5-41)如为工地自行制作时,还要做到:编束时,应用梳型板梳编,每 1.5～2.0m 段用铁丝绑扎,防止扭曲。制成的斜拉索应架空放置,严防在地面上拖拉或硬性弯折,同时,应进行预拉以检查冷铸锚,测定每索钢丝拉力、延伸和回缩。测定的钢索测力仪

的读数,正是张拉时校核。

⑦采用成品斜拉索时,应做到:放索时,应有制动设施,并防止卷盘的缆索自由散开时造成伤害。放开展平的缆索应防止在地面上拖磨。锚头应加设防护,防止碰撞。缆索应保持顺直,不得扭曲。

图 5-41　斜拉索

(9)缆索套管内采用压注水泥浆防护时,水泥浆应从下往上压入。索塔超过 50m 时,应分段向上压注,以防灌注压力过大,套管破裂伤人。

(10)采用钢叠合梁与钢,与钢筋混凝土叠合梁施工时,应做到:

①成品钢构件应编号成套,对号存放,防止损坏变形。

②起吊前,应了解所吊构件的质量、重心位置,以采取相适应的起吊方法。

③构件组拼前应进行全面检查,如有缺陷、变形,应在组拼前加以矫正。

④钢构件组拼时,必须用足够的定位冲钉定位。钢构件全部插入高强螺栓后,方可松除吊钩。

(11)悬索桥施工中,临时架设的工作索、牵引索安装完毕后,应对索具、吊具等进行全面、仔细地检查。索夹如采用高强螺栓旋紧时,螺栓的拧合扭矩,应先经试验。

索夹下的吊杆承受全部荷载时,索夹应与主索连接紧密,不得在主索上向下滑移。为防止主索磨损,可在索夹与主索之间垫物隔离。

施工中使用的吊篮、平台等应具有足够的强度,设置的防护围栏高度不得小于 1.2m。

索塔应设置上下扶梯和塔顶作业平台。索鞍的安装应保证位置准确。

(12)悬索桥采用重力式锚碇时,对锚碇体的施工,应按照有关安全规定浇筑混凝土或砌体工程。锚碇体必须达到坚实牢固。

采用山洞式锚碇时,对锚洞的开凿及爆破工程,应按有关凿岩及爆破安全规定施工,并应符合下列要求:

①采用凿岩爆破时,宜采用浅眼爆破法,对炮眼的深度、装药量等,应严加控制,使非开挖部分的岩层,保护完整。

②锚洞顶部混凝土衬砌与岩层应紧密结合。

(13)斜拉桥主梁施工,采用悬臂浇筑钢筋混凝土或预应力混凝土时,采用悬臂拼装梁体时,采用顶推法施工时,采用转体或其他方法施工时,应遵照相对应的安全控制要点。

(14)悬索桥安装加劲衍构(梁)时,应该做到:

①利用主索吊装加劲衍构(梁)构件时,应在平台上进行组拼。组拼后,利用主索吊运到位,与索夹、吊杆同时安装。施工前,应检查机具设备是否完好。吊装时,应按照有关吊装的安全规定作业。

②加劲桁构(梁)的吊装,宜从跨中向两岸进行。索夹与吊杆应配合加劲桁构(梁),同时安装,不得先安装索夹及吊杆。

③索塔下端为固结时,索鞍将逐步向河心偏移,施工中,应对索鞍偏移量进行观测和控制,防止超过设计允许偏斜量而影响塔架的安全。索塔下端为铰接时,亦应按设计观测,并控制索塔的偏斜量。

(15)斜拉桥、悬索桥在施工中应配备水上救护船只。

12. 钢桥施工安全控制要点

(1)钢梁杆件组装,应在平整的作业台上进行,其基础应有足够的承载力。

钢梁拼装前,应按设计图检验杆件和零部件是否达到设计标准,并做到:

①组装前,应清除杆件上的污垢、冰层、积雪及泥土等。

②杆件宜事先组拼,组合后,宜用吊机吊装,以减少钢箱梁安装过程中的高处作业量。

③高强螺栓、螺母、垫圈,在使用前,应做探伤检查。

④高强螺栓,经防锈处理后的摩擦系数应符合设计要求。

⑤对接焊缝,应进行超声波探伤,对接接头内部,应进行探伤检验。

(2)浮运吊装时,应按照水上运输和起重吊装作业安全控制要点进行。

浮运钢梁时,桥位附近应设有拼梁和布置滑道的场地并适于吊装条件。

浮运宜从下游逆水进入桥孔。

(3)悬臂拼装法安装大跨径钢桥时,可按照悬臂拼装法施工安全控制要点进行。

(4)钢梁上的各种电动机械和电缆线、照明线路等,必须保持绝缘良好,应有专人值班进行管理。

(5)拼装杆件时,应安好梯子、溜绳、脚手架。斜杆应安拴保险吊具。杆件起吊时,先提升0.3m左右,确认安全后再继续起吊。

(6)装拆脚手架、上紧螺栓、铆合等作业,应上下交替进行,避免双层作业。杆件拼装对孔时,应用冲钉探孔,严禁用手伸入检查。

(7)杆件对孔作业中,吊车驾驶员、信号员、架梁人员应动作协调、操作准确。

(8)架梁用的扳手、小工具、冲钉及螺栓等物应使用工具袋装好,严禁抛站郑。多余的料具要及时清理,并堆放在安全地点。

(9)在通航的江河上施工,应与当地的港航管理部门联系,取得水上施工许可证,并按照水上作业的有关安全控制要点进行作业。

(10)钢梁表面涂漆作业,应有防毒保护措施。

思考题

1. 预制构件安装作业要注意哪些安全问题?
2. 就地浇筑上部结构前要设置哪些安全措施?
3. 悬臂浇筑法施工应注意哪些危险环节?
4. 缆索吊装法施工要设置哪些安全措施?

第四节　混凝土预制场施工安全

一、学习目标

通过学习,了解混凝土预制场作业的内容,熟悉混凝土预制场施工的安全要求,能进行混凝土预制场施工的安全检查。

二、资料准备

(1)查阅混凝土预制场施工的内容及安全规定。
(2)查找混凝土预制场施工过程相关事故案例。
(3)用 Word 文档设计制作一份混凝土预制场施工的安全检查表。

三、学习内容

(一)混凝土预制场施工认识

桥梁施工过程有些重大构件,如 T 梁等在施工现场进行预制可以节省长途运输费用,降低工程造价。混凝土 T 梁预制施工如图 5-42 所示。

图 5-42　T 梁预制

(二)混凝土预制场安全控制

1. 预制场地(图 5-43)

预制场地的选择,场地的平面布置,应符合关于公路工程施工现场的安全规定。场内的道路、运输和水电设施,应符合关于公路工程场内交通及水电设施的安全规定。

图 5-43　混凝土预制场

2. 主要机械安全控制要点

1)搅拌站

（1）搅拌站应按设计要求,安装在具有足够承载力、坚固、稳定的基座上。操作点应设平稳的作业平台及防护栏杆,上下应设扶梯。

（2）搅拌站的电器设备和线路应绝缘良好。搅拌站内,所有机械设备的转动部分,必须设有防护装置。高大的搅拌站应设置避雷装置。

（3）搅拌站的机械设备安装完毕,要重点检查:设备安装稳定牢固情况,电机连接与绝缘情况,制动器、离合器、升降器是否灵活可靠,轨道滑轮是否良好,钢丝绳有无断裂或损坏等。确认良好后,进行空载运转,经试运转,全部机械达到正常后,方可作业。

2）发电机组

（1）工期较长的大型公路工程,发电机组应设置在安全可靠的机房内,其基础应平整坚实,必要时应设置在混凝土基座上。机房内配备消防设备。

（2）发电机应设接地保护,接地电阻不得大于4Ω。发电机连接配电盘,及通向所有配电设备的导线,必须绝缘良好,接线牢固。

（3）施工用的发电机电源应与外电线路电源连锁,严禁并列运行。

（4）发电机附近及发电机房内不得放置易燃、易爆物品。

3）皮带运输机

（1）移动式皮带运输机运转作业前,应将行走轮用三角木对称楔紧。固定式皮带运输机,应安装在牢固的基础上。

（2）空载启动后,应检查各部位的运转和皮带的松弛度,如无异常,在达到额定转速后,方可均匀装料。

（3）严禁运转中进行修理和调整。作业人员不得从皮带运输机下面穿过或跨越输送带。

（4）输送大块物料时,输送带两侧应加设挡板或栅栏等防护装置。运料中,应及时清除输送带上的粘连物。停机后要切断电源。

3.混凝土拌和及灌注

（1）人工手推车上料时,手椎车不得松手撒把。运输斜道上,应设有防滑设施。

（2）机械上料时,在铲斗(或拉铲)移动范围内不得站人,铲斗下方严禁有人停留和通过。

（3）向搅拌机内倾倒水泥,应采用封闭式加料斗。为减少进出料口的粉尘飞扬应加设防护板。

（4）作业结束时,应将料斗放下,落入斗坑或平台上。

在清理斗坑或平台时,应用销子将料斗固定住,严防滑落下来伤人。

（5）灌筑预制梁混凝土时,应搭设作业平台和斜道,不得在模板上作业。

（6）搅拌机运转中,严禁用工具伸入料仓内拨弄,需要在料仓内检修时,应停机。修理时,必须先切断电源,电源边设专人看护,并挂牌注明"仓内有人操作、切勿合闸"。

搅拌机运转时,严禁从搅拌壳(筒或槽)的上盖或机壳的边槽帮上面行走,以免滑入搅拌机内被搅。

（7）塔吊、汽车吊或桅杆吊斗浇筑混凝土时,起吊、运送、卸料应由专人指挥。

（8）电动振捣器应按照下列规定使用:

①操作人员要佩戴安全防护用品。配电盘(箱)应加设漏电保护器,接线应使用电缆线。

②在大体积混凝土中作业时,电源总开关应放置在干燥处,多台振捣器同时作业,应集中开关箱,并由专人负责看管。

③风动振捣器的连接软管不得有破损或漏气,使用时要逐渐开大通气阀门。

4. 泵送混凝土（图5-44）安全控制要点

图5-44 泵送混凝土

（1）混凝土泵（泵车）应设置在作业棚内，安装应稳定、牢固。泵车安设未稳前，不得移动布料杆。作业前，应检查输送泵、电气设备是否正常、灵敏、可靠。

（2）泵送前，应检查管路、管节、管卡及密封圈的完好程度，不得使用有破损、裂缝、变形和密封不合格的管件，应做到：

①管路布设要平顺。在高处、转角处应架设牢固，防止串动、移位。

②管路应设专人经常检查，遇有变形、破裂时，应及时更换，防止崩裂。

（3）混凝土泵在运转时发现故障，应立即停机、断电检查，不得带病作业。

（4）混凝土输送泵车操作人员，应熟悉和遵守泵车的操作规程和安全技术规定。

（5）拆卸管路接头前，应把管内剩余压力排除干净，防止管内存有压力而引起事故。

（6）在五级以上大风时，泵车不得使用布料杆作业。

（7）作业机结束，采用空气清洗管道时，操作人员不得靠近管道端部。

5. 预制构件运输中的安全控制要点

1）轨道平车运输中的安全控制要点

（1）铺设钢轨时，应选用合格的钢轨和枕木。铺设要达到规定的标准。钢轨要平直、圆顺，轨距要在允许误差值之内。

轨道半径不得小于25m。轨道路基要有足够的宽度、平整度、强度，避免沉陷、滑坡等现象。

（2）采用软道平车运输大型构件时，应对运梁用的轨道平车的转向托盘或转盘、制动器，按设计进行检查，确认合格后，方可使用。

（3）轨道与其他道路交叉时，应按规定铺设交叉道口。

（4）拖运大型预制构件时，应设专人指挥，并经常检查构件在平车上的稳定状况及轨道平车在运转中，有无变形。

（5）构件运输时，速度要缓慢，时速不宜超过3km/h。下坡时，要以溜绳控制速度，并用人工拖拉止轮木块，跟随前进。纵坡不宜超过2%。并应备有制动器，当纵坡坡度较大时，必须有相应的安全措施，方可运输。

（6）轨道路基，应设专人经常检查：

①轨距有无超出误差规定。

②道钉、鱼尾板有否松动。

③路基有无沉陷变形、滑坡现象。

2)平板拖车运输

（1）大型预制构件平板拖车运输,时速应控制在5km/h以内。简支梁的运输,除横向加斜撑防倾覆外,平板车上的搁置点必须设有转盘。

（2）运输超高、超宽、超长构件时,必须向有关部门申报,经批准后,在指定路线上行驶。牵引车上应悬挂安全标志。超高的部件应有专人照看,并配备适当器具,保证在有障碍物情况下安全通过。

（3）平板拖车运输构件时,除一名驾驶员主驾外,还应指派一名助手,协助瞭望,及时反映安全情况和处理安全事宜。平板拖车上不得坐人。

（4）重车下坡应缓慢行驶,并应避免紧急制动。驶至转弯或险要地段时,应降低车速,同时注意两侧行人和障碍物。

（5）在雨、雪、雾天通过陡坡时,必须提前采取有效措施。

（6）装卸车应选择平坦、坚实的路面为装卸点。装卸车时,机车、平板车均应停闸。

（7）重车停过夜时,应用木块将平车的底盘均衡垫实。

3)水上运输中的安全控制要点

（1）水上运输作业应报当地港航管理部门,取得批准后,在指定的时间和水域进行。如需临时封闭航道时,还应请当地港航管理部门的人员予以现场督导。

（2）驳船装载的预制构件应用撑木、垫木将构件安放平稳。拖轮牵引驳船行进时,速度要缓慢,不得急转弯。

（3）拖船牵引浮运钢套箱、钢沉井时,应在了解航道的水深、流速等情况后,制定拖船牵引方案。多只拖船牵引浮运大型物件时,应配备通信器材,并建立统一的指挥机构。

（4）钢套箱、钢沉井在浮运中,应根据浮运物件的高度确定顶面露出水面的高度,一般情况下应不小于1m。

（5）拖运中应派出监护船只检查牵引绳索和浮运物件的稳定情况,发现问题应立即采取措施。

（6）当拖轮将浮运船拖至安装地点后,应交由安装负责人指挥,定位浮船就位锚固后,方可开走拖轮。

（7）冬季施工,驳船上的冰雪应清扫干净,并应在走道上铺垫草袋防滑。

知识链接：冬季施工安全

①冬季施工应严格执行冬季施工的有关规定,做好保温、防冻、防滑、防火、防煤气中毒等安全防护措施。施工生产和生活取暖所使用的锅炉应符合特种设备采购、使用、管理的各项安全规定,取得合法的使用资格。锅炉的操作人员应具备相应的特种作业资格,并加以严格管理。

②冬季施工在江河冰面上通行时,事先应详细调查冰层的厚度及承载能力。冰面冻结不实地段,严禁通行。结冻不实地段和可通行地段都应设置明显标志,应经常检查冰层变化情况,以随时确定可否通行,加以标示。

③江河流冰前,应制定出防流冰方案,并将停留在冰面上的人员、车辆、船只、机械和物资提前撤至安全地带。

④爆破流冰通道时,除应遵守国家现行的有关爆破安全的规程外,还应在爆破前详细检查冰面后再进行作业。爆破流冰时,应穿好救生衣,必要时应备有救护船只。

思考题

1. 混凝土拌和及灌注过程要注意哪些安全问题?
2. 泵送混凝土过程要注意哪些安全问题?
3. 如何控制预制构件运输过程的安全?

第六章 隧道工程施工安全控制

隧道按其用途可以分为公路隧道、铁路隧道、地铁隧道、人行隧道和航运隧道,本教材主要是针对公路隧道而言。隧道包括主体建筑物和附属建筑物,前者包括洞身衬砌和洞门,后者包括通风、照明、防水、排水和安全设备等。隧道施工如图6-1所示。隧道工程施工安全总体控制要求如下:

图 6-1 隧道施工

（1）施工场地应作出详细的部署和安置,出渣、进料及材料堆放场地应妥善布置,弃渣场地应设置在不堵塞河流、不污染环境、不毁坏农田的地段。对风、水、电、路等设施作出统一安排,并在进洞前基本完成。

（2）进洞前应先做好洞口工程,稳定好洞口的边坡和仰坡,做好天沟、边沟等排水设施,确保地表水不致危及隧道的施工安全。

（3）隧道施工的各作业队、各班组间,应建立完善的交接班制度,并将施工、安全等情况记载于交接班的记录簿内。工地现场值班负责人应认真检查交接班情况。

（4）所有进入隧道工地的人员,必须按规定配带安全防护用品,遵章守纪,听从指挥。

（5）遇有不良地质地段施工时,应按照先治水、短开挖、弱爆破、先护顶、强支护、早衬砌的原则稳步前进。如设计文件中指明有不良地质情况时,应进行超前钻孔,探明情况,采取预防措施。

（6）水底公路隧道施工必须按照水底公路隧道施工的安全技术规定执行（本安全控制要点只限于山区公路隧道的施工）。

案例导学 6

松岭隧道连夜赶工,通风系统的巷道未打通,瓦斯监控系统的传感器损坏,没有信号。某日,由于地面冲击,某工人在未断电的情况下检修照明保护装置,发生瓦斯爆炸。经查,发生事故时,值班负责人未在岗,工人未佩带自救器和瓦斯检测仪。事故造成2人死亡,多人受伤,经济损失1000多万元。结合本任务的学习情境,分析事故发生的原因,进行隧道施工前安全布置和施工过程安全监控。

第一节　隧道土石方工程施工安全

一、学习目标

通过学习,熟悉隧道开挖、凿孔及爆破作业安全要求,洞内运输的安全要求,能进行隧道土石方工程施工的安全检查。

二、资料准备

(1)查阅隧道开挖、凿孔及爆破和洞内运输作业的安全规定。
(2)查找隧道开挖、凿孔及爆破和洞内运输作业相关安全事故案例。
(3)用 Word 文档设计制作一份隧道土石方工程施工的安全检查表。

三、学习内容

(一)开挖、凿孔及爆破作业安全控制要点

(1)开挖人员到达工作地点时,应首先检查工作面是否处于安全状态。详细检查支护是否牢固,顶板和两帮是否稳定,如有松动的石、土块或裂缝应先予以清除或支护。

(2)人工开挖土质隧道时,应先检查镐、锹、锄头等工具是否完好,各部连接是否牢固。操作时必须互相配合并保持必要的安全操作距离。

(3)人工打眼时,应检查锤及锤把的联接是否牢固,锤把是否有裂缝、腐朽和歪斜,锤头及钢钎顶端有无不平和严重毛边情况。如有应予更换。

(4)机械凿岩时,宜采用湿式凿岩机或带有捕尘器的凿岩机。

(5)站在碴堆上作业,应注意渣堆的稳定,防止滑坍伤人。

(6)采用风钻钻眼,应先检查机身、螺栓、卡套、弹簧和支架是否正常完好。管子接头是否牢固,有无漏风。钻杆有无不直、带伤以及钻孔堵塞现象。湿式凿岩机的供水是否正常。杆式凿岩机的捕尘设施是否良好。不合要求者应予修理或更换。

(7)使用带支架的风钻钻眼时,必须将支架安置稳妥。风钻卡钻时,应用板钳松动拔出,不可敲打。未关风前不得拆除钻杆。

(8)采用电钻钻眼,应检查把手胶套的绝缘和防止电缆脱落的装置是否良好。电钻钻工必须手戴绝缘手套,脚穿绝缘胶鞋。电气线路上要安装漏电保护器。电钻钻工不得用手导引回转钢钎,不应用电钻处理被夹住的钎子。

(9)不得在工作面拆卸修理风、电钻。

(10)严禁在残眼中继续钻眼。

(11)钻孔台车进洞时要有专人指挥,认真检查道路状况和安全界限,其行走速度不得超过 25m/min。台车在行走或暂停时,应将钻架和机具都收拢到放置位置,就位后不得倾斜,并应刹住车轮,放下支柱,防止移动。

(12)洞内爆破必须统一指挥,并由经过专业培训且持有爆破操作合格证之专业爆破人员进行作业。

(13)装药与钻孔不得平行作业。

(14)爆破器材加工房应设在洞口以外的至少 50m 远的安全地点。严禁在加工房以外的地点改制和加工爆破器材。长隧道施工必须洞内加工爆破器材时,其加工硐室的设置应符合国家现行的爆破安全规程的有关规定。

(15)爆破作业和爆破器材加工人员,严禁穿着化纤衣物。

(16)进行爆破时,所有人员应撤离现场,其安全距离为:

①独头巷道不少于200m;

②相邻的上下坑道内不少于100m;

③相邻的平行道、横通道及洞间不少于50m;

④采用全断面开挖进行探孔爆破(孔深3~5m)时,不少于500m。

(17)洞内每天放炮次数应有明确的规定,装药离放炮时间不得过久。

(18)装药前应检查爆破工作面附近的支护是否牢固。炮眼内的泥浆、石粉应吹洗干净。刚打好的炮眼热度过高,不得立即装药。如遇有照明不足,发现流砂、泥流未经妥善处理,或可能有大量溶洞水涌出时,严禁装药爆破。

(19)洞内爆破不得使用黑色火药。

(20)火花起爆时,严禁明火点炮,其导火索的长度应保证点完导火索后,人员能撤至安全地点,但不得短于1.2m。一个爆破工一次点燃的根数不宜超过5根。如一人点炮超过5根或多人点炮时,应先燃计时导火索,计时导火索的长度不得超过该次被点导火索中最短导火索的1/3。当计时导火索燃烧完毕,无论导火索点完与否,所有爆破人员必须撤离工作面。

(21)为防止点炮时发生照明中断,爆破工应随身携带手电筒。严禁用明火照明。

(22)采用电雷管爆破时,必须按照国家现行的爆破安全规程的有关规定进行。并应加强洞内电源的管理,防止漏电引爆。装药时,可用投光灯、矿灯或风灯照明。起爆主导线宜悬空架设,距各种导电体的间距必须大于1m。

(23)爆破后必须经过通风排烟并且相距15min以后,才准许检查人员进入工作面,检查有无盲炮及可疑现象,有无残余炸药或雷管,顶板两帮有无松动石块,支护有无损坏与变形。在妥善处理并确认无误后,其他工作人员才准进入工作面。

(24)当发现盲炮时,必须由原爆破人员按规定处理。

(25)装炮时应使用木质炮棍装药,严禁火种。无关人员与机具等均应撤至安全地点。

(26)两工作面接近贯通时,两端应加强联系与统一指挥。岩石隧道两工作面距离接近15m(软岩为20m)时,一端装药放炮,另一端人员应撤离到安全地点。导坑已打通的隧道,两端施工单位应协调放炮时间。放炮前要加紧联系和警戒,严防对方人员误入险区。

(27)土质或岩石破碎隧道接近贯通时,应根据岩性适当加大预留贯通的安全距离。此时只准一端掘进,一端的人员和机具应撤离至安全地点。贯通后的导坑应设专人看管,严禁非施工作业人员通行。

(二)洞内运输中的安全控制要点

(1)各类进洞车辆必须处于完好状态,制动有效,严禁人料混载。

(2)进洞的各类机械与车辆,宜选用带净化装置的柴油机动力,燃烧汽油的车辆和机械不得进洞。

(3)所有运载车辆不准超载、超宽、超高运输。装运大体积或超长料具时,应有专人指挥,专车运输,并设置显示界限的红灯,物件应捆扎牢固。

(4)进出隧道的人员应走人道,不得与机械或车辆抢道,严禁扒车、追车或搭车。

(5)人工装渣时,应将车辆停稳并制动。漏斗装渣时,应有联络信号。装满渣时应发出停漏信号,并及时盖好漏渣口。接渣时,漏斗口下不得有人通过。人力卸渣时,应将车辆停稳并制动,严禁站在斗车内扒渣。机械装渣时,坑道断面应能满足装载机械的安全运转,装渣机上的电缆或高压胶管应有专人收放,装渣机操作时,其回转范围内不得有人通过。

(6)洞内采取有轨运输时,应做到:

①洞内平曲线半径不应小于车轴距的7倍;洞外不应小于10倍。

②双线运输时,其车辆错车净距应大于0.4m,车辆距坑壁或支撑边缘的净距不应小于0.2m。

③单线运输时,在一侧应设宽度不小于0.7m的人行道,并在适当地点设错车道,错车道的长度应满足最长列车运行的需要。

④洞内轨道坡度宜与隧道纵坡一致,卸渣地段应设不小于1%的上坡道。

⑤在线路尽头应设置挡车装置和标志以及足够宽的卸车平台。

⑥运输线路应有专人维修、养护,线路两侧的废渣和余料应随时清理。

(7)洞内采取无轨运输时,应做到:

①洞内运输的车速不得超过:人力车5km/h;机动车在施工作业地段单车10km/h,有牵引车机会车时5km/h;机动车在非作业地段单车20km/h,会车时10km/h。

②车辆行驶中严禁超车。

③在洞口、平交道口及施工狭窄地段应设置"缓行"标志,并设专人指挥交通。

④凡停放在接近车辆运行界限处的施工设备与机械应在其外缘设置低压红色闪光灯,组成显示界限,以防止运输车辆碰撞。

⑤在洞内倒车与转向必须时,应开灯鸣号,有专人指挥。

⑥洞内卸渣场地应保持一段的上坡段,并在堆渣边缘内0.8m处设置挡木。

⑦路面应有一定的平整度,并设专人养护。

⑧洞内车辆相遇或有行人通行时,应关闭大灯光,改用近光或小灯光。

(8)在隧道工程外部运输爆破器材时,必须遵守国家现行的民用爆炸物品管理条例。

①在任何情况下,雷管与炸药必须放置在带盖的容器内分别运送,人力运送时,雷管与炸药必须分别运送,不得由一人同时运送。汽车运输时,雷管与炸药必须分别装在两辆车内运送,其间距应相隔50m以上。有轨机动车运输时,不宜在同一列车上运送,如必须用同一列车运送时,装雷管与炸药的车辆必须用三个空车厢隔开。

②用人力运送爆破器材时,必须有专人护送,并应直接送到工地,不得在中途停留。一人一次运送的炸药量不得超过20kg或原包装一箱。

③用汽车运送爆破器材时,汽车排气口应加装防火罩,运行中应显示红灯。器材必须由爆破工专人护送,其他人员严禁搭乘。爆破器材的装载高度不得超过车厢边缘,雷管或硝化甘油类炸药的装载不得超过二层。

④用有轨机动车运送爆破器材时,其行驶速度不得超过2m/s,护送人员与装卸人员只准乘在尾车内,其他人员严禁乘车。硝化甘油类炸药或雷管必须在专用、带盖的木质车厢内,车内应铺有胶皮或麻袋并只准堆放一层。

⑤在井内运送爆破器材时,必须做到:

a.必须事先通知卷扬机驾驶员和井口上下联络人员。

b.除爆破工和护送人员外,其他人员不得同罐乘坐。

c.运送硝化甘油类炸药或雷管时,只准堆放一层,且不得滑动。运送其他炸药时,装载高度不得超过罐笼高度的 2/3，并不高于 1.2m。

　　d.用罐笼运输硝化甘油类炸药或雷管时，其升降速度不得超过 2m/s，运送其他炸药不得超过 4m/s，用吊桶运送爆破器材时，其升降速度不得超过 1m/s。

　　e.驾驶员在操纵卷扬机时。不得使罐笼或吊桶发生振动。

　　f.运送电雷管时，应装入绝缘箱内，切断洞内所有电源，并检查钢丝绳是否带电。

　　g.严禁爆破器材在井口房、井底车场或在巷道内停放。

　　h.在上下班或人员集中的时间内，严禁运输爆破器材。

　　⑥严禁用翻斗、自卸汽车、拖车、拖拉机、机动三轮车、人力三轮车、自行车、摩托车和皮带运输机运送爆破器材。

思考题

1. 隧道洞内运输要遵守哪些安全规定？
2. 隧道施工爆破作业要注意哪些安全问题？
3. 制作一份安全检查表，列出隧道土石方工程施工要检查的项目及安全要求。

第二节　隧道支护工程施工安全

一、学习目标

　　了解隧道支护工程施工的内容，熟悉隧道支护工程施工安全要求，能进行隧道支护工程施工的安全检查。

二、资料准备

（1）查阅隧道支护工程施工的内容。
（2）查找支护施工的相关事故案例。
（3）用 Word 文档设计制作一份隧道支护工程施工的安全检查表。

三、学习内容

（1）隧道各部（包括竖井、斜井、横洞及平行导洞）开挖后，除围岩完整坚硬、设计文件中规定不需支护者外，都必须根据围岩情况、施工方法选用有效的支护，如图 6-2 所示。

（2）施工期间，现场施工负责人应会同有关人员对支护各部定期进行检查。在不良地质地段每班应设专人随时检查。当发现支护变异或损坏时，应立即整修加固；变异或损坏情况严重时，应先将施工人员撤离现场，再行加固。

图 6-2　齐岳山隧道作支护处理

(3)洞口地段和洞内水平坑道与辅助坑道(横洞、平行导坑等)的连接处,应加强支护或及早进行永久衬砌。洞口地段的支撑应向洞外多架 5~8m 明厢,并在其顶部压土以稳定反撑,待洞口建筑全部完工后方可拆除。

(4)洞内支护,应随挖随支护,支护至开挖面的距离一般不得超过 4m。如遇石质破碎、风化严重和土质隧道时,应尽量缩短支护至工作面的距离。施工短期停工时,应将支撑直抵工作面;

(5)不得将支撑立柱置于废渣或活动的石头上。软弱围岩地段的立柱应加设垫板或垫梁,并加木楔塞紧。

(6)开挖漏斗孔应加强支护,并加设盖板。供人上下孔道应设置牢固的扶梯。

(7)采用木支撑时,应选用松、柏、杉等坚硬且富有弹性的木材,其梁、柱的梢径不得小于20cm;跨度大于 4m 时,不得小于 25cm。其他连接杆件梢径不得小于 15cm,木板厚度不小于 5cm。木支撑应采用简单、直立、易于拆、立的框架结构,并应保证坑道的运输净空。

(8)安装钢支架,应遵守有关起重和高处作业等安全规则,选用适宜的小型机具进行吊装。

(9)喷锚支护宜采用光面爆破,危石应清除,脚手架应牢固可靠,喷射手应配戴必要的防护用品,机械各部应完好正常,压力应保持在 0.2MPa 左右。注浆管喷嘴严禁对人放置。

(10)当发现已喷锚区段的围岩有较大变形或锚杆失效时,应立即在该区段增设加强锚杆,其长度不小于原锚杆长度的 1.5 倍。如喷锚后发现围岩突变或围岩变形量超过设计允许值时,宜用钢支架支护。

(11)当发现测量数据有不正常变化或突变,洞内或地表位移值大于允许位移值,洞内或地面出现裂缝以及喷层出现异常裂缝时,均应视为危险信号,必须立即通知和组织作业人员撤离现场,待制定处理措施后才能继续施工。

思考题

如何进行支护施工安全检查?

第三节 隧道衬砌工程施工安全

一、学习目标

了解隧道衬砌工程施工的内容,熟悉隧道衬砌工程施工安全要求,能进行隧道衬砌工程施工的安全检查。

二、资料准备

(1)查阅隧道衬砌工程施工的内容。
(2)查找衬砌施工的相关事故案例。
(3)用 Word 文档设计制作一份隧道衬砌工程施工的安全检查表。

三、学习内容

1. 衬砌施工安全控制

衬砌施工如图6-3所示。

(1)随着隧道各部开挖工作的前进,应及时进行衬砌或压浆,特别是洞门建筑的衬砌必须尽早施工,地质不良地段的洞口必须先完成。

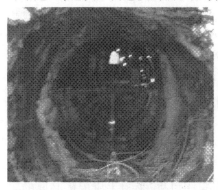

图6-3 衬砌施工图

(2)衬砌使用的脚手架、工作平台、跳板、梯子等应安装牢固,不得有露头的钉子和突出的尖角。靠近通道的一侧应有足够的净空,以保证车辆、行人的安全通过。

(3)脚手架及工作平台上的铺板,应钉铺严密。木板之端头,必须搭于支点上。高于2m的工作平台上应设置不低于1.2m的双道护身栏杆。跳板应设防滑条。

(4)脚手架及工作平台上所站人数及堆置的建筑材料,不得超过其计算载重量。

(5)在2m以上高处作业时,应符合国家高处作业的有关规定。

(6)在洞内作业地段倾倒衬砌材料时,人员和车辆不得穿行。

(7)机械转动部分应设有防护罩。使用电动机必须有接地装置。移动和修理机器及管线路时,应先停电,并切断电源、风源。

(8)安装、拆除模板、拱架时,工作地段应有专人监护。拆下的模板不得堆放在通道上。

(9)拆除灌筑混凝土模板内支撑时,应随拆随灌。

当岩层破碎、压力过大地段的支撑不能拆出时,拱圈部分应用预制混凝土柱代替木杆予以拆换。

(10)衬砌用的石料及砌块,应采用车辆运送。装卸车或安装砌块时,宜使用小型机械提升。当砌筑高度在1.5m以下时,允许使用跳板抬运,但跳板应架到与隧道平行的位置。

(11)用石料砌筑边墙时,应间歇进行。当砌筑高度至2~3m时,应停止4h后,方能继续砌筑。若墙后超挖过大,回填层应逐层用干(浆)砌料填塞,以免坍塌。

(12)压浆机在使用前应进行检查并试运转,管路连接要完好,压力要正常。操纵压浆喷嘴人员应配戴护目镜及胶皮手套。喷浆嘴应用支架支撑牢固,压浆时,掌握喷嘴的人员必须注意喷嘴的脱落,并设法躲避。拔取时必须在撤除压力后进行。检修和清洗时,应在停止运转、切断电路、关闭风门后,方准进行。

(13)采用模板台车进行全断面衬砌时,台车距开挖面的距离不得小于260m,台车下的净空应能保证运输车辆顺利通行。混凝土灌筑时,必须两侧对称进行。台车上不得堆放料具,工作台应满铺底板,并设安全栏杆。拆除混凝土输送软管时,必须停止混凝土泵的运转。

工作告一段落后,应及时切断动力电源,以防漏电、触电。

(14)严禁在洞内熬制沥青。在洞外熬制时,应远离人员和房屋集中点。

? 思考题

衬砌施工过程应注意哪些危险环节?

第四节　隧道竖井与斜井施工安全

一、学习目标

了解隧道竖井与斜井施工的内容,熟悉隧道竖井与斜井施工安全要求,能进行隧道竖井与斜井施工的安全检查。

二、资料准备

(1)查阅隧道竖井与斜井施工的内容。
(2)查找竖井与斜井施工的相关事故案例。
(3)用 Word 文档设计制作一份隧道竖井与斜井施工的安全检查表。

三、学习内容

1. 竖井与斜井施工安全控制

(1)竖井与斜井的井口附近,应在施工前做好修整,周围应修好排水沟、截水沟,防止地面水侵入井中,发生坍塌。竖井井口平台,应比地面至少高出 0.5m,井口应有严密的井盖。只有当吊笼罐升降时,才准许打开井盖。

(2)装配起爆药卷,应在距井口 50m 以外的加工房内进行。起爆药卷应由爆破工携送下井,除起爆药卷外,不得携带其他炸药。

(3)每次爆破之后均应有专人清除危石和掉落在井圈上的石渣,并应修整被打坏的支撑。待清修完毕后,才准进行正常工作。

(4)当工作面附近或井筒未衬砌部分发现有落石,支撑发响或大量涌水时,工作面施工人员应立即循安全梯或使用提升设备撤出井外,并报告处理,如图 6-4 所示。

(5)在吊盘上工作人员的工具,应妥善地放在工具袋内,使用时应牢固地拴在身上或其他固定固定物上,不得将不使用的零星工具放置在附近的支撑上。

(6)在井口明显部位应设置醒目的安全标志及有关施工技术安全规则,井口及井底并应悬挂有关信号的规定。

图 6-4　竖井处理涌水

(7)竖井提升作业中,必须做到:

①井口应设防雨设施,接罐地点应设置牢固的活动栅门,由专人掌管启闭。接罐人员均应佩带安全带,上下井的人员应服从接罐人员的指挥。通向井口的轨道应设阻车器。

②施工期间采用吊桶升降人员与物料时,应做到:

a.吊桶必须沿钢丝绳轨道升降,保证吊桶不碰撞岩壁。在施工初期尚未设罐道时,吊桶升降距离不得超过 40m。施工时吊盘下面不装罐道的部分也不得超过 40m。

b.运送人员的速度不得超过5m/s,无稳绳地段不得超过1m/s。运送石渣及其他材料时不得超过8m/s,无稳绳地段不得超过2m/s。运送爆破器材时,不得超过1m/s。

　　c.提升钢丝绳应用钩头与吊桶连接牢固,保证在升降时不致脱钩。

　　d.吊桶上方必须设置保护伞。

　　e.不得在吊桶边缘上坐立,乘坐人员的身体任何部位不得超出桶沿。

　　f.用自动翻转式吊桶升降人员时,必须有防止吊桶翻转的安全装置。严禁用底开式吊桶升降人员。

　　g.吊桶提升到地面时,人员必须从地面出车平台进出吊桶,并应在吊桶停稳和井盖门关闭以后进出吊桶,双吊桶提升时,井盖门不得同时打开。

　　h.装有物料的吊桶不得乘人。

　　i.吊桶载重量应有规定,不得超载。

　　③施工期间采用罐笼升降人员与物料时,应做到:

　　a.灌顶应设置可以打开的铁盖或铁门。

　　b.罐底必须满铺钢板,并不得有孔。如果罐底下面有阻车器的连接杆装置时,必须设牢固的检查门。

　　c.两侧用钢板挡严,内装扶手,靠近罐道部分不得装带孔钢板。

　　d.进出口两头必须装设罐门或罐门帘,高度不得小于1.2m,罐门或罐帘下部距罐底距离不得超过0.25m。罐帘横杆的间距不得大于0.2m,罐门不得向外开。

　　e.进出装渣车的罐笼内必须装有阻车器。

　　f.载人的罐笼净空高度不得小于1.8m,罐笼内每人应有0.18m² 的有效面积,罐笼的一次容纳人数和最大载重量应明确规定,并在井口公布。

　　g.提渣、升降人员和下放物料的速度不得超过3m/s,加速度不得超过0.25m/s。

　　h.罐笼、钢丝绳、卷扬机各部及其连接处,必须设专人检查,如发现钢丝绳有损,罐道和罐耳间磨损度超过规定等,必须立即更换。

　　i.升降人员与物料的单绳提升罐笼必须设置可靠的防坠器,建井期间使用无防坠器的临时罐笼升降人员时,必须有安全措施。

　　j.罐笼升降作业时,下面不得停留人员。

　　④检修井筒或处理事故的人员,如果需要站在罐笼或箕斗顶上工作时,必须做到:

　　a.罐笼或箕斗顶上,必须装设保护伞和栏杆。

　　b.佩带保险绳。

　　c.提升容器的速度一般为0.3~0.5m/s,最大不得超过2m/s。

　　⑤每一提升装置,必须装有从井底接罐员给井口接罐员和井口接罐员发给卷扬机驾驶员的信号装置,井口信号装置必须同卷扬机的控制回路闭锁。只有井口接罐员发出信号后,卷扬机才能起动,除常用的信号装置外,还必须有备用信号装置。井底车场和井口之间、井口和卷扬机之间,除上述信号装置外,还必须装设直通电话或对讲机。

　　⑥一套提升装置供给几个洞室使用时,各洞室都必须设有信号装置和闭锁,所发出的信号必须有区别。

　　⑦井底车场的信号必须经由井口接耀员发出,井底车场不得直接向卷扬机发信号。只有在发送紧急停车信号时,才可直接向卷扬机驾驶员发出信号。

　　(8)斜井运输(图6-5)中,必须做到:

①斜井的牵引运输速度不得超过3.5m/s。接近洞口与井底时,不得超过2m/s。升降加速度不得超过0.5m/s²。

②斜井的垂直深度超过50m时应配备运送人员的车辆,使用时应做到:

a.运送人员的车辆必须有顶盖,车辆上必须装有可靠的防坠器,当断绳时能自动起作用,同时也能用手操纵。

b.运送人员的列车必须设车长跟随,车长坐在行车前方的第一辆车第一排座位上。手动放溜装置也必须在车长座位处。

图6-5　斜井运输图片

c.每班运送人员前,必须检查车辆的连接装置、保险链及防坠器,运送人员前,先放一次空车,检查斜井和轨道的安全状况。

d.乘人车辆不得超过定员,乘员及携带的工具不得超出车厢。

③斜井口必须设置挡车器,并设专人管理。挡车器必须经常处于关闭状态,放车时,方可打开。车辆在井内行驶或停留期间,井内严禁人员通行和作业。

④斜井长度超过100m时,应在井口下20m和接近井底60m左右设置第二道挡车器。

⑤井口、井下及卷扬机间应有联系信号。提升、下放与停留应各有明确的色灯和音响等信号规定。

⑥主、副井应设专职信号员,负责接发车工作。卷扬机驾驶员未得到井口信号员发出的信号,不得开动。

⑦运送人员的车辆中必须装有向卷扬机驾驶员发送紧急信号的装置。

⑧斜井底停车场,应设避车洞。斜井底附近的固定机械电器设备与操作人员,均应设置在专用洞室内。

⑨车辆连挂提升时,应有可靠的连接装置和断绳保险器,挂钩均应加保险拴。

⑩车与车之间应增加连接保险钢丝绳,提升钢丝绳应有地滚承托。

(9)对钢丝绳和提升装置的安全要求:

①提升用的钢丝绳必须每天检查一次,每隔6个月试验一次。其安全系数规定为:升降人员的安全系数必须大于7,升降物料的安全系数必须大于6。其断丝面积与钢丝绳总面积之比,升降物料的必须小于10%,升降人员用的不得有断丝。钢丝绳直径减小百分数:提升及制动钢丝绳不得大于10%,其他钢丝绳不得大于15%。超过上述规定时,必须更换。

②钢丝绳的钢丝有变黑、锈皮、点蚀麻坑形成沟纹,外层钢丝绳松动时,必须更换。

③有接头的钢丝绳只允许在水平坑道和30°以下的斜井中运输物料使用。

④提升装置必须设下列保险装置:

a.防止过卷装置,当提升容器超过正常终端停止位置0.5m时,必须能自动断电,并能使保险闸起作用。

b.防止过速装置,当提升容器超过最大速度15%时,必须能自动断电,并能使保险闸起作用。

c.过负荷和欠电压保护装置。

d.当最大提升速度超过3m/s,必须安装速度限制器,保证提升容器到达终端停止位置前的速度不超过2m/s。如速度限制器为凸轮板时,其旋转角不应小于270°。

e.防止闸瓦过渡磨损时的报警和自动断电的保护装置。

f.缠绕式提升装置,必须设松绳保护并接入安全回路。

g.使用箕斗提升时,必须采用定量控制。井口渣台应装设满仓信号,渣仓装满时,能报警或自动断电。

⑤提升卷扬机必须装设深度指示器、开始减速时能自动示警的警铃及驾驶员不需离座即能操纵的常用闸和保险闸。

⑥常用闸和保险闸共同使用一套闸瓦时,操纵部分必须分开。双滚筒提升卷扬机的两套闸瓦的传动装置必须分开。

⑦驾驶员不准离开工作岗位,也不能擅自调节制动闸。

⑧升降人员前,应先开一次空车,以检查卷扬机的动作情况。但连续运转时,可不受此限。

⑨主要提升装置必须配有正、副驾驶员,在交、接班人员上下井的时间内,必须由正驾驶员开车,副驾驶员在旁监护。

? 思考题

竖井与斜井施工过程要采取哪些安全措施?

第五节 隧道施工作业环境安全

一、学习目标

通过学习,了解隧道施工作业环境的安全要求,能进行隧道施工作业环境的安全检查。

二、资料准备

(1)查阅隧道施工作业环境布置的内容及安全规定。

(2)查找隧道施工作业环境不良引起的相关事故案例。

(3)用 Word 文档设计制作一份隧道施工作业环境的安全检查表。

三、学习内容

1.隧道作业的空气环境标准和有关通风及防尘要求

(1)隧道作业的空气环境标准:

①粉尘允许浓度,每立方米空气中,含有 10% 以上游离二氧化硅的粉尘必须在 2mg 以下。

②氧气不得低于 20%(按体积计,下同)。

③瓦斯(沼气)或二氧化碳不得超过 0.5%。

④一氧化碳浓度不得超过 $30mg/m^3$。

⑤氮氧化物(换算成二氧化氮)浓度应在 $5mg/m^3$ 以下。

⑥二氧化硫浓度不得超过 $15mg/m^3$。

⑦硫化氢浓度不得超过 $10mg/m^3$。

⑧氨的浓度不得超过 $30mg/m^3$。

⑨隧道内的气温不宜超过 28℃。

(2)隧道作业中的有关通风及防尘要求：

①隧道内空气成分每月应至少取样分析一次，风速、含尘量每月至少检测一次。

②隧道施工时的通风（图6-6），应设专人管理。应保证每人每分钟得到1.5~3m³的新鲜空气。

③无论通风机运转与否，严禁人员在风管的进出口附近停留，通风机停止运转时，任何人员不得靠近通风软管行走和在软管旁停留，不得将任何物品放在通风管或管口上。

④施工时宜采用湿式凿岩机钻孔，用水炮泥进行水封爆破以及湿喷混凝土喷射等有利于减少粉尘浓度的施工工艺。

图6-6　隧道通风示意图

⑤在凿岩和装渣工作面上应做好防尘工作。放炮前后应进行喷雾与洒水。出渣前应用水淋透渣堆和喷湿岩壁。在吹入式的出风口，宜放置喷雾器。

⑥防尘用水的固体质含量不应超过50mg/L，大肠杆菌不得超过3个/L。水池应保持清洁，并有沉淀或过滤设施。

2. 隧道施工中有关照明、排水及防火的规定和要求

(1)有关照明的规定和要求：

①隧道内的照明灯光应保证亮度充足、均匀，不闪烁。隧道施工应使用独立的供电线路，在设有斜井、竖井的隧道施工中应有两路电源供电，当一路电源停电时，另一路电源应保证全部负荷的供电。照明灯的高度、功率，应根据开挖断面的大小、施工工作面的位置选用，可参照表6-1。

各工作面照明度选用表　　　　　表6-1

编号	工作面名称	灯头间距(m)	悬挂高度(m)	灯泡功率(W)
1	隧道断面在30m²以下	8	4	60
2	隧道断面在70m²以下	6	4~6	60
3	导洞断面在10m²以下	6	—	60
4	导洞断面在15m²以下	4	2~3	60
5	正洞附近工作面	2~3	4~5	60
6	井下车场	2~3	3~5	60
7	竖井内	3	—	60
8	运输巷道	6~10	4~6	40~60
9	水平导坑工作面	每m²工作面15W		
10	垂直和斜坑道工作面	每m²工作面20W		
11	洞内装卸场地	每m²工作面15W		

②隧道内用电线路，均应使用防潮绝缘导线，并按规定的高度用瓷瓶悬挂牢固。不得将电线挂在铁钉和其他铁杆上，或捆扎在一起。开关外应加木箱盖，采用封闭式熔断器。如使用电缆亦应牢固地悬挂在高处，不得放在地上。

③隧道内各部照明电压应为：

a. 开挖、支撑及衬砌作业地段为12~36V；

b. 成洞地段为110~220V；

c. 手提作业灯为12~36V。

④隧道内的用电线路和照明设备必须设专人负责检修管理,检修电路与照明设备时应切断电源。

⑤在潮湿及漏水隧道中的电灯应使用防水灯口。

(2)有关排水的规定和要求:

①在有地下水排出的隧道,必须挖凿排水沟。当下坡开挖时应根据涌水量的大小,设置大于20%涌水量的抽水机具予以排出。抽水机械的安装地点应在导坑的一侧或另开偏洞安装,并用栅栏与隧道隔离。

②抽水机械宜采用电力机械,不得在隧道内使用内燃抽水机。抽水机械应有一定的备用台数。

③隧道开挖中如预计要穿过涌水地层,宜采用超前钻孔探水,查清含水层厚度、岩性、水量、水压等,为防治涌水提供依据。

④如发现工作面有大量涌水时,应即令工人停止工作,撤至安全地点。

(3)有关防火的规定和要求:

①各洞、井口施工区,洞内机电硐室、料库、皮带运输机等处均应设置有效而数量足够的消防器材,并设明显标志,定期检查、补充和更换,不得挪作他用。

②洞口20m范围内的杂草必须清除。火源应距洞口至少30m以外。库房20m范围内严禁烟火。洞内严禁明火作业与取暖。

③洞内及各硐室不得存放汽油、煤油、变压器油和其他易燃物品。清洗风动工具应在专用硐室内,并设置向外开的防火门。

3. 瓦斯防治

(1)隧道施工发现瓦斯时,应加强通风,采取防范措施,当隧道内的瓦斯浓度经通风后,仍超过0.5%时,必须遵守以下各条的规定。

(2)瓦斯防治主要是消除瓦斯超限和积存,断绝一切可能引燃瓦斯爆炸的火源。

(3)隧道内严禁使用油灯、电石灯、汽灯等有火焰的灯火照明。任何人员进入隧道必须接受检查,严禁将火柴、打火机及其他可自燃的物品带入洞内。

(4)电灯照明必须做到:

①电压不得超过110V;

②输电线路必须使用密闭电缆;

③灯头、开关、灯泡等照明器材必须采用防爆型,开关必须设置在送风道或洞口。

(5)矿灯照明必须做到:

①每个洞口常备的完好矿灯总数,应大于经常用灯总人数的10%。

②矿灯均需编号,常用矿灯的人员应固定灯号。

③矿灯如有电池漏液、亮度不足、电线破损、灯锁不良、灯头密封不严、灯头圈松动、玻璃和胶壳破裂等情况,严禁发出。发出的矿灯,最低限度应能连续正常使用11h。

④使用矿灯的人员决不能拆开敲打和撞击矿灯。出洞或下班时,应立即将矿灯交回灯房。

(6)掘进工作面风流中的瓦斯浓度达到1%时,必须停止电钻打眼。达到1.5%时,必须停止工作,撤出人员,切断电源,进行处理。放炮地点附近20m以内风流中瓦斯浓度达到1%时,严禁装药放炮。电动机附近20m以内风流中的瓦斯浓度达到1.5%时,必须切断电源停止运行。掘进工作面的局部瓦斯积聚浓度达到2%时,其附近20m内必须停止工作,切断电源。

(7)因超过瓦斯浓度规定而切断电源的电气设备,必须在瓦斯浓度降低到1%以下时方可开动。使用瓦斯自动检测报警断电装置的掘进工作面只准人工复电。

(8)隧道爆破作业时,必须遵守:
①严禁用火花起爆和裸露爆破。
②爆破时,宜使用瞬发电雷管,若采用毫秒雷管时,其总的延期时间不得超过130ms。严禁使用秒或半秒延期雷管。
③使用煤矿安全炸药。
④短隧道放炮时,所有人员必须撤出隧道洞外。长隧道单线应撤出300m以外,双车道上半断面开挖撤至400m以外,双车道全断面开挖应撤至500m以外。
(9)瓦斯隧道中的机具,如电瓶车、通风机、电话机、放炮器等,必须采用防爆型。
(10)必须严格采用湿式凿岩,洞内使用的金属锤头必须镶有不产生火花的合金。装碴使用的金属器械,不得猛力于石碴碰击,铲装前必须将石碴浇湿。
(11)洞内装设及检修各种电气设备时,必须先切断电源。电缆互接或分路时,必须在洞外进行锡焊和绝缘包扎并热补。严禁在洞内电缆上临时接装电灯或其他设备。电缆在洞内接头时,应在特制的防爆接线盒内或有防爆接线盒的电气设备内进行连接。
(12)有瓦斯的隧道,每个洞口必须设专职瓦斯检查员。一般情况下每小时检查一次,并将结果记入记录簿。检测瓦斯的检定器应每季度校对一次。
(13)通风必须采用吹入式。通风主机应有一台备用机,并应有两路电源供电。通风机停止时,洞内全体人员必须撤至洞外。
(14)隧道内严禁一切可以导致高温与发生火花的作业。

 知识链接:高温季节施工安全

①高温季节施工,应按照劳动保护规定做好防暑降温措施。适当调整作息时间,尽量避开高温时间,供应防暑的劳动保护用品、冷饮、药品,有条件的宜搭设凉棚。
②对防暑的重点部位(由于中暑可能导致二次严重伤害的作业部位),如高处作业、箱梁内作业、起重作业、摊铺沥青混凝土作业等,应采取轮流作业、经常降温、专人监护等切实可行、有效的办法防止中暑。

(15)隧道施工时必须配备必要的急救和抢救的设备和人员。施工人员必须具有防止瓦斯爆炸方面的安全知识。

思考题

1. 隧道施工作业的环境有哪些标准要求?
2. 隧道施工过程应采取哪些通风及防尘措施?
3. 隧道施工中的照明、排水及防火有哪些安全规定?
4. 隧道施工作业应采取哪些防治瓦斯的措施?

第七章　公路施工现场事故急救

在公路施工现场存在着大量的危险源,随时都有发生事故的可能,而这些事故的发生则会导致大量的人员的伤亡。在传统的情况下,通常都是等待专业救护人员的到来。而我们知道公路施工现场很多都远离市区,等到专业救护人员到来时,就会错过最佳的救助时间。因此,对公路施工过程中发生意外伤害的病人实施初步急救,以等待专业救护人员的到来,对于减轻受伤者的疼痛和降低死亡的危险等都有着重大的意义,这也正是当前国际红十字会极力推行的"救护新概念"的核心思想。

道路施工现场常见意外伤害:
(1)交通事故;
(2)外伤;
(3)中暑;
(4)蛇咬伤;
(5)触电;
(6)淹溺。

案例导学7

在某高速公路施工现场发生桥梁坍塌事故,作为现场的安全管理人员,你在3分钟内到达了现场。现场有1名工人因为窒息而发生心跳停搏、呼吸停止,1名工人钢筋刺伤左腿大腿但还没有刺到动脉并有少量出血,1名工人颈部受伤,2名工人逃离及时前臂擦伤。在专业救护人员没有到达之前,你应该如何组织开展救护?

第一节　心肺复苏——CPR

一、学习目标

通过学习,熟悉施工现场人员心跳骤停、心脏停搏的主要原因,能进行现场心肺复苏的操作。

二、资料准备

(1)查阅关于生命系统构成和生命原理的相关资料。
(2)准备一份心肺复苏流程图。
(3)熟悉心肺复苏模拟的组成及应用。
(4)心肺复苏模拟人。

三、学习内容

在公路施工现场,由于受到意外伤害或个人身体健康因素的作用,经常有心脏、呼吸骤停的情况发生。心肺复苏就是一个挽救呼吸和心跳骤停者生命的非常有效的手段之一。心肺复苏术(cardiopulmomary resuscitation,简称 CPR),是指当任何原因引起的呼吸和心跳骤停时,在体外所实施的基本急救操作和措施,其目的是保护脑和心脏等重要脏器,并尽快恢复自主呼吸和循环功能。心脏呼吸骤停是临床最危险的情况,心肺复苏术是对此所采取的最初急救措施。心搏骤停常见原因如图 7-1 所示。

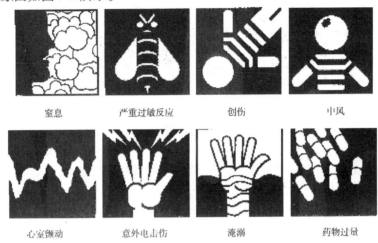

图 7-1 心搏骤停常见原因

1. 复苏时间的重要性

(1)心、脑、肾等重要组织器官随着缺血、缺氧的时间延伸迅速出现不可逆损害。

(2)心跳停止 4~6 分钟,脑细胞损害已不可逆转。抢救越早,复苏成功率越高。

(3)心脏骤停 4 分钟内进行复苏可能有 50% 救活;4~6 分钟内,10% 救活;超过 6 分钟,存活率仅 4%;10 分钟以上存活可能性更低。

2. 心搏呼吸骤停时的表现

(1)意识突然丧失,昏迷(多在心搏骤停 10~20s 内出现),面色苍白或转为紫绀;

(2)颈动脉搏动消失,心音消失(立即出现);

(3)血压测不出(立即出现);

(4)呼吸骤停或呼吸开始抽泣样渐缓慢继而停止(立即或延至 60s 后停止);

(5)瞳孔散大(30~40s)后出现;

(6)四肢抽搐(40s 出现或始终不出现);

(7)大小便失禁(60s 后出现)。

3. CPR 的步骤

(1)判断是否意识、呼吸骤停和畅通呼吸道

①判断患者有无意识。轻拍其肩膀和高声呼唤,若无反应,用手指甲掐压人中穴、合谷穴。

②呼救。呼喊更多人帮忙,目击者在现场呼救,打 120。

③将患者放置适当体位。正确抢救体位是,仰卧位,仰卧于硬平面上。

④畅通呼吸道(图 7-2)。

⑤判断呼吸。

⑥尽快清除患者口腔呼吸道内异物。

⑦使用负压吸引器。

⑧意识障碍的患者舌和会厌后坠而堵塞咽部。
⑨开放气道以保持呼吸道通畅。

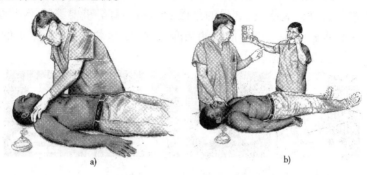

图 7-2 畅通呼吸道

(2) 开放气道

开放气道是进行人工呼吸前的首要步骤,要在 3~5 秒内完成。

①仰头举颏法(图 7-3)。抢救者将一手掌小鱼际置于患者前额,下压使其头后仰,另一手的食指和中指置于靠近颏部的下颌骨的下方,将颏部向前抬起,帮助头部后仰,必要时拇指可轻牵下唇,使口微微张开。(无颈外伤者采用)

②双手抬颌法(图 7-4)。抢救者用双手从两侧抓紧患者的双下颌并抬起,使头后仰下颌骨前移(颈外伤只能采用此法)。

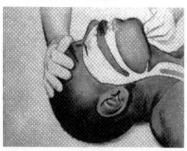
图 7-3 仰头举颏法

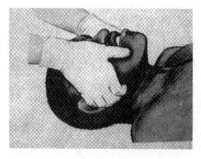
图 7-4 双手抬颌法

(3) 判断呼吸

①视。是否有胸廓起伏。
②听。是否有气流声音。
③感觉。用面部感觉是否有气流。
④观察 5 秒左右。

(4) 人工呼吸

救助者用力吹气,将气体吹入气道,以维持肺泡通气和氧合作用,减轻机体缺氧和二氧化碳潴留。

①连续吹 2 次,每次 1 秒。
②频率为 8 次~10 次/分(6~8 秒通气一次)。
③每按压 30 次后,吹气 2 次,即 30:2(双、单人操作)。
④成人潮气量为 800~1000mL

人工呼吸方法是:

①在呼吸道通畅和患者口张开的位置下进行;
②用按于前额的手的拇指和食指,捏闭患者的鼻孔(捏紧鼻翼下端);
③深吸一口气后,张开口贴紧患者的嘴(要把患者的口部完全包住);
④用力向患者口内吹气(要求快而深)直至胸部上抬;
⑤一次吹气完毕,即与患者口部脱离,抬起头,眼视患者胸部,吸入新鲜空气,作下一次人工呼吸。同时放松捏鼻的手,患者从鼻呼气,气流从鼻孔排出。

抢救开始后首先吹气两口,以扩张萎陷的肺脏,并检验开放气道的效果。

口对口人工呼吸(图7-5)的注意点:
①口对口呼吸时先垫上一层薄的织物或专用面罩;
②每次吹气不要过大,大于1200ml可造成胃大量充气;
③吹气时暂停按压胸部;
④有心跳,无呼吸(10~12次/分);
⑤口对口呼吸前,应先查明口腔中有无血液、呕吐物或其他分泌物,若有应先尽量清除。

(5)胸外心脏按压
①按压部位(图7-6)。先找到肋弓下缘,沿肋弓下缘向上摸至肋缘与胸骨连接处的切迹,以一手中指、食指放于切迹上,将另一手以掌根部紧贴食指上方,取下定位之手,将掌根重叠于另一手上,手指脱离胸壁,两手手指交叉抬起。

图7-5 人口呼吸

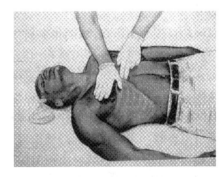
图7-6 胸外心脏按压

②操作姿势。双臂绷直,双肩在患者胸骨上方正中,垂直向下用力按压,利用髋关节为支点,以肩、臂部力量向下按压。
③按压用力方式。平稳、有规律、不间断。
④按压深度。4~5cm。
⑤按压频率。100次/分。
⑥5个周期CPR更换按压者,5秒钟内完成轮换。

胸外按压的注意点:
①按压应平稳、有规律、不间断;
②不能冲击式的猛压,下压及向上放松的时间大致相同,或放松时间稍长于按压时间;
③垂直用力向下,不要左右摆动;
④放松时定位的手掌根部不要离开定位点,但尽量放松使胸骨不受任何压力;
⑤按压时随时注意有无胸骨或肋骨骨折。

第二节 止 血

一、学习目标

通过学习,掌握止血的主要用物和方法,能进行一般情况下的止血。

二、资料准备

(1)查阅资料,熟悉绷带、三角巾、止血带等止血用物的规格和简单使用。
(2)一定数量的绷带、三角巾、止血带。

三、学习内容

在公路施工过程中,意外伤害时有发生,尤以外伤多见,外伤时可有皮肤损伤、大血管及神经损伤、骨折以及重要脏器的损伤等。在意外伤害发生后,及时有效地利用现有资源对伤员进行正确的初步处理,是提高抢救成功率,防止继发损伤、减少并发症的重要手段。常用的外伤救护技术有止血、包扎、固定、搬运等,是急救人员必须掌握的基本技术。

(一)目的

防止伤口继续出血而引起失血性休克。

(二)适应症

有出血的伤口均需止血,有效的止血对于外伤大出血者尤为重要。

根据出血部位不同可分为外出血和内出血,外出血见于身体各部位的开放性损伤,无论伤口大小均可在伤口处看到出血情况,要注意创口小创腔大而深的伤口,出血可积于创腔内,头皮裂伤虽然伤口小,但出血多而猛。内出血多见于闭合性损伤,体表一般不能直接看到出血,可从病人血压、脉搏、局部血肿隆起、咯血、呕血、便血等情况进行评估。

根据伤口出血时的表现可分为动脉出血、静脉出血和毛细血管出血。动脉出血时血色鲜红,压力高、速度快,呈喷射状;静脉出血时血色暗红,速度相对较缓,呈持续涌出状;毛细血管出血时血色较红,出血点小而多,血液自创口渐渐渗出。

本节所阐述的止血法主要适用于外出血的处理。如毛细血管和静脉出血可采用加压包扎止血法;较大血管或动脉性出血时可先采用指压,必要时应用止血带止血,尽早改用钳夹、结扎、血管修补等手术止血处理方法。

(三)用物准备

止血时应根据具体情况选择应用适当的材料。常用的止血用物有敷料、绷带、充气止血带、橡皮止血带、布带、止血钳等,情况紧急时可用干净的衣物、毛巾、布料等替代。

(四)常用止血方法

1.加压包扎止血法

加压包扎止血法是伤口出血的首选止血方法,适用于伤口较小、小动脉,中、小静脉或毛细血管出血。先用生理盐水冲洗后消毒或用消毒液涂擦创口周围皮肤,再将无菌敷料覆盖在伤口上,用绷带、三角巾或布带加适当压力包紧,松紧度以能达到止血为宜。出血较多时,可将手掌放在敷料上均匀加压,大多20min后可止血。伤口内有异物、碎骨片时不能使用此法,同时应注意三角巾及绷带的结不能打在伤口上。

2. 指压止血法

指压止血法是在中等或较大动脉出血时的紧急止血法,适用于动脉位置表浅并且靠近骨骼处的出血。用手指(常用大拇指)、手掌或拳头压迫伤口近心端的动脉,将动脉压向深部的骨骼上,血液流动受阻,起到临时止血的目的。注意定位应准确,用力须适当。

(1)头顶部出血。用拇指或食指压迫出血同侧耳屏前方颧弓根部的颞浅动脉搏动点止血(图7-7)。同时可在伤处加敷料进行直接压迫。

(2)面部出血。用拇指或食指压迫出血同侧下颌骨下缘、咬肌前缘的面动脉搏动点(下颌角前方1.2cm凹陷处)止血(图7-8)。

(3)头面颈部出血。用拇指或其他4指压迫同侧气管外侧与胸锁乳突肌前缘中点之间(相当于甲状软骨平面)的颈总动脉搏动强点,用力向后将颈总动脉压向第6颈椎横突上,以达到止血的目的(图7-9)。

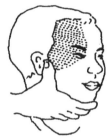 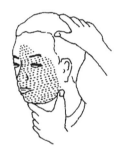 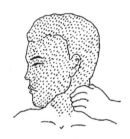

图7-7 颞浅动脉指压止血法　　图7-8 面动脉指压止血法　　图7-9 颈总动脉指压止血法

颈内动脉是颈总动脉的分支,是脑的重要供血动脉,因此对颈总动脉的压迫止血应慎重,特别要注意绝对禁止同时压迫双侧颈总动脉。

(4)头后部出血。用拇指压迫同侧耳后乳突下稍往后的枕动脉搏动点止血。

(5)肩部、腋部、上臂上部出血。用拇指或拳头压迫同侧锁骨上窝中部的锁骨下动脉搏动点,并将动脉压向第1肋骨(图7-10)。

(6)上肢前臂出血。用拇指和其余四指压迫肱二头肌内侧沟中部的肱动脉搏动点,将动脉向外压向肱骨(图7-11),同时用另一手将患肢上举。

(7)手部出血。用双手拇指同时压迫手腕横纹稍上处的内、外侧的尺、桡动脉搏动点止血(图7-12)。亦可用握拳法,同时压迫尺、桡动脉搏动点,以达到止血目的。

 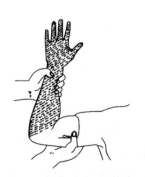 

图7-10 锁骨下动脉指压止血法　　图7-11 肱动脉指压止血法　　图7-12 桡、尺动脉指压止血法

(8)下肢出血。先将髋关节略屈曲、外展、外旋,用双手拇指或双手掌重叠用力压迫大腿根部腹股沟韧带内侧 1/3 处点稍下的股动脉强搏动点止血(图 7-13),可用于大腿、小腿、足部出血;对于小腿、足部出血者,可用双手拇指在腘窝处将腘动脉压向深部骨面;足部出血者,用双手拇指或食指压迫足背中部近脚腕处的胫前动脉搏动点以及足跟与内踝之间的胫后动脉搏动点止血(图 7-14)。

3. 止血带止血法

当四肢大动脉出血,采用加压包扎及指压止血方法不能有效控制出血时,止血带止血法可作为紧急止血措施选用。此法使用不当可造成更严重的出血或肢体缺血坏死,因此只能短时间使用。

止血带有橡皮止血带和充气止血带两种。橡皮止血带松紧度不易准确掌握,充气止血带则压迫均匀、安全,效果较好;在现场紧急状况下可用绷带、布带(称为无弹性止血带)等替代,注意不可使用绳索、金属丝等物品。使用止血带时一定要应用衬垫以保护局部软组织避免受损。

(1)无弹性止血带止血法。①勒紧止血法,用绷带或三角巾叠成带状或用手头有的布料等在伤口上部(近心端)勒紧止血,第一道绕扎为衬垫,第二道压在第一道上面,并适当勒紧。②绞紧止血法,将叠成带状的三角巾在伤口上部(近心端)绕肢体一圈,两端向前拉紧打一活结,形成第二道带圈。将硬质条状物如小木棒、笔杆、筷子等作为绞棒,插在第二道带圈内,提起绞棒绞紧后,将木棒一头插入活结套内,并把活结套拉紧固定(图 7-15)。

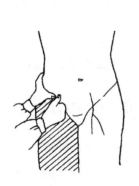 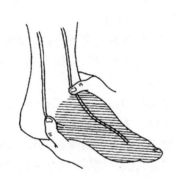 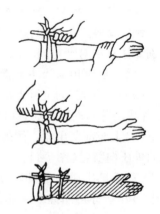

图 7-13　股动脉压迫止血法　　图 7-14　胫前、后动脉压迫止血法　　图 7-15　绞紧止血法

(2)橡皮止血带止血法。将患肢抬高或置于操作者肩部,用软布料、棉花等软织物衬垫于止血部位皮肤上(伤口上部)。左手拇指、食指和中指紧握止血带距带端 10cm 处,手背向下,右手将止血带适当拉紧拉长,绕肢体 2~3 圈,然后将带塞入左手的食指与中指之间,食中指紧夹住止血带向下牵拉,成为一个活结。注意绕圈时使橡皮带的末端压在紧缠的橡皮带下面(图 7-16)。

(3)充气止血带(图 7-17)。根据受伤肢体,选择合适宽度的充气止血带,如上肢的专用止血带的宽度约为 5cm,下肢专用止血带的宽度约为 10~15cm。将充气止血带绑在止血部位皮肤上(伤口上段肢体),充气至动脉血出血停止即可。一般止血压力为上肢 33.3~40kPa(250~300mmHg),下肢 53.4~66.6kPa(400~500mmHg)。有时亦可使用血压计袖带进行充气止血。

（4）注意事项。止血带一般在紧急情况下使用,使用不当可造成严重后果,因此在使用时须做到以下几点。

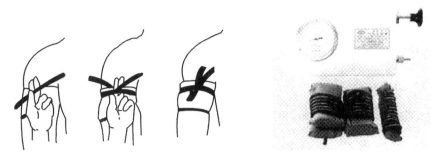

图 7-16　橡皮止血带止血法　　　　图 7-17　充气止血带

①部位。要准确,止血带离出血点不能太远,应扎在伤口的近心端,并尽量靠近伤口,以防止产生多部位的组织缺血。上臂上止血带时,宜在上三分之一处,大腿上止血带时宜在上三分之二处;前臂和小腿因有两骨,且动脉常走行于两骨之间,止血带止血效果差。

②衬垫。橡皮止血带不能直接扎在皮肤上,在止血带与皮肤之间必须加敷料或衣物作为衬垫,切忌用绳索或铁丝直接加压。如有带塑料槽板的橡皮止血带,效果更佳。

③压力。要适当,以出血停止、远端动脉搏动消失为度。充气止血带则可检测到具体的加压压力。

④标记。上止血带病人身上应有明显标记,可在病人胸前别上红色布条,以便优先处理和后送。在伤口处应同时作好标记并记上使用止血带时间及部位。

⑤松解止血带时间。上止血带总时间一般不宜超过 3 小时,每 30 分钟至 1 小时松止血带 1 次,每次松解时间为 1~2min,松解时伤口处用敷料加压或用指压止血,如松解后发现出血已停止或明显减轻,则可改用加压包扎止血法;如需重新上止血带,宜在另一稍高平面上。松止血带的时间记录在伤口处的标记上。止血带最终松解前,必须先补充血容量,做好纠正休克和止血用器材或手术准备。

4. 屈肢加垫止血法

屈肢加垫止血法在肘、膝关节远端肢体受伤出血,无上肢、下肢骨关节损伤时使用。使用前必须先确定局部有无骨关节损伤再选用。在肘窝或腘窝处垫以棉垫卷、绷带卷(或用毛巾、衣物代替)等,然后用力屈曲肘关节或膝关节,借衬垫物压住动脉,同时借助绷带、三角巾将肢体固定于屈曲位(图 7-18)。由于此法可压迫血管、神经等组织,如伤肢合并有骨关节损伤时更可能导致损伤加重,在伤员搬运时造成不便,需谨慎使用。

5. 填塞止血法

图 7-18　屈肢加垫止血法

填塞止血法一般用于大腿根、腋窝、肩部、口腔、鼻腔等处难以用一般加压包扎的较大出血,或清创时去除填塞的敷料时发生再次大出血。可将无菌敷料填入伤口内,外加大块敷料,然后再以绷带、三角巾等加压包扎,清创后填塞的敷料大多在术后 4~6 天开始慢慢取出。

6. 钳夹结扎止血法

对于能清楚地见到喷血血管断端的止血,可利用现场急救箱(包)中的止血钳、缝线等进行钳夹结扎止血。但组织损伤辨认不清者,不宜应用,否则有可能造成重要的神经血管损伤。

伤员到医院后,有活动性出血者在清创同时结扎止血。

第三节 包 扎

一、学习目标

通过学习,熟悉包扎的用物准备,能够使用卷轴绷带、三角巾等进行包扎。

二、资料准备

(1)一定数量的绷带、三角巾、纱布、敷料等用物。
(2)准备一份不同包扎方法对照表。

三、学习内容

在公路工程施工过程中,因高处坠落、扎伤、刺伤、挤压和切割等引起的外部创伤是常见的伤害。在创伤后进行有效的包扎保护,免受再次污染,止血和减轻伤员痛苦等都有着重大的意义。

(一)目的

固定敷料,防止伤口进一步损伤和污染,压迫止血,减轻疼痛。

(二)适应症

除由于伤情需要而采用暴露疗法者以外,体表各部位的伤口一般均需包扎。

(三)用物准备

(1)卷轴绷带,为较常用的包扎用物,急救时使用的多为软质纱布绷带,长度一般为6m,宽度3~10cm不等,应根据伤员伤口大小及部位选用合适的绷带。

(2)三角巾,为正方形的白布或纱布对角剪开制成,顶角(90°)处有用于打结固定的细布带(顶角系带),斜边称为底边,另两个角称为底角,使用时可将三角巾折叠成条状、燕尾状。

(3)某些特殊部位可用多头绷带或丁字带,如腹部包扎可用腹带等。

(4)无菌纱布,伤口上必须覆盖无菌敷料。在紧急状况下,如无绷带和纱布,可用洁净的毛巾、衣服、被单等代替。

(四)常用包扎方法

1.卷轴绷带基本包扎法

进行包扎时,应根据包扎部位的不同形状而选用不同的包扎方法。

(1)环形包扎法。环形包扎法是最基本、最常用的绷带包扎方法,用于包扎伤口处肢体周径相同部位的小伤口如颈、腕、胸、腹等部位,以及不同绷带包扎法的开始与结束时。将绷带作环形的重叠缠绕,下一圈完全遮盖前一圈绷带[图7-19a)],为使固定牢固,在放置绷带的始端时略斜,将斜角翻折并压在第二、三圈之间,绷带尾端用胶布固定或将绷带尾中间剪开,打结固定。

(2)蛇形包扎法。用于邻近两处伤口包扎的过渡,如由前臂迅速延伸至上臂时,或用于固定敷料及夹板。包扎时,先将绷带以环形法缠绕伤肢数圈,然后斜行上缠,各圈绷带间互不遮盖或以绷带宽度为间隔[图7-19b)]。

(3)螺旋包扎法。用于包扎上下周径基本相同的部位如躯干、大腿、上臂、手指等。先以环形包扎法缠绕伤肢数圈,然后稍微倾斜螺旋向上缠绕,每圈绷带遮盖上一圈的1/3~1/2

[(图7-19c)]。

(4)螺旋反折包扎法。用于包扎上下周径大小不等的肢体部位,如前臂、小腿等。基本方法同螺旋包扎法,但每绕一周均把绷带以一定角度向下反折,为确保美观和可靠固定,反折部位宜在相同方向,使之成一直线[图7-19d)]。注意不要在伤口上或骨隆突处进行反折。

(5)"8"字形包扎法。应用范围较广,可用于包扎直径不一致的部位如手掌或屈曲的关节如肩、肘、膝等部位。先以环形包扎法缠绕伤肢数圈,然后将绷带由下而上,再由上而下,以伤处或关节为中心,重复作"8"字形来回旋转缠绕,每圈绷带遮盖上一圈的1/3~1/2[图7-19e)]。

(6)回返包扎法。多用于包扎没有顶端的部位如头部、指端或截肢残端。如头部外伤时用绷带进行的帽式包扎就是此法[图7-19f)]。

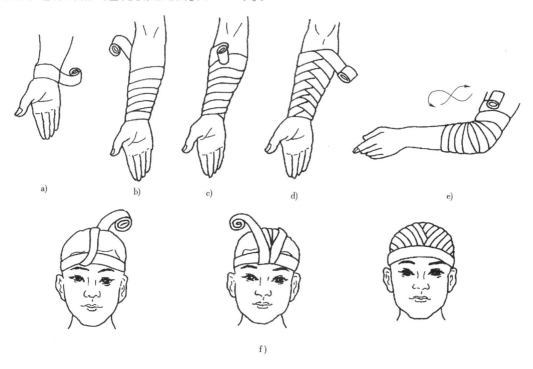

图7-19 卷轴绷带基本包扎法
a)环形包扎法;b)蛇形包扎法;c)螺旋形包扎法;d)螺旋反折包扎法;e)"8"字形包扎法;f)回返包扎法

2. 常用三角巾包扎法

三角巾的制作简单,用法容易掌握,可用于各部位损伤的包扎,应用时可根据受伤部位的情况对三角巾形状做出多种调整,如折成条带、燕尾巾或连成双燕尾巾使用。

(1)头面部包扎

①头部帽式包扎。将三角巾的底边向上翻折约3cm,其正中部置于伤员的前额,使翻折朝外与眉平齐,顶角经头顶拉向枕部,两底角经两耳上方,拉向枕后紧压顶角并交叉,然后两个底角由枕后绕回前额中央,打结固定。顶角拉紧后塞入两底角所形成的折边中(图7-20)。

②头面部风帽式包扎法。在三角巾的顶角和底边中央各打一结(两个结之间的距离,根据病人头部大小调整),顶角结放置于额前,底边结放置于枕后下方,包住头部,两底角往下拉紧并向外反折,交叉包绕下颌部,然后拉到枕后置于底边结之上,打结即成风帽状包扎(图7-21)。

③面部面具式包扎法。将三角巾顶角打一结,放置于头顶上,然后将三角内置于面部(眼睛、鼻孔及口腔处各剪一个小口),将左右两底角拉紧到枕后交叉,再绕到下颌前打结。也可将顶角结放在下颌部,底边平放于头顶并紧拉向枕后,将底边左、右角提起拉紧,交叉压住底边,两底角再绕至前额打结(图7-22)。

图7-20　头部三角巾帽式包扎法

  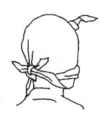

图7-21　三角巾风帽式包扎法

(2)肩、胸背部包扎

①燕尾巾单肩包扎法。将三角巾折成燕尾状,把燕尾中夹角朝上,放置于伤肩,注意向后的一角压住并稍大于向前的角,燕尾的底边包绕上臂上部并打结,两燕尾角则分别经胸、背拉紧到对侧腋下打结(图7-23)。

 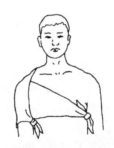 

图7-22　面部面具式包扎法　　　　　图7-23　燕尾巾单肩包扎法

②燕尾巾双肩包扎法。折三角巾时注意使两燕尾角等大,中夹角朝上对准颈部,两燕尾披在双肩上,分别经左、右肩拉到对侧腋下与燕尾底角打结。

③三角巾胸部包扎法。将三角巾底边横放在伤员胸部,约在肘弯上3cm,三角巾的中部盖在胸部的伤处,顶角越过伤侧肩部垂向背部,两端拉向背部,与顶角一起打结(图7-24)。

④燕尾巾胸部包扎法。将三角巾折成燕尾状,其底部反折一道约2~3cm的边,横放于胸部,两角向上,分别放置于两肩并拉至颈后打结,再用顶角带子绕至对侧腋下打结(图7-25)。应用三角巾、燕尾巾包扎伤员背部的方法与胸部包扎相同,只是位置相反,结打于胸部。

(3)腹、臀部包扎

①燕尾巾腹(臀)部包扎法。将折成燕尾的三角巾底边系带围腰打结,燕尾中夹角对准大腿外侧中线,前角略大于后角并压住后角,前角经会阴向后拉紧与后角打结。臀部包扎方法和腹部相同,只是位置相反,后角大于前角。

图7-24 三角巾胸部包扎法

②三角巾腹(臀)部包扎法。将三角巾顶角朝下,底边横放置于脐部,拉紧两侧底角在腰部打结,顶角则经过会阴拉到臀部上方,与两底角余头打结。

③腹部内脏脱出伤员的处理。a.放松腹肌,无下肢骨折者,将伤员双腿屈曲,使腹肌放松,防止内脏继续脱出(图7-26)。b.防止污染:脱出的内脏严禁回纳,防止加重污染。处理时可先用无菌纱布盖住脱出的脏器,再用三角巾或毛巾围成的环垫在脏器周围,然后用大小适当的碗扣住内脏,最后用三角巾包扎固定。也可以用保鲜膜覆盖在脱出的脏器上,防止污染。c.取合适卧位:包扎后取仰卧位,屈曲下肢,可在膝下垫以衣物软枕等,保持病人舒适,须注意腹部保温,防止肠管过度胀气。

  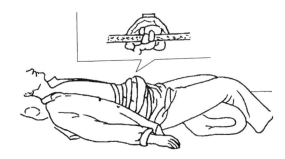

图7-25 燕尾巾胸部包扎法   图7-26 腹腔内脏脱出伤员的处理

(4)四肢包扎

①三角巾上肢包扎法。三角巾一侧底角打结后套在伤侧手上,注意打结时留较长的余头备用,另一侧底角沿手臂后侧拉紧到对侧肩上,用三角巾顶角包裹伤肢,将前臂屈曲至胸前,拉紧两底角打结(图7-27)。

②三角巾手、足包扎法。将手平放于三角巾中央,手指对着三角巾的顶角,底边位于腕部,提起顶角将其放置于手背上,拉紧两底角在手背部交叉后再绕回腕部,在掌侧或背侧打结固定(图7-28)。足部包扎法与手的相同。

③三角巾小腿及足部包扎法。将伤脚放在三角巾近底边的一侧,将较长的一侧巾腰提起,然后缠绕小腿打结,用另一侧的底角包足,绕脚腕并打结于踝关节处。

④三角巾膝、肘关节包扎法。根据伤口情况将三角巾折叠成适当的宽条带后,将其中部放在膝盖上,两端拉至膝后交叉,再由后向前并绕至膝外侧打结。

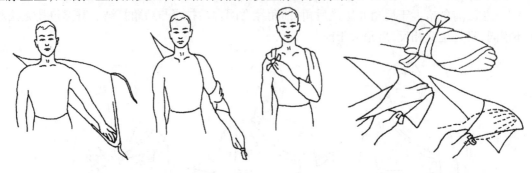

图7-27　三角巾上肢包扎法　　　　　　　图7-28　三角巾手部包扎法

(五)包扎注意事项

(1)包扎伤口时,一般须先简单清创并盖上消毒纱布,然后再用绷带、三角巾等。操作时应避免加重疼痛或导致伤口出血及污染。

(2)包扎松紧要适宜,在皮肤褶皱处如腋下、肘窝、腹股沟等,需用棉垫、纱布等作为衬垫,骨隆突处也应使用棉垫加以保护。对于受伤的肢体应予适当的扶托物加以抬高。包扎时必须保持肢体功能位置,如肘关节包扎时应保持屈肘90°。

(3)包扎时注意绷带缠绕的方向为自下而上、由左向右,自远心端向近心端包扎,有助于静脉血液回流。绷带及三角巾的结应打在肢体的外侧面,注意不要打在伤口上、骨隆突处或易于受压的部位。

(4)紧急状况或绷带已被伤口分泌物浸透干涸时,可用剪刀剪开以迅速解除绷带。

第四节　固　　定

一、学习目标

通过学习,熟悉固定的准备工作,能够进行不同情况下的固定工作。

二、资料准备

准备夹板、绷带、三角巾、敷料等用物。

三、学习内容

1. 目的

限制伤肢受伤处活动,以减轻疼痛,同时防止由于骨折断端的移位而导致血管、神经以及重要脏器的进一步损伤。固定也有利于防止休克,便于伤员的搬运。

2. 适应症

现场诊断明确有骨折或高度怀疑有骨折者,急救时均需临时固定。根据不同的骨折选用不同的固定方法。

3. 准备

准备夹板、绷带、三角巾、敷料等用物。最理想的固定用物是夹板,根据制作材料不同有木质、金属夹板,可塑性、冲气性塑料夹板等。现场抢救时亦可选用竹板、木棒等替代,也可直接将患肢与健侧肢体或躯干捆绑以进行临时固定。另备纱布或毛巾、衣物、绷带、三角巾等。

固定前向病人做好解释,包括固定的目的、操作要点和注意事项。如有严重骨折成角畸形或骨折端移位于皮下可能穿破皮肤时,可顺肢体长轴手法牵引,以减少畸形压迫,改变局部血运。

4.常见骨折临时固定法

(1)锁骨骨折固定法。在两腋前上方加垫毛巾或敷料,将三角巾折叠成带状,斜放于后背,两端分别从肩上及腋下绕双肩呈"8"字形,然后拉紧三角巾的两头在背后打结,尽力使双肩后张(图7-29)。亦可将"T"形夹板放于伤者背后,分别用绷带在双肩和腰部包扎固定。一侧锁骨骨折者应限制伤侧肢体的活动,可用三角巾将伤侧前臂悬兜于胸前。

(2)肱骨骨折固定法。取长、短夹板两块,长夹板放于上臂的后外侧,短夹板置于前内侧,用绷带分别在骨折部位上、下两端进行固定,再用三角巾将前臂悬吊,固定于胸前(图7-30)。固定时注意将肘关节屈曲90°,使前臂呈中立位(掌心朝向胸前)。

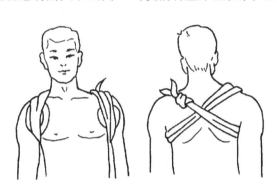

图7-29 锁骨骨折夹板固定法

图7-30 肱骨骨折夹板固定法

(3)前臂骨折固定法。准备长短两块夹板,长板的长度须超过肘关节至腕关节的长度,协助患者屈肘90°,拇指向上,呈功能位。将长短夹板分别置于前臂的外、内侧,用绷带或三角巾固定两端,然后用三角巾悬吊前臂于胸前。

(4)大腿骨折固定法。取一长夹板(长度从足跟至腰部或腋窝部)放在伤腿的外侧,另一夹板(长度从足跟至大腿根部)置于伤腿内侧,用绷带或三角巾分段将夹板固定(图7-31)。也可采用健肢固定法(图7-32)。

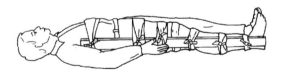

图7-31 大腿骨折夹板固定法

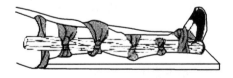

图7-32 大腿骨折健肢固定法

(5)小腿骨折。将两块长短相当的夹板(从足跟至大腿),分别放在伤腿的内、外侧,再用绷带分段包扎(图7-33)。如情况紧急,无法获得夹板时,可将伤员两下肢平行靠紧,分段包扎、固定,固定前必须将纱布或其他衣物等代提垫塞在关节和两小腿之间的空隙处,以防止包扎后骨折部处弯曲。

(6)脊柱骨折。立即将伤员俯卧或平卧于硬质担架或硬板上,不使移位(图7-34)。必要时,用沙袋或毛巾卷置于伤者头部两侧,并用绷带、衣物等将伤员固定于木板上。

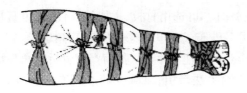
图 7-33 小腿骨折夹板固定法

图 7-34 脊柱骨折卧位示意图

5. 注意事项

(1) 处理原则。根据伤者情况进行处理，原则上先止血、包扎，然后再固定骨折部位。有休克，应先行抗休克处理。

(2) 选用合适的夹板。根据骨折的肢体选择适当的夹板，长度必须超过骨折的上、下两个关节。

(3) 恰当的固定。骨折部位的上、下两端及上、下两关节均需固定。夹板与皮肤不可直接接触，在夹板与皮肤之间，以及伤肢与健肢之间应垫棉花或其他布类物品，特别注意骨突部位、悬空部位和夹板两端应加厚衬垫，防止受压或固定不妥。

(4) 固定松紧要适度。固定过紧会影响血液循环。在进行肢体骨折固定时，必须露出指(趾)端，以便随时观察末梢血液循环。固定后若发现指(趾)端苍白、发冷、麻木、疼痛、肿胀等，提示血液循环不良，需松开重新固定。

(5) 其他。对于开放性骨折，处理时决不可将刺出的骨端送回伤口，以免感染。固定过程应避免不必要的搬动。

第五节　搬　　运

一、学习目标

通过学习，掌握公路施工事故中受伤人员的正确搬运方法。

二、资料准备

(1) 查阅搬运所需的相关医疗专业知识。
(2) 根据给定的学习情境给出一份伤员搬运的方案。

三、学习内容

(一) 基本原则

迅速、及时而安全地将伤员搬至安全地带，防止再次负伤是现场搬运伤员的基本原则。

(二) 搬运要求

(1) 伤者应先做初步处理，如外伤病人应先止血、包扎固定后再进行搬运。
(2) 搬运须在人员、器材准备妥当后进行。
(3) 搬运过程中应密切观察病人的脸色、呼吸、脉搏、神志等，搬运过程中注意保暖。
(4) 在某些特殊的事故现场，应根据情况调整搬运病人的方法，如火灾现场浓烟弥漫时，应在离地 30cm 内匍匐前进，防止伤员吸入浓烟。

(三)搬运方法

现场搬运可采用徒手搬运,也可临时制作简单搬运工具及利用专用搬运工具。

1. 徒手搬运法

此法适用于伤员病情轻、路途近又无法找到担架的情况。使用此法时,病员、搬运者都比较劳累。徒手搬运法有下列三种:

1)单人搬运(图7-35)

(1)扶持法。对能够站立行走,病情较轻的病人可采取此法。救护员站在病人一侧(一般为健侧),伤员手臂揽住其头颈,救护者用一手牵住伤员的手腕,另一手扶持他的腰,使身体略紧挨救护者,扶持行走。

(2)抱持法。适合身轻个子小的病人,救护者站于病员一侧,双手分别托其背部、大腿,将其抱起,病人若神志清楚,可用双手抱住救护者的颈部。

(3)背负法。救护者站在病员前面,微弯背部,将病员背起,胸部创伤病员不宜采用此法。

图7-35 单人搬运法
a)扶持法;b)抱持法;c)背负法

2)双人搬运法

(1)椅托式。救护者甲以右膝,乙以左膝跪地,各以一手伸入患者大腿之下并互相紧握,另一手交替支持患者背部(图7-36)。

(2)拉车式。站在伤员头部的救护者将双手插至伤员腋前,将伤员环抱在怀内,站在伤员足部另一位,跨在病员两腿中间,两人步调一致慢慢抬起,伤员卧式前行(图7-37)。

(3)平抬或平抱法。两位救护者并排将病人平抱或平抬。

图7-36 双人搬运法(椅托式)

3)三人搬运或多人搬运

可以三人或多人平排,将病人抱起后齐步前进(图7-38)。

图7-37 双人搬运法(拉车式)

搬运过程中,应尽量减轻病员痛苦,动作需轻巧,协调一致,避免震动,对于要远途运送的病员,应寻找合适的交通工具。

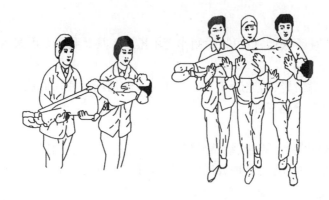

图 7-38 搬运法(平托式)

2. 担架搬运法

此法是最常用的搬运方法。对于路途较长,病情较重的病员应选用此法进行搬运与转送。

1) 担架的种类

(1) 临时担架。可就地取材,利用竹竿、木棒等物品捆成长方形之担架状,然后用绳索、被单、衣物等缠绕形成中间的支撑。

(2) 专用担架。随着目前对急救医学研究进展,各种使用方便,功能各异的担架已纷纷投入临床使用,如帆布担架、板式担架、铲式担架、篮式担架、楼梯担架、四轮担架、可折叠担架、真空担架等,搬运时应根据现场情况及病人伤情选用合适的担架。

2) 担架搬运的要领

(1) 将伤员移上及移下担架时,应避免造成进一步损伤,尤其是脊柱损伤者。

(2) 行进途中,病人头部向后,足部向前,便于随行人员及后面抬担架的人,密切观察病人病情变化。

(3) 担架小组成员脚步应尽量一致,平稳前进。

(4) 经过高低不等的地形,如台阶、过桥、上桥等,应尽量保持病人水平状态。

(四) 特殊伤员的搬运法

(1) 昏迷伤员搬运。安置伤员于担架上,取侧卧或俯卧位,将头偏向一侧,以利于口腔内及呼吸道内分泌物引流[图 7-39a)]。

(2) 骨盆损伤的伤员的搬运。怀疑骨盆损伤者,可用三角巾或大块布类织物将骨盆作环形包扎,运送时将伤员仰卧于硬质担架上,膝关节微屈,下部加垫[图 7-39b)]。

(3) 脊柱损伤伤员的搬运。正确的搬运是脊柱损伤病人抢救成功的首要环节,其急救原则是避免加重脊柱、脊髓损伤,保护呼吸功能。搬运时,应严防颈部和躯干前屈或扭转,保持脊柱伸直成一直线,并且必须使用硬质担架。正确的搬运法是,对于颈椎伤伤员,由 3~4 人同时搬动,1 人负责头部的牵引固定,保持头部与躯干部成直线,其余 3 人在伤员同侧,一齐用力,将伤员放在担架上[图 7-39c)],然后在伤员的头部两侧用沙袋、毛巾卷或衣物等固定,有条件可用头部固定装置或带有头部固定器的担架;对于胸、腰椎伤伤员搬运时,则 3 位救护者同在伤员一侧,分别托住伤员肩背部、腰臀部及两下肢,同时用力将伤员放到担架上。

(4) 身体带有刺入物伤员的搬运。切记不可在没有充分准备前拔出刺入物。应先包扎好伤口,将绷带卷或毛巾卷放于刺入物两侧,然后用绷带或三角巾将其固定牢固。运送过程中应避免震动、挤压、碰撞。刺入物外露部分较长时,应专人负责保护刺入物,防止刺入物脱出或深入,导致大出血或进一步脏器损伤。

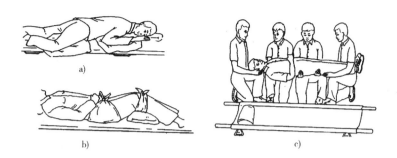

图 7-39 特殊病人搬运法
a)昏迷伤员搬运体位;b)骨盆伤员搬运;c)脊柱损伤伤员搬运

第六节 中暑救护

一、学习目标

通过学习,掌握中暑的病因和临床表现,能进行中暑的初步救护。

二、物品准备

清水、生理盐水等用物。

三、学习内容

在公路施工现场由于施工条件和环境的限制,经常需要在高温环境中施工,极易发生中暑。中暑(heat stroke)指在高温(气温34℃以上)或强辐射(特别是湿度大、无风)环境下,由于体温调节失衡和水盐代谢紊乱产生的以心血管和中枢神经系统功能障碍为主要表现的急性综合病症。轻症经及时处理可很快恢复,老人、产妇及慢性病患者、昏迷及体温超过42℃持续2小时以上者预后不良。临床上根据症状轻重分为先兆中暑、轻度中暑及重度中暑。按我国法定职业病名单规定有热射病、热痉挛及日射病三种。

(一)病因

在高温作业的车间工作(室温>35℃),如桥梁施工、预制板施工、烧窑等,极易发生中暑。在烈日暴晒环境下劳动,且没有足够的防护措施,常诱发中暑。即使环境温度不是很高,但空气中湿度很大,通风不良时也易引起中暑。此外,缺乏锻炼、老年人、肥胖、过度劳累、慢性病患者、睡眠不足、过度劳累等均易诱发中暑。

(二)病情评估

1. 病史

注意是否是在高温环境下工作、有无中枢神经系统的症状等等。

2. 临床表现

1)先兆中暑

先兆中暑是患者在高温环境中劳动过程中,有轻微头晕、头疼、眼花、耳鸣、心悸、脉搏频数、恶心、口渴、多汗、全身疲乏、四肢无力、注意力不集中、动作不协调等症状,体温正常或略升高,不超过38℃,但尚能勉强坚持工作。

2)轻度中暑

除有先兆中暑的症状外,体温升高至38.5℃以上,还出现面色潮红、胸闷、皮肤灼热、脉搏快速等表现或有循环衰竭的早期症状,如面色苍白、大量出汗、血压下降等。患者一度被迫停止工作,但经短时休息,症状消失,并能恢复工作。

3)重度中暑

重度中暑是指在上述表现的基础上,进一步出现昏厥,昏迷,痉挛,高热。作业人员具有前述中暑症状被迫停止工作,并在该工作日未能恢复工作或在工作中出现突然晕厥及热痉挛。

(1)热痉挛。体温正常或稍高,神志清醒,大量出汗后大量饮水,但未补充钠盐,导致体内氯化钠浓度降低,肌肉抽搐或强直性收缩伴有疼痛、多累及四肢或用力较大肌群,也可侵及腹肌、躯干肌,常为对称性。

(2)日射病。烈日暴晒头部,且头部无保护,大脑温度可达40℃~42℃,引起脑组织充血、水肿。体温不高或稍高,头晕、头痛、心悸、多汗、皮肤湿冷、恶心呕吐、面色苍白、脉细微、血压短暂下降、晕厥或神志恍惚。

(3)热射病。患者体内大量热能滞留,体温高达40℃以上,皮肤干燥无汗,皮肤干燥灼热,中枢神经障碍,意识模糊,精神失常、躁动以至昏迷。也可出现癫痫样抽搐、谵妄等。

(三)救护措施

1.先兆中暑或轻症中暑

立即将病人移送到清凉通风处,给予清凉含盐饮料,或口服十滴水、藿香正气水、人丹等,额部涂清凉油。解开衣服,用冷水擦面部、四肢或全身,尤其是要在头部冷敷,使头部迅速散热,以维护中枢神经系统的功能。体温维持在38.5℃以上者可给予口服解热药。经救护后仍存在循环衰竭的表现时,可静脉注射5%葡萄糖盐水。

2.重症中暑

迅速降温,纠正水电解质紊乱和酸碱平衡的紊乱,积极防治循环衰竭、休克和并发症。

1)热痉挛

补充含盐饮料,轻者可恢复。若痉挛性头疼反复发作,可静脉滴注生理盐水或葡萄糖生理盐水。

2)日热病及热射病

迅速降温是关键,高热持续时间越长,对脑组织的损伤就越严重,预后也越差。

(1)体外降温。立即撤离高温环境至阴凉通风处,进行皮肤肌肉按摩,促进血液循环加速散热。应用空调或电扇吹风,室内置冰块等,使环境温度低于皮肤温度,以便辐射散热。尤其注意头部降温以保护大脑,腋下和腹股沟处可放置冰袋。也可用加入少量乙醇(5%~10%的浓度)的冰水或冷水擦拭全身皮肤,以促进散热。重症者可将病人浸于含有碎冰块、15℃~16℃水中,取半卧位使水面不超过病人乳头,并用力按摩颈部、躯干及四肢皮肤,以防止肌肉颤抖,使局部皮肤发红散热,并密切观察病人体温、脉搏、呼吸、血压。每浸浴10~15分钟,即抬出水面测肛温一次(肛表插入略深,以反应直肠温度),如体温降至38.5℃时即停止浸浴;如体温再次上升至39℃以上,可再次浸浴。

(2)体内降温。体外降温无效者,用冰盐水(4℃~10℃)进行胃或直肠灌洗,也可将自体血液体外冷却后回输体内而降温。

(3)药物降温。与物理降温同时进行时效果较好。常用氯丙嗪25~50mg加入葡萄糖盐水500ml静脉滴注,2小时内滴完,可在2~3小时内降温。用药过程中要注意观察血压,体温不宜过低。

(四)加强病情观察,防止并发症

(1)定时测量呼吸、脉搏、血压,尤其是体温的监测及降温的效果。抽搐惊厥时按医嘱给地西泮10mg,肌肉注射。

(2)呼吸衰竭时应保持呼吸道通畅,随时清除呼吸道分泌物,给氧或应用人工呼吸器。

(3)静脉输液要控制滴速,不宜过多过快,以防心力衰竭发生。

(4)对有脑水肿征象者按医嘱快速静脉滴注脱水剂。

(5)积极防治急性肾功能衰竭。重症中暑时丢失大量水盐,血液浓缩,心排血量降低,可使肾小球滤过率下降,严重引起肾功能衰竭。因此,如怀疑有肾功能衰竭,应早期使用20%甘露醇250ml或静脉注射呋塞米20mg。保持尿量30ml/h。如病人无尿并出现高钾血症时应作透析准备。

(6)对昏迷、药物降温者,应经常翻身,保持床铺干燥平整,按摩皮肤受压部位以预防褥疮。

第七节 淹溺病人的救护

一、学习目标

通过学习,熟悉公路施工前要做的安全准备工作,能进行施工前准备工作的布置及安全检查。

二、资料准备

淹溺的事故模拟场所、心肺复苏模拟人。

三、学习内容

公路施工工程中,有较多的天然或人工形成的临时水池或其他的储水较多的设施,特别是桥梁施工作业时,在防护不良、失误等情况下,经常发生淹溺事故。如何在短时间内对淹溺的病人进行救护,对于维护其生命,减少痛苦都有着重要的意义。人淹没于水或其他液体中时,液体进入呼吸道及肺泡或反射性引起喉痉挛发生窒息和缺氧,从而处于临床死亡状态称为淹溺(drowning)。溺水者救出后尚有大动脉搏动时称近乎淹溺(near drowning)。淹溺是意外死亡常见原因之一,若急救不及时可导致呼吸、心跳停止而死亡。

(一)病因

淹溺常见于以下情况:①游泳能力弱者意外落水;②潜水反射(diving reflects)致心搏骤停;③游泳时间过长,体力耗竭或受冷水刺激发生肢体抽搐或肢体被植物、绳索缠绕等;④游泳时,原有心脑血管等疾病的急性发作;⑤自杀者投水。

(二)病情评估

1.淹溺史

注意溺水的时间、地点、水源性质,注意检查头部有无撞伤痕迹等。

2.临床表现

1)症状

淹溺者表现为神志丧失,呼吸停止,大动脉搏动消失,处于临床死亡状态。近乎淹溺者临床表现的个体差异较大,与淹溺时间长短、吸入水量的多少、吸入水的性质及器官损害范围有关,可有剧烈咳嗽、咳粉红色泡沫痰、头痛、视觉障碍、呼吸困难、寒战发抖、抽搐等,溺入海水者口渴明显。

2)体征

皮肤发绀,颜面肿胀,球结膜充血,口鼻充满泡沫或污泥。腹部膨隆,四肢厥冷。呼吸表浅、急促或停止,肺部可听见干湿啰音,偶有喘鸣音。心律失常、心音微弱或消失。常出现精神状态改变,如烦躁不安、昏睡、昏迷等。有时可发现头、颈部损伤。

(三) 紧急救护

1. 救护原则

(1)立即将病人从水中救出。

(2)清理气道,保持其通畅。

(3)迅速判断病人有无心搏、呼吸停止,立即心肺复苏。

(4)病情稳定后,安全护送病人入院。

2. 救护措施

1)水中救护

(1)自救。溺水后要尽量保持镇静,不可将手上举或挣扎,否则会下沉得更快。因此在呼救的同时应仰卧,头向后,口鼻向上露出水面,呼气宜浅,吸气宜深,争取能较长时间浮于水面以待救援。会游泳者若因腿部肌肉痉挛而引起溺水,应尽快呼救,同时可划动双手,将头露出水面,深吸气后,弯腰将痉挛下肢的拇趾用力往前上方拉,直至疼痛消失,痉挛停止,反复按摩痉挛疼痛部位,好转后,立即游向岸边。

(2)他救。发现有人溺水时,救护者应立即高声呼救,同时脱去厚重的外衣和鞋靴,最好携带救生圈、球或木板等迅速游到溺水者后方。徒手救护时可用一只手从背后抱住溺水者头颈,另一手抓住溺水者手臂,用仰泳方式将其拖到岸边。救护时应防止被溺水者紧紧抱住,如已被抱住,应松手下沉,先与溺者脱离,然后再救。若救护者不会游泳或游泳技术不熟练,可在呼救的同时,设法投下绳索、竹竿、木板或救生圈等,让溺水者抓住,再拖上岸。

2)岸边救护

(1)保持呼吸道通畅。保持呼吸道通畅是维持呼吸功能的重要前提。将溺水者从水中救出后,立即清除其口鼻中的杂草、泥污、泡沫和呕吐物等。取下义齿,松解衣领、内衣、腰带和背带等,但注意保暖,必要时将舌头用手帕、纱布包裹拉出,或用包纱布的手指将舌头拉出口外,保持呼吸道通畅。目前不主张倒水,以免延误心肺复苏。

(2)现场心肺复苏。是淹溺救护中最重要的措施。对呼吸心跳停止者,应立即进行现场心肺复苏(具体方法详见本书相关内容)。有条件时应现场给予吸氧、输液等处理后再转送。在转送和搬运中,应始终保持呼吸道通畅,保证吸氧、输液通畅,密切监测病情变化。送达医院时,认真向接诊医护人员交班。

第八节 触电病人的救护

一、学习目标

通过学习,掌握电击的几种方式,能进行电击的初步救护。

二、物品准备

担架、绷带等用物。

三、学习内容

在公路施工现场有大量的用电设备。由于公路施工用电具有临时性强、用电条件较差等特点,触电事故时有发生。电击俗称触电(electric injury),是指一定量的电流或电能量(静电)通过人体,引起组织损伤或器官功能障碍,甚至发生死亡。电击包括三种类型:低压电(≤380V)电击,高压电(≥1000V)电击,超高压电(或雷电,电压 10000 万 V、电流 30 万 A)电击。

(一)病因

电击常见原因是人体直接接触电源,或在超高压电或高压电电场中,电流或静电电荷经空气或其他介质电击人体。意外电击常由于风暴、火灾、地震等使电线断裂,或违反用电操作规程等引起。雷击多见于农村旷野。

影响电击损伤程度的因素很多。电压越高,电流强度越大,电流通过人体内时间越长,对机体的损害也越重。在相同电压下,电阻越大则进入人体的电流越小,损害越轻。人体各组织对电流的阻力由大到小排列为:骨—肌腱—脂肪—皮肤—肌肉—神经—血管。因此,血管和神经因电阻小,受电流损伤常常最重。凡电流流经心脏、脑干、脊髓,即可导致严重后果。

(二)电击方式

1. 单相触电

人体直接碰触带电设备其中的一相时,电流通过人体流入大地,形成电流环形通路,称为单相触电。此种电击方式在日常生活中最常见。对于高压带电体,人体虽未直接接触,但由于超过了安全距离,高电压对人体放电,造成单相接地而引起的触电,也属于单相触电(图 7-40)。

2. 两相触电

人体同时接触带电设备或线路中的两相导体,或在高压系统中,人体同时接近不同相的两相带电导体,而发生电弧放电,电流从一相导体通过人体流入另一相导体,构成一个闭合回路,这种触电方式称为两相触电(图 7-41)。

3. 跨步电压触电

当架空线路的一根带电导线断落在地上时,落地点与带电导线的电势相同,电流就会从导线的落地点向大地流散,于是地面上以导线落地点为中心,形成了一个电势分布区域。离落地点越远,电流越分散,地面电势也越低。以带电导线落地点为圆心,画出若干个同心圆,近似表示出落地点周围的电势分布(图 7-42)。

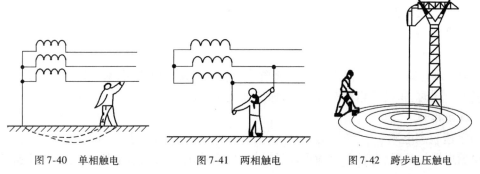

图 7-40　单相触电　　　图 7-41　两相触电　　　图 7-42　跨步电压触电

在导线落地点20米以外,地面电势就近似等于零了。但当人走进电场感应区,特别是离电线落地点10m以内区域时,如果两只脚站在离落地点远近不同的位置上时,两脚之间的电势差就称为跨步电压,这种触电方式叫做跨步电压触电。落地电线的电压越高,离落地点越近,跨步电压也就越高。人受到跨步电压时,电流虽然是沿着人的下身,从脚经腿、胯部又到脚与大地形成通路,没有经过人体的重要器官,好像比较安全。但因为人受到较高的跨步电压作用时,双脚会抽筋,使身体倒在地上。这不仅使作用于身体上的电流增加,而且使电流经过人体的路径改变,完全可能流经人体重要器官,如从头到手或脚。

(三)病情评估

1. 病史

注意询问触电时间、地点、电源情况等,检查触电受伤情况。

2. 临床表现

1)全身表现

(1)轻度。常因瞬间接触电流弱、电压低的电源而引起。表现为面色苍白、精神紧张、头晕、心悸、表情呆滞,甚至发生晕厥、短暂意识丧失。一般很快自行恢复,恢复后可有肌肉疼痛、头痛、疲乏及神经兴奋症状。体检一般无阳性体征,但需密切监测心电变化。

(2)重度。多因接触高压电、电阻小、电流强度大的电源,或触电后未能及时脱离电源,遭受电损害时间较长的病人。表现为恐惧、惊慌、心悸、呼吸增快,甚至出现昏迷、肌肉抽搐、血压下降、皮肤青紫、呼吸不规则或停止,心律严重紊乱,很快致心脏停搏。若不及时脱离电源立即抢救,大多死亡。体格检查有呼吸改变和心脏听诊异常。

2)局部表现

主要表现为电流通过的部位出现电烧伤。烧伤程度与电压高低密切相关。

低压电引起的烧伤多局限于电流进出口部位,伤面小,直径0.5~2cm左右,呈圆形或椭圆形,烧伤部位边缘整齐,与健康皮肤分界清楚,多无疼痛,呈焦黄或灰黑色干燥创面,偶可见水泡。

高压电流损伤时,面积较大,伤口较深,可深达肌肉和骨骼等。伤口处可有大片焦痂、组织坏死,以后脱落、感染、渗出,愈合缓慢,形成较大溃疡。少数病人体表烧伤不重,但由于电离子的强大穿透力,可致机体深层组织烧伤极为严重,随病程进展,逐渐出现深部坏死、出血、感染等。

3)并发症和后遗症

电击后24~48小时常出现严重室性心律失常、神经源性肺水肿、胃肠道出血、弥散性血管内凝血、继发感染等。若电击后从高处跌落,还可致骨折和颅脑、胸、腹部等外伤。大概有半数电击者可有单侧或双侧鼓膜破裂,也有精神失常、永久性耳聋、多发性神经病变等。孕妇电击后常导致流产或死胎。

(四)紧急救护

1. 救护原则

迅速切断电源,立即脱离危险区。准确评估病人有无心搏骤停,对心搏骤停者立即实行心肺脑复苏。同时,积极与当地医院联系,做好转运工作。

2. 救护措施

1)迅速脱离电源

根据现场的情况,分秒必争地采取最安全、最迅速的方法切断电源或使触电者脱离电场。

常用方法有：

(1) 关闭电闸。这是最简单、安全有效的方法。最好是电闸就在触电现场附近,此刻应立即关闭电闸,尽可能打开保险盒,拨开总电闸;同时派专人守护总电闸,以防止忙乱中不知情者重新合上电闸,造成进一步伤害。若救护者不能及时找到电闸的位置,应尽可能选择其他的救护措施。

(2) 挑开电线。若是高处垂落电源线触电,电闸离触电现场又较远时,可用干燥木棍或竹竿等绝缘物将电线挑开。注意妥善处理挑开的电源线,避免再次引起触电。

(3) 斩断电线。在野外或远离电闸的地方,或高压线断落引起电磁场效应的触电现场,尤其是下雨或地面有水时,救护者不便接近触电者挑开电线时,可以在 20m 以外处斩断电线。可用绝缘钳子、带绝缘把的干燥铲子、锄头、刀、斧等斩断电线。注意妥善处理电线断端。

(4) 拉开触电者。若触电者卧在电线或漏电电器上,上述方法都不能采用时,可用干燥木棒等绝缘物品将触电者推离触电处;还可用干燥绝缘的绳索或布带,套在触电者身上,将其拖离电源。

在脱离电源的整个抢救过程中,救护者必须做好自我保护,并尽量不给触电者造成其他伤害。应注意：①保证自身安全,未脱离电源前决不能与触电者直接接触,应选用可靠的绝缘性能器材。若无把握,可在脚下垫放干燥的木块、厚塑料块等绝缘物品,使自己与大地隔绝。②野外高压电线触电,最好在 20m 以外处切断电源。若确需进出危险地带,切不可双脚同时着地,应用单脚着地的跨跳步进出。③雨天野外抢救触电者时,一切原有绝缘性能的器材都因淋湿而失去绝缘性能。④避免给触电者造成其他伤害,如高处触电时,应采取防护措施,防止脱离电源后,从高处坠下造成损伤或死亡。

2) 迅速进行心肺复苏

轻型触电者,神志清醒,仅感四肢发麻、乏力、心慌等,可以就地休息 1～2 小时,并监测病情变化,一般恢复较好。重型触电者,脱离电源后应立即心肺复苏,并及时呼救,有条件者可给氧、输液,必要时进行气管插管或气管切开,同时头部放置冰袋降温。

3) 转运及护理

严重者经初步处理后应迅速送至医院。转运途中需注意保持呼吸道通畅,有条件者保证输氧输液持续通畅。有较大烧伤创面者,注意保护,最好用无菌敷料或干净布巾包扎,禁涂任何药物。合并骨折者,按外伤骨折的要求处理。若电流伤害到病人脊髓应注意保持脊椎固定,不能随意搬动病人,防止脊髓再次受损。到达医院后向接诊医护人员详细交代触电现场情况和救护经过。

第九节　瓦斯中毒救护

一、学习目标

通过学习,能够进行对瓦斯中毒伤者的初步救护。

二、物品准备

心肺复苏模拟人。

三、学习内容

公路施工过程中,地质条件复杂,在施工中可能需要穿越含瓦斯地层,如隧道工程、桥梁挖孔桩等。在含瓦斯的有限空间中作业,若没有及时监测与通风,就可能造成瓦斯中毒事故。瓦斯中毒后,可引起头病、头晕、恶心、呕吐,甚至肺水肿、呼吸衰竭而引起死亡。

四、病理

瓦斯中引起人体中毒、窒息的主要是一氧化碳。一氧化碳进入血液后,与血红蛋白结合成碳氧血红蛋白,使血红蛋白推动携氧作用,造成体内严重缺氧而中毒。短期内吸入高浓度一氧化碳可致呼吸停止,人立即死亡,严重病例经治疗后可能遗留中枢神经系统损害,如智力障碍、精神障碍、瘫痪等。

五、病情评估

根据伤员的症状表现可分为轻、中、重三型,如表7-1所示。

瓦斯中毒程度与症状　　　　　　　　　　　　　　　　　　　表7-1

程　度	症　状
轻度中毒	头痛、头晕、耳鸣、全身无力、恶心、呕吐、心悸
中度中毒	以上症状+面色潮红、口唇樱桃红色、躁动不安、呼吸脉搏加快
重度中毒	以上症状+面色呈樱桃红色、昏迷、各种反射消失、大小便失禁、肺水肿、呼吸衰竭

六、紧急救护

1. 排除险情、做好自我保护

当发现有限空间内有大量的瓦斯时,在采取通风措施的同时,应先做好自我防护、确保自身安全后进入,并严禁在现场打电话、点火和开启照明。

2. 脱离有毒气体区域

发现伤病员后,尽快将伤病员移到新鲜空气处,脱离有毒气体区域。

3. 呼叫急救

立即呼叫急救机构或附近的急救医生前来急救。

4. 判断意识

判断中毒者有无意识,神志不清者,将其头转向一侧,畅通呼吸道。

5. 给氧

如有自主呼吸,有条件的应充分给以氧气吸入。

6. CPR

呼吸、心跳骤停的中毒者,立即进行心肺复苏,具体方法见本章第一节。

7. 送院内治疗

尽快将中毒者送至医院进行进一步治疗,减少后遗症。

第八章　公路施工事故调查分析

公路施工现场由于存在着大量的危险源,在人的不安全行为、物的不安全状态和环境等因素的作用下,事故时有发生。在事故发生后,根据国家法律法规进行事故的上报、调查、分析、原因查找、处理、经验总结等,对于改善公路施工企业的生产水平,杜绝类似事故的发生,都有着重大的意义。

案例导学 8

1996 年 7 月 16 日下午,z 项目经理部履带式重机正在执行吊运模板任务(装车运走),起重机驾驶员 M 在无信号人员指挥的情况下独自作业。当 M 吊完第一堆模板后,就转移到了第二堆模板处准备继续进行吊装作业。当时,M 和负责搬运、挂钩人员以及汽车驾驶员等均注意到了第二堆模板处上方有高压线(10kV),但 M 认为,凭他的技术,高压线不会影响吊运作业。起初,在地上作业的人员都很谨慎,确认起重机大臂与高压线距离较远时,才上前挂钩、扶钩。但是,当进行到第三次起吊时(大约下午 16:30),挂钩人员由于渐渐忽视了起重机是在高压线下方工作,又正巧吊绳吊住模板时,与地面不垂直,所以负责挂钩的 L 就上前去扶模板,准备等吊绳与地面垂直、模板稳定后再松手。可就在这时,只见吊臂前端火光一闪,L 即刻倒地。M 见状立即落臂回臂,但为时已晚,L 经紧急抢救无效死亡。

请结合本任务所学习的内容,给出事故调查分析的方案。

一、学习目标

熟悉公路施工现场可能发生事故的各类及其原因,掌握事故调查的一般程序,并能够对事故的原因进行简单分析。

二、资料准备

(1)查找公路施工行业相关的事故调查的法律法规及国家标准。
(2)查找一个以上的公路施工企业的事故,准备进行事故调查报告的编写。

三、学习内容

事故调查是掌握整个事故发生过程、原因和人员伤亡及经济损失情况的重要工作,并根据调查结果分析事故责任,提出处理意见和事故预防措施,并撰写事故调查报告书。

(一)事故调查分析的法律依据

(1)中华人民共和国安全生产法。
(2)中华人民共和国消防法。
(3)生产安全事故报告与调查处理条例。
(4)《〈生产安全事故报告和调查处理条例〉罚款处罚暂行规定》。
(5)国务院关于特大事故行政责任追究的规定。
(6)企业职业伤亡事故标准。

(7)企业职业伤亡事故经济损失统计标准。

(二)事故的分类

为了规范生产安全事故的报告和调查处理,落实生产安全事故责任追究制度,防止和减少生产安全事故,根据《中华人民共和国安全生产法》和有关法律,国务院于2007年3月28日通过了《生产安全事故报告与调查处理条例》。

根据生产安全事故(以下简称事故)造成的人员伤亡或者直接经济损失,事故一般分为以下等级:

(1)特别重大事故,是指造成30人以上死亡,或者100人以上重伤(包括急性工业中毒,下同),或者1亿元以上直接经济损失的事故。

(2)重大事故,是指造成10人以上30人以下死亡,或者50人以上100人以下重伤,或者5000万元以上1亿元以下直接经济损失的事故。

(3)较大事故,是指造成3人以上10人以下死亡,或者10人以上50人以下重伤,或者1000万元以上5000万元以下直接经济损失的事故。

(4)一般事故,是指造成3人以下死亡,或者10人以下重伤,或者1000万元以下直接经济损失的事故。

国务院安全生产监督管理部门可以会同国务院有关部门,制定事故等级划分的补充性规定。

上面内容中所称的"以上"包括本数,所称的"以下"不包括本数。

(三)事故的报告

(1)事故发生后,事故现场有关人员应当立即向本单位负责人报告。单位负责人接到报告后,应当于1小时内向事故发生地县级以上人民政府安全生产监督管理部门和负有安全生产监督管理职责的有关部门报告。情况紧急时,事故现场有关人员可以直接向事故发生地县级以上人民政府安全生产监督管理部门和负有安全生产监督管理职责的有关部门报告。

(2)安全生产监督管理部门和负有安全生产监督管理职责的有关部门接到事故报告后,应当依照下列规定上报事故情况,并通知公安机关、劳动保障行政部门、工会和人民检察院:

①特别重大事故、重大事故逐级上报至国务院安全生产监督管理部门和负有安全生产监督管理职责的有关部门。

②较大事故逐级上报至省、自治区、直辖市人民政府安全生产监督管理部门和负有安全生产监督管理职责的有关部门。

③一般事故上报至设区的市级人民政府安全生产监督管理部门和负有安全生产监督管理职责的有关部门。

安全生产监督管理部门和负有安全生产监督管理职责的有关部门依照前款规定上报事故情况,应当同时报告本级人民政府。国务院安全生产监督管理部门和负有安全生产监督管理职责的有关部门以及省级人民政府接到发生特别重大事故、重大事故的报告后,应当立即报告国务院。

必要时,安全生产监督管理部门和负有安全生产监督管理职责的有关部门可以越级上报事故情况。

(3)安全生产监督管理部门和负有安全生产监督管理职责的有关部门逐级上报事故情况,每级上报的时间不得超过2小时。

(4)报告事故应当包括下列内容:

①事故发生单位概况。
②事故发生的时间、地点以及事故现场情况。
③事故的简要经过。
④事故已经造成或者可能造成的伤亡人数(包括下落不明的人数)和初步估计的直接经济损失。
⑤已经采取的措施。
⑥其他应当报告的情况。

(5)事故报告后出现新情况的,应当及时补报。自事故发生之日起30日内,事故造成的伤亡人数发生变化的,应当及时补报。道路交通事故、火灾事故自发生之日起7日内,事故造成的伤亡人数发生变化的,应当及时补报。

(6)事故发生单位负责人接到事故报告后,应当立即启动事故相应应急预案,或者采取有效措施,组织抢救,防止事故扩大,减少人员伤亡和财产损失。

(7)事故发生地有关地方人民政府、安全生产监督管理部门和负有安全生产监督管理职责的有关部门接到事故报告后,其负责人应当立即赶赴事故现场,组织事故救援。

(8)事故发生后,有关单位和人员应当妥善保护事故现场以及相关证据,任何单位和个人不得破坏事故现场、毁灭相关证据。因抢救人员、防止事故扩大以及疏通交通等原因,需要移动事故现场物件的,应当做出标志,绘制现场简图并做出书面记录,妥善保存现场重要痕迹、物证。

(9)事故发生地公安机关根据事故的情况,对涉嫌犯罪的,应当依法立案侦查,采取强制措施和侦查措施。犯罪嫌疑人逃匿的,公安机关应当迅速追捕归案。

(10)安全生产监督管理部门和负有安全生产监督管理职责的有关部门应当建立值班制度,并向社会公布值班电话,受理事故报告和举报。

(四)事故调查的程序(图8-1)

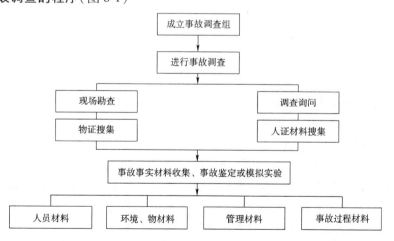

图8-1 事故调查程序

(五)事故调查应遵循的原则与注意事项

事故调查处理应当按照实事求是、尊重科学的原则,及时、准确地查清事故原因,查明事故性质和责任,总结事故教训,提出整改措施,并对事故责任者提出处理意见。具体原则如下:

(1)事故是可以调查清楚的,这是调查事故最基本的原则。
(2)调查事故应实事求是,以客观事实为根据。

(3)坚持做到"四不放过"的原则,即事故原因分析不清不放过,事故责任者没有受到严肃处理不放过,群众没有受到教育不放过,防范措施没有落实不放过。

(4)事故调查成员一方面要有调查的经验或某一方面的专长,另一方面因与事故有直接利害关系。

事故调查注意事项:

(1)特别重大事故由国务院或者国务院授权有关部门组织事故调查组进行调查。重大事故、较大事故、一般事故分别由事故发生地省级人民政府、设区的市级人民政府、县级人民政府负责调查。省级人民政府、设区的市级人民政府、县级人民政府可以直接组织事故调查组进行调查,也可以授权或者委托有关部门组织事故调查组进行调查。未造成人员伤亡的一般事故,县级人民政府也可以委托事故发生单位组织事故调查组进行调查。

(2)上级人民政府认为必要时,可以调查由下级人民政府负责调查的事故。自事故发生之日起30日内(道路交通事故、火灾事故自发生之日起7日内),因事故伤亡人数变化导致事故等级发生变化,依照本条例规定应当由上级人民政府负责调查的,上级人民政府可以另行组织事故调查组进行调查。

(3)特别重大事故以下等级事故,事故发生地与事故发生单位不在同一个县级以上行政区域的,由事故发生地人民政府负责调查,事故发生单位所在地人民政府应当派人参加。

(4)事故调查组的组成应当遵循精简、效能的原则。根据事故的具体情况,事故调查组由有关人民政府、安全生产监督管理部门、负有安全生产监督管理职责的有关部门、监察机关、公安机关以及工会派人组成,并应当邀请人民检察院派人参加。事故调查组可以聘请有关专家参与调查。

(5)事故调查组成员应当具有事故调查所需要的知识和专长,并与所调查的事故没有直接利害关系。

(6)事故调查组组长由负责事故调查的人民政府指定。事故调查组组长主持事故调查组的工作。

(7)事故调查组履行下列职责:

①查明事故发生的经过、原因、人员伤亡情况及直接经济损失。

②认定事故的性质和事故责任。

③提出对事故责任者的处理建议。

④总结事故教训,提出防范和整改措施。

⑤提交事故调查报告。

(8)事故调查组有权向有关单位和个人了解与事故有关的情况,并要求其提供相关文件、资料,有关单位和个人不得拒绝。事故发生单位的负责人和有关人员在事故调查期间不得擅离职守,并应当随时接受事故调查组的询问,如实提供有关情况。事故调查中发现涉嫌犯罪的,事故调查组应当及时将有关材料或者其复印件移交司法机关处理。

(9)事故调查中需要进行技术鉴定的,事故调查组应当委托具有国家规定资质的单位进行技术鉴定。必要时,事故调查组可以直接组织专家进行技术鉴定。技术鉴定所需时间不计入事故调查期限。

(10)事故调查组成员在事故调查工作中应当诚信公正、恪尽职守,遵守事故调查组的纪律,保守事故调查的秘密。未经事故调查组组长允许,事故调查组成员不得擅自发布有关事故的信息。

(11)事故调查组应当自事故发生之日起60日内提交事故调查报告;特殊情况下,经负责事故调查的人民政府批准,提交事故调查报告的期限可以适当延长,但延长的期限最长不超过60日。

(12)事故调查报告应当包括下列内容:

①事故发生单位概况。

②事故发生经过和事故救援情况。

③事故造成的人员伤亡和直接经济损失。

④事故发生的原因和事故性质。

⑤事故责任的认定以及对事故责任者的处理建议。

⑥事故防范和整改措施。

事故调查报告应当附具有关证据材料。事故调查组成员应当在事故调查报告上签名。

(13)事故调查报告报送负责事故调查的人民政府后,事故调查工作即告结束。事故调查的有关资料应当归档保存。

(六)事故调查分析案例

2002年9月25日上午10:10分,某路桥建设有限公司(以下简称A公司)承建的高速公路工地发生一起重大职工因工伤亡事故。桥梁施工平台在浇筑顶部混凝土施工中,因模板支撑系统失稳、坍塌,造成正在现场施工的民工和技术人员3人死亡,15人受伤(其中重伤4人),直接经济损失60.5万元。

事故发生后,各级领导十分重视,立即赶到事发现场指挥抢救,并迅速成立了现场抢救指挥中心。国家相关部委的领导及工作人员也赶往现场。

根据省、市领导的指示精神,受省安委会委托,事故发生地市政府立即成立了以副市长为组长,市政府副秘书长,市劳动局、市总工会、市公安局、市建委、市建工局主要领导为副组长,由市政府各职能部门人员参加的重大事故调查组;成立了市建委副主为组长,由某知名211大学和该省建筑科学研究院等有关大专院校、科研机构专家组成的事故技术鉴定组;该市质量技术监督局负责对支架钢管及扣件的质量状况进行调查和检测分析;公安机关迅速成立了专案组,对该工程重大安全事故立案侦查。

1. 事故经过

该高速公路由该省交通厅负责建设,由某大学建筑设计院设计,B建设监理公司对工程进行监理。该工程在该市招标办公室进行公开招投标,A公司于2002年2月13日中标,于2002年2月25日与该市电视台签订了施工合同,并由A公司某分公司组建了项目经理部,由分公司经理史某任项目经理,成某任项目副经理。

工程开工日期为2002年3月2日,计划竣工日期为2005年7月31日。工地总人数约856人,民工主要来自南通、安徽、该市等地。

发生事故的桥梁于8月开始搭设模板支撑系统支架,支架钢管、扣件等总吨位约290吨,钢管和扣件分别由甲方、市建工局材料供应处、铁心桥银泽物资公司提供或租用。原计划11月底前完成屋面混凝土浇筑,预计10月25日下午4时完成混凝土浇筑。

在支撑系统支架搭设前,项目部按搭设顶部模板支撑系统的施工方法,完成了部分施工(都没有施工方案)。

2002年1月,A公司上海分公司由项目工程师茅某编制了"上部结构施工组织设计",并于1月30日经项目副经理成某和分公司副主任工程师赵某批准实施。

开始搭设支撑系统后,由于工程需要和材料供应等方面的问题,支架搭设施工时断时续。搭设时没有施工方案,没有图纸,没有进行技术交底。由项目部副经理成某决定支架三维尺寸按常规(即前五个厅的支架尺寸)进行搭设,由项目部施工员丁某在现场指挥搭设。

模板支撑系统支架由A公司劳务公司组织进场的朱某工程队进行搭设(朱某是某标牌厂职工,以个人名义挂靠在A公司江浦劳务基地,6月份进入施工工地从事脚手架的搭设,事故发生时朱某工程队共17名民工,其中5人无特种作业人员操作证),地上10~18m最上边一段由木工工长孙某负责指挥木工搭设。10月15日完成搭设,支架总面积约624m^2,高度38m。搭设支架的全过程中,没有办理自检、互检、交接检、专职检的手续,搭设完毕后未按规定进行整体验收。

木工工长孙某向项目部副经理成某反映水平杆加固没有到位,成某即安排架子工加固支架,25日浇筑混凝土时仍有6名架子工在加固支架。

10月25日6时55分开始浇筑混凝土,项目部资料质量员姜某8时多才补填混凝土浇捣令,并送工程监理公司总监韩某签字,韩某将日期签为24日。浇筑现场由项目部混凝土工长邢某负责指挥。A公司混凝土分公司负责为本工程供应混凝土,为B区屋面浇筑C40混凝土,坍落度为16~18cm,用两台混凝土泵同时向上输送(输送高度约40m,泵管长度约60m×2)。浇筑时,现场有混凝土工工长1人,木工8人,架子工8人,钢筋工2人,混凝土工20人,以及该市电视台3名工作人员(为拍摄现场资料)等。自10月25日6时55分开始至10时10分,输送机械设备一直运行正常。到事故发生止,输送至屋面混凝土约139m^3,重约342t,占原计划输送屋面混凝土总量的51%。

10时10分,当浇筑混凝土由北向南单向推进,浇至主次梁交叉点区域时,该区域的1m^2理论钢管支撑杆数为6根。由于缺少水平连系杆,实际为3根立杆受力,又由于梁底模下木枋呈纵向布置在支架水平钢管上,使梁下中间立杆的受荷过大,个别立杆受荷最大达4t。综合立杆底部无扫地杆、步高大的达2.6m,立杆存在初弯曲等因素,以及输送混凝土管有冲击和振动等影响,使节点区域的中间单立杆首先失稳并随之带动相邻立杆失稳,出现大厅内模板支架系统整体倒塌。模板上正在浇筑混凝土的工人纷纷随塌落的支架和模板坠落,部分工人被塌落的支架、楼板和混凝土浆掩埋。

事故发生后,A公司电视台项目经理部向有关部门紧急报告事故情况。闻讯赶到的领导,指挥公安民警、武警战士和现场工人实施了紧急抢险工作,采用了各种先进的手段,将伤者立即送往医院进行救治。

2. 事故的原因分析

1)事故的直接原因

(1)支架搭设不合理,特别是水平连系杆严重不够,三维尺寸过大以及底部未设扫地杆,从而主次梁交叉区域单杆受荷过大,引起立杆局部失稳。

(2)梁底模的木枋放置方向不妥,导致大梁的主要荷载传至梁底中央排立杆,且该排立杆的水平连系杆不够,承载力不足,因而加剧了局部失稳。

(3)屋盖下模板支架与周围结构固定与连系不足,加大了顶部晃动。

2)事故的间接原因

(1)施工组织管理混乱,安全管理失去有效控制。模板支架搭设无图纸,无专项施工技术交底,施工中无自检、互检等手续,搭设完成后没有组织验收,搭设开始时无施工方案,有施工方案后未按要求进行搭设,支架搭设严重脱离原设计方案要求、致使支架承载力和稳定性不足,空间强度和刚度不足等是造成这起事故的主要原因。

(2)施工现场技术管理混乱,对大型或复杂重要的混凝土结构工程的模板施工未按程序进行。支架搭设开始后送交工地的施工方案中有关模板支架设计方案过于简单,缺乏必要的细部构造大样图和相关的详细说明,且无计算书,支架施工方案传递无记录,导致现场支架搭设时无规范可循,是造成这起事故的技术上的重要原因。

(3)B监理公司驻工地总监理工程师无监理资质,工程监理组没有对支架搭设过程严格把关,在没有对模板支撑系统的施工方案审查认可的情况下即同意施工,没有监督对模板支撑系统的验收,就签发了浇捣令,工作严重失职,导致工人在存在重大事故隐患的模板支撑系统上进行混凝土浇筑施工,是造成这起事故的重要原因。

(4)在上部浇筑屋盖混凝土情况下,民工在模板支撑下部进行支架加固,是造成事故伤亡人员扩大的原因之一。

(5)A公司及分公司领导安全生产意识淡薄,个别领导不深入基层,对各项规章制度执行情况监督管理不力,对重点部位的施工技术管理不严,有法有规不依。施工现场用工管理混乱,部分特种作业人员无证上岗作业,对民工未认真进行三级安全教育。

(6)施工现场支架钢管和扣件在采购、租赁过程中质量管理把关不严,部分钢管和扣件不符合质量标准。

(7)建筑管理部门对该建筑工程执法监督和检查指导不力,建设管理部门对监理公司的监督管理不到位。

综合以上原因,调查组认为这起事故是施工过程中的重大责任事故。

3.对事故的责任分析和对责任者的处理意见

(1)A公司分公司项目部副经理成某具体负责工程,在未见到施工方案的情况下,决定按常规搭设顶部模板支架,在知道支架三维尺寸与施工方案不符时,不与工程技术人员商量,擅自决定继续按原尺寸施工,盲目自信,对事故的发生应负主要责任。建议司法机关追究其刑事责任。

(2)B监理公司驻工地总监,违反"项目监理实施程序"的规定,没有对施工方案进行审查认可,没有监督对模扳支撑系统的验收,对施工方的违规行为没有下达停工令,无监理工程师资格证书上岗,对事故的发生应负主要责任。建议司法机关追究其刑事责任。

(3)A公司分公司项目部项目施工员丁某,在未见到施工方案的情况下,违章指挥民工搭设支架,对事故的发生应负重要责任。建议司法机关追究其刑事责任。

(4)朱某违反国家关于特种作业人员必须持证上岗的规定,私招乱雇部分无上岗证的民工搭设支架,对事故的发生应负直接责任。建议司法机关追究其刑事责任。

(5)A公司分公司经理兼项目部经理史某负责工程的全面工作,对分公司和该工程项目的安全生产负总责。史某对工程的模板支撑系统重视不够,未组织有关工程技术人员对施工方案进行认真的审查,对施工现场用工混乱等管理不力,对这起事故的发生应负直接领导责任。建议给予史某行政撤职处分。

(6)B监理公司总经理张某违反建设部"监理工程师资格考试和注册试行办法"(第18号令)的规定,严重不负责任,委派没有监理工程师资格证书的韩某担任工程项目总监理工程师;对驻工地监理组监管不力,工作严重失职,应负有监理方的领导责任。建议有关部门按行业管理的规定,对B监理公司给予禁止在区域内从业的处罚和相应的经济处罚。

(7)A公司总工程师郎某负责公司的技术质量全面工作,并在公司领导内部分工该工程。

郎某深入工地解决具体的施工和技术问题不够,对大型或复杂重要的混凝土工程施工缺乏技术管理,监督管理不力,对事故的发生应负主要领导责任。建议给予郎某行政记大过处分。

(8)A公司安技处处长李某负责公司的安全生产具体工作,对施工现场安全监督检查不力,安全管理不到位,对事故的发生应负安全管理上的直接责任。建议给予李某行政记大过处分。

(9)A公司分公司副总工程师赵某负责分公司技术和质量工作,对模板支撑系统的施工方案的审查不严,缺少计算说明书、构造示意图和具体操作步骤,未按正常手续对施工方案进行交接,对事故的发生应负技术上的直接领导责任。建议给予赵某行政记过处分。

(10)项目经理部项目工程师茅某负责工程项目的具体技术工作,未按规定认真编制模板工程施工方案,施工方案中未对"施工组织设计"进行细化,未按规定组织模板支架的验收工作,对事故的发生应负技术上重要责任。建议给予茅某行政记过处分。

(11)A公司副总经理万某负责公司的施工生产和安全工作,深入基层不够,对现场施工混乱、违反施工程序缺乏管理,对事故的发生应负领导责任。建议给予万某行政记过处分。

(12)A公司总经理刘某负责公司的全面工作,对公司的安全生产负总责,对施工管理和技术管理力度不够,对事故的发生应负领导责任。建议给予刘某行政警告处分。

4. 整改措施

为认真吸取这起重大伤亡事故的深刻教训,确保该市市建筑施工安全生产,针对这起事故暴露出的问题,提出如下整改措施:

(1)事故发生后,该市政府向该市各区县政府、市府各委办局、市各直属单位通报了事故情况,要求进一步学习江总书记等中央领导同志关于安全生产工作的一系列重要指示,按照"三个代表"的要求,以对党和人民高度负责的态度,切实提高对安全生产工作重要性的认识,克服官僚主义,力戒形式主义,真正把安全生产工作做为大事抓紧抓好,迅速采取有效措施,坚决杜绝各类重大事故的发生。

(2)该市政府市长办公会上市政府主要领导对市建工局、市建委作出了严肃批评、责成市建工局、市建委作出深刻检查,并决定,事故批复结案后,立即召开全市大会。市政府领导将在会议上通报事故情况和公布对责任者的处理意见,对全市建筑行业的安全生产工作提出具体明确的要求。

(3)该市建设、建筑主管部门认真吸取重大伤亡事故的教训,举一反三,按国家行业管理的各项法律、法规的要求,端正思想,提高认识,采取有力措施,堵塞管理漏洞,切实加强技术管理工作,进一步健全完善各项规章制度,认真落实安全生产责任制,针对薄弱环节和存在的问题,强化行业管理。

(4)加强用工管理的力度,坚决制止私招乱雇现象。新工人进场,必须进行严格的三级安全教育,特别对特种作业人员持证上岗情况,一定要严格履行必要的验证手续。对特殊、复杂的、技术含量高的工程,技术部门要严格审查、把关,健全检查、验收制度,提高防范事故的能力,确保建筑业的安全生产。

(5)加强对监理单位的管理工作,严格规范建设监理市场,严禁无证监理,禁止将监理业务转包或分包。监理人员必须持证上岗,对施工过程中的每个环节,特别对技术性强、工艺复杂的项目一定要监理到位,并有签字验收制度。

(6)公路施工施工企业在购买和使用建筑用材、设备时,均须要有产品质保书,签订购、租合同时要明确产品质量责任,必要时应委托有资质的单位进行检验。

附1 事故调查报告范例

事故调查报告(范例)

企业名称:(此处要加盖公章)
企业地址:
企业性质:
国民经济行业:
事故发生日期:
事故发生地点:
事故发生类别:(填写说明:个人确认,写清关键词即可,例如,石板从高处坠落砸伤人)
事故损失工作日:
事故直接经济损失:(填写说明:公司的损失)(不包括正在接受治疗的医疗费及以后医疗费)
伤者基本情况(表8-1)。

表8-1

姓名	性别	年龄	文化程度	用工形式	工种	本工种工龄	是否缴纳工伤保险	伤害部位	伤害程度
				正式合同,兼职,实习					

一、事故发生经过

应写清事故发生的时间、地点,伤者的姓名、岗位职务及当时所从事的工作,受伤害的原因(是被领导派去工作还是正常的例行公事),事故的证明人,事故发生后伤者的情况(伤害部位和程度),伤者的第一就医时间,首诊医院名称,到哪个科诊治以及诊断结果。

职业病患者应写清在何单位从事何种有害作业,起止时间,确诊结果。

二、事故原因分析

三、预防事故重复发生的措施

四、事故调查小组(表8-2)

事故调查小组成员表　　　　　　表8-2

所需人员	姓　名	职　务	确认签字
主要负责领导			(必须手签)
所在部门领导			
安全部门			
证人1			
证人2			

年　月　日

附2 职工伤亡事故报告表（表8-3）

企业职工伤亡事故报报表

表8-3

填报单位：　　　　　　　　　　　　　　　年　　月

事故类别	伤亡事故数				伤亡人员					伤亡事故原因												
	总计（件）	特大（件）	重大（件）	死亡（件）	轻伤（件）	总计（人）	死亡（人）	重伤（人）	轻伤（件）	其中：非企业人员			违反操作规程或劳动纪律			对现场工作缺乏检查或指挥失误			安全设施缺少或有缺陷			其他		
										死亡	重伤	轻伤	死亡	重伤	轻伤	死亡	重伤	轻伤	死亡	重伤	轻伤	死亡	重伤	轻伤
总计																									
1. 物体打击																									
2. 提升、车辆伤害																									
3. 机械伤害																									
4. 起重伤害																									
5. 触电																									
6. 淹溺																									
7. 灼伤																									
8. 火灾																									
9. 高处坠落																									
10. 坍塌																									
11. 冒顶穿帮																									
12. 透水																									
13. 放炮																									
14. 火药爆炸																									
15. 瓦斯煤尘爆炸																									
16. 其他爆炸																									
17. 煤与瓦斯																									
18. 中毒与窒息																									
19. 其他伤害																									

单位负责人：　　　　　　　部门负责人：　　　　　　　制表人：　　　　　　　报处时间　　年　　月　　日

1. 本月（年）职工人数　　人，死亡率　　‰，轻伤率　　‰，损失工作日　　天，直接经济损失　　元，伤亡事故　　件，其中：死亡　　人，重伤　　人，轻伤　　人，损失工作日　　天，直接经济损失　　元。
2. 自办集体企业　　个，集体企业职工人数

第九章　公路施工安全资料归档

施工现场安全资料可对施工现场安全管理进行综合反映，是对一个施工单位现场安全管理的全面记载，也是对施工安全评价的重要内容和基本依据。做好安全资料的归档工作，对于总结安全经验，进行标准化工作，加强现场管理，提高安全文明施工整体水平将起到重要的作用。

案例导学9

东南某省的一条高速公路 C4 合同段承建路段有 3 个隧道，3 座桥梁，并有一个混凝土搅拌站，在完成该路段的施工后，请做好安全资料的归档工作。

一、学习目标

根据公路工程施工的相关法律法规和各级主管部门的要求，进行安全资料的归档，做到完备、归整、易找。

二、资料准备

（1）运用所学 Word 或 Excel 知识，制作一个资料统计的电子文档。
（2）查找公路施工安全生产相关的法律法规关于安全生产资料归档保存的相关条款。

三、学习内容

通常情况下，公路工程竣工后，除事故资料归档作为工程竣工验收的资料之外，其他施工安全管理的资料不作为工程竣工验收的材料纳入正式档案。但作为专职安全管理人员，为了资料的积累，应及时将工程施工过程中的安全资料分类归档。同时，实行施工现场安全管理标准化、规范化、文字化的记录，有利于安全责任制的落实，有利于强化施工全过程、全方位、全员的动态安全管理，对加强现场管理、提高安全文明施工整体水平将起到重要的作用。各单位和各级领导对安全保证资料管理工作要高度重视，提高认识，加强领导，配备好安全保证资料管理人员，督促检查安全保证资料的记录、整理、归档工作，促进施工现场安全管理全面上水平，保障安全生产顺利进行。

（一）安全资料归档的主要依据
（1）《公路建设项目文件材料立卷归档管理办法》（交通运输部，2010 年）
（2）《关于印发公路工程竣交工验收办法实施细则的通知》（交公路发〔2010〕65 号）
（3）《科学技术档案案卷构成的一般要求》（GB/T 11822—2008）
（4）《国家重大建设项目文件归档要求与档案整理规范》（DA/T28—2002）
（5）《公路建设监督管理办法》（交通部，2006 年）
（6）《交通建设项目档案管理登记办法》（交通部，2007 年）

（二）安全资料归档的原则
1. 要实事求是，全面准确记录
施工现场安全保证资料突出了各管理环节的严密性、责任性和严肃性。资料的整理要做到事物与文字相符合,行为与记载相对应,反映出施工现场安全管理的全貌和过程。因此,对施工现场的各种安全技术资料要及时收集,实事求是,随做随记,准确记载,严禁事后写"回忆录",更不准弄虚作假,欺上瞒下。各施工单位要建立安全保证资料的检查审定制度,开展对施工现场安全保证资料定期或不定期的检查审定,发现资料记录不齐全或建档不符合要求时,要及时查找原因,责令其改正,并填写检查审定记录,做出审定结论。

2. 要依照格式,据实补充内容

安全保证资料实行标准格式管理,其所需表格式样由项目经理部统一提供,各施工单位接到表格式样后根据本单位实际情况及时组织人员进行调整。对标准格式不能涵盖的项目、内容要认真进行补充,按照相应的卷宗和册号整理归档。

各单位要按照项目经理部统一规定的项目分档建册。

3. 要专人管理,落实管理责任

施工现场安全保证资料的收集整理及归档是一项系统工程,各单位要配备专职安全资料员,持证上岗。分部将组织各单位施工现场安全保证资料员进行学习和培训,以提高安全资料员的技术水平和业务能力,保障安全保证资料的质量。施工器材、设备等部门涉及的有关资料由安全技术部门负责审查、收集、归纳、整理。分部经理部对安全资料的管理进行监督检查,列入安全生产评比考核内容。

4. 要规范工整,标准有序归档

安全保证资料归档必须用 A4 规格纸,文件资料必须使用统一表格。讲究文件质量,表的填写应工整(不得用圆珠笔、铅笔)或打印。按照每卷(册)装订标准有序的入盒保管。

各单位要建立建档归卷检查评定制度,评定结论分为齐全、基本齐全和不齐全三类,对不齐全的资料要责令改正,达到齐全要求。

(三)公路建设项目文件材料的收集基本要求

(1)已经实行计算机辅助项目管理的,电子文件须与纸质文件同步归档;在与设计单位签订合同时,应对电子版设计文件归档提出明确要求;如无条件形成电子文件的,对利用率高的竣工文件,可采取图像扫描或缩微方式,进行档案复制。

(2)各有关单位应按照收集归档责任分工,建立健全项目文件材料收集归档制度和预立卷制度,按照公路建设项目建设程序的不同阶段文件材料产生的自然过程,分别做好预立卷工作。

(3)收集归档的项目文件材料应为原件。其中,项目立项审批等文件,原件保存在项目主管单位的,项目法人可将复印件归档保存;供货商提供的原材料及产品质量保证文件为复印件的,须在复印件上加盖销售单位印章并注明原件存放处后归档保存;热敏纸传真件,需复印保存。复印件应清晰。

(4)收集归档的项目文件材料应能全面、准确地反映工程建设的实际过程。勘察及测量基础资料、施工记录须是现场原始记录,如需清稿,须将原始记录与清稿后的记录文件一并归档保存;表单填写内容规范,产生及使用部位标注清楚,相关签署手续完备,且为相关责任人亲笔签名。

(5)项目文件材料应书写工整、字迹、线条清晰、修改规范;纸张优良,规格基本统一,小于 A4 纸规格的出厂证明、材质合格证等应粘贴在 A4 纸上;书写材料应符合耐久性要求。

(6)数码照片应刻录在不可擦写光盘上保存,同时还须冲印出 6 英寸纸质照片与说明一并整理归档;照片档案的整理应符合国家档案局《照片档案管理规范》(GB/T 11821—2002)

要求。

(7)电子文件及纸质文件数字化的形成和保存应符合国家档案局《电子文件归档与管理规范》(GB/T 18994—2002)、《CAD 电子文件光盘存储、归档与档案管理要求》(GB/T 17678.1—1999)和《纸质档案数字化技术规范》(DA/T 31—2005)的要求。

(四)卷内文件材料系统化排列基本要求

(1)立项审批文件按照批复、请示、相关审查及专家评审文件材料的顺序依次排列。

(2)设计审批文件按照批复、请示、相关审查及专家评审文件材料的顺序依次排列。

(3)工程准备阶段文件材料按照审批及相关手续办理程序依次进行排列。

(4)项目法人及监理就质量控制、计划进度控制、费用控制及安全管理等问题普发的文件材料,按照文件材料所反映问题的有机联系,结合重要程度依次进行排列。

(5)经系统化排列的卷内文件材料,双面书写的文件材料,在其正面右下角、背面左下角,单面书写的文件材料,在其正面右下角,用阿拉伯数字逐页编写页号。已装订成册的文件材料,如自成一卷的,不需重新编写页号,如与其他文件材料组成一卷的,该册文件材料排列在其他文件材料之后,并将其作为一份文件编写册号,不需重新编写页号。

(6)案卷由案卷卷盒、内封面、卷内目录、卷内文件材料及备考表(封底)组成,其格式均应符合《科学技术档案案卷构成的一般要求》(GB/T 11822—2008)。

(7)卷盒正面及卷脊可只填写案卷的档号和立卷单位(卷盒内装有若干卷案卷的,卷盒正面及卷脊应填写盒内案卷的起止档号。)

(8)内封面由下列内容构成:案卷题名、立卷单位、起止日期、保管期限、密级及档号。

①案卷题名应能准确反映本案卷的基本内容,包括公路建设项目名称、起讫里程、分项(分部、单位)工程名称及文件材料名称。

②立卷单位指案卷的组卷单位或部门。

③起止日期指本案卷内文件形成的最早和最晚的时间(年、月、日,年度应填写四位数字)。

④保管期限填写划定的保管期限。保管期限分为永久、30 年、10 年三种。应根据项目的实际情况、项目文件材料的特性及利用价值,分别确定案卷的保管期限。

⑤密级根据国家及交通运输部有关保密规定确定并填写。

(9)卷内目录由下列项目组成:

①序号,按照文件排列顺序,用阿拉伯数字从 1 起依次标注。

②文件编号,填写文件材料的原始编号或图号。

③责任者,填写文件材料的形成单位或主要形成单位。属原材料报验和工序报验文件,责任者应填写施工单位和监理单位。

④文件题名,填写卷内文件材料标题的全称,没有标题或标题不能说明文件材料内容的,应自拟标题,并加"[ ]"符号。案卷内每份独立成件及单独办理报验和批准手续形成的文件材料,均应逐件填写文件标题。

⑤日期,填写文件材料形成最终日期。

⑥页次,填写每份文件材料首页上标注的页号,最后一份文件标注起止页号;属已装订成册的文件材料,在卷内文件目录页次栏中填写册数,并在备注栏中注明累计总页数。

⑦备注,填写需注明的情况。

卷内目录需纸质目录及电子目录各一份。

(10)备考表中须注明本案卷组卷情况及本案卷包含文件份数;说明复印件归档原因和原件存放地;立卷人指案卷组卷人员,检查人应为部门或项目技术负责人及监理。

(11)公路建设项目档案除蓝图及成册文件材料外,按照三孔一线方式进行装订。装订前,应去除塑胶、塑封、塑膜、胶圈等易老化腐蚀纸张的封面或装订材料。

不装订的图纸及成册文件材料,每份需加盖档号章。档号章内容包括该份文件材料所在案卷的档号和本案卷中所在页次。

(12)案卷系统化排列及编号:

案卷的编制单位应按工程进展的自然过程,对已经整理好的案卷进行系统化排列,并用铅笔在封面及卷脊编写案卷流水号。其中,施工单位应对本合同段形成的案卷,按照其自然形成过程,依照路线进行方向,结合单位工程排列顺序依次进行排列。监理单位按照监理工作程序,以合同段为单位,对形成的案卷进行系统化排列。

(13)案卷目录的编制:

经系统化排列和编号的案卷须编制案卷目录一式两份(含电子版),其格式应符合《科学技术档案案卷构成的一般要求》(GB/T 11822—2008)。

(五)安全资料归档的主要内容

1. 安全管理资料

(1)安全生产管理规章制度

①安全生产责任制

②安全教育制度

③安全检查制度

④文明施工管理规定

⑤消防安全管理制度

⑥施工临时用电管理规定

⑦特种作业人员持证上岗制度

⑧班组安全活动制度

⑨工伤事故报告调查处理制度

⑩安全及文明施工管理奖罚规定

(2)安全保证体系、机构、人员名单

(3)各工种安全技术操作规程

(4)经济承包中安全生产指标(工程项目经营管理责任书)

(5)专职安全员、安全主任任命书

(6)施工组织设计及专项安全施工组织设计

(7)安全管理目标

(8)安全责任目标的分解

(9)安全责任目标考核制度、考核记录

(10)分部(分项)工程安全技术交底

(11)定期安全检查记录、安全隐患"三定"记录

(12)持证上岗人员名册及证件复印件

(13)现场安全标志、标语统计表

(14)违章处罚情况记录

（15）工伤事故档案

（16）安全日常教育、新工人入场三级教育记录

（17）新工人入场三级登记表

（18）新工人入场三级教育考试卷

（19）班前活动记录

（20）其他资料

2. 脚手架及"三宝"、"四口"、"五临边"管理资料

（1）脚手架搭设方案

（2）脚手架计算书

（3）脚手架搭设安全交底记录

（4）高处作业安全防护设施（临边、洞口等）验收记录

（5）"三宝"及安全网、扣件等的合格证

（6）其他资料

3. 高边坡、模板工程管理资料

（1）边坡支护施工方案

（2）边坡施工临边防护措施

（3）边坡施工排水措施

（4）边坡施工防止临近建筑物危险沉降措施

（5）边坡支护变形观测记录及毗邻建筑物、重要管线和道路沉降观测记录

（6）模板工程施工方案

（7）现浇混凝土模板支撑系统计算书

（8）根据混凝土输送方法制定的针对性安全措施

（9）现浇混凝土模板支撑检查验收记录

（10）拆模申请批准表

（11）其他资料

4. 机械设备管理资料

（1）机械设备管理人员及操作人员名单

（2）现场机械设备一览表

（3）大型设备安装、拆卸方案及安装队伍资格证

（4）机械设备安装、操作交底记录

（5）中、小型机械安装验收记录

（6）机械设备管理制度

（7）各种机械安全操作规程

（8）设备运转记录

（9）其他资料

5. 施工用电管理资料

（1）临时用电施工组织设计或安全用电技术措施和电气防火措施

（2）临时用电安全技术交底

（3）临时用电工程检查验收表

（4）接地（重复接地、防雷）电阻值测定记录（每月测一次）

(5)电工工作日记

(6)定期检(复)查表

(7)总配电箱、配电箱、开关箱管理责任分工表

(8)施工用电管理规定

(9)其他资料

6.文明施工管理资料

(1)文明施工领导小组人员名单

(2)治安保卫制度、措施、责任分解

(3)现场门前"五牌一图"(工程概况牌、管理人员名单及监督电话牌、消防保卫(防火责任)牌、安全生产牌、文明施工牌和施工现场平面图)设置内容及位置

(4)现场卫生责任制

(5)现场急救措施

(6)现场急救药品和急救器材登记表

(7)经培训的急救人员名单及证件

(8)防粉尘、防噪声措施

(9)防止泥浆、污水、废水外流或堵塞下水管道和排水管道措施

(10)宿舍消暑和除蚊虫叮咬措施

(11)施工不扰民措施

(12)炊事员名册及体检合格证

(13)食堂卫生许可证

(14)其他资料

7.消防管理资料

(1)消防领导小组名单

(2)三级防火责任人名单(公司、项目、班组)

(3)三级防火防火责任书

(4)消防年度计划、年终总结

(5)各种防火制度、措施

(6)工地重点防火部位及消防器材放置平面图

(7)消防器材登记表

(8)义务消防队人员名单

(9)工地动火申请表

(10)工地消防教育和演习记录

(11)工地消防检查、整改记录

(12)消防器材月检记录卡

(13)其他资料

8.工会劳动保护管理资料

(1)项目部劳动保护监督检查小组和班组劳动保护检查员名单

(2)年度劳动保护工作计划、检查、总结资料

(3)项目部、班组劳动保护委员会(小组)、检查员责任制

(4)工程现场工会劳动保护工作记录

(5)工程现场自我救护组织
(6)劳保用品发放登记表
(7)其他资料

9. 安全施工资料归档分类实例(表9-1、表9-2)

安 全 施 工 资 料　　　　　　　　表9-1

序号	安全生产责任制	安全操作规程	安 全 检 查
1	项目部监督保证体系图	电工	安全生产检查制度
2	项目经理安全生产责任制	焊工	安全检查评分表
3	项目部各管理人员责任制	架子工	隐患整改及复查结果登记表
4	安全生产责任制考核制度	塔吊(电梯)司机	隐患整改通知单
5	责任目标考核制度	吊装(司索)工	隐患整改反馈表
6	项目部安全责任书	机械工	安全检查工作日志
7	目标分解系统图	场内机动车司机	施工现场违章违纪处理登记表
8	目标管理实施计划	木工	分部安全技术交底
9	安全生产责任制考核记录	钢筋工	
10	责任目标考核记录	瓦工	
11		抹灰工	
12		油工	
13		其他工种	

序号	安全培训教育	综 合 管 理	文 明 施 工
1	安全培训教育制度	施工组织设计	施工现场总平面图
2	班前安全活动制度	安全防护用品及机械设备管理制度	文明施工管理制度
3	项目管理人员教育登记表	安全标志牌管理制度	区域环境保护措施
4	生产作业人员教育登记表	安全例会制度	食堂卫生保证措施
5	管理人员安全上岗证复印件	工伤事故报告制度	宿舍卫生保证措施
6	项目三级安全教育记录	安全资格证书	消防安全措施
7	各工种安全培训记录	公司与项目责任承包合同	治安保卫措施
8	班前安全活动记录	安全例会记录	文明施工达标检查记录
9	安全培训教育考核试卷	每月安全总结	消防安全专项检查表
10		伤亡事故登记表	动火作业申请表
11		职工伤亡事故月(年)报表	动火监护记录
12		安全标志分布图	
13		安全标志牌登记表	

续上表

序号	脚手架	基坑支护工程	模板工程
1	脚手架施工方案	基坑支护施工方案	模板工程施工方案
2	脚手架施工安全技术交底	基坑支护安全技术交底	模板工程安全技术交底
3	脚手架验收表	基坑支护验收表	模板工程验收表
4	脚手架检查记录	基坑支护检查记录	模板工程检查记录
5	架子作业人员登记表	其他	模板工程拆除申请表
6	架子作业人员操作证复印件		其他
7	安全网产品登记表		
8	其他		

安 全 施 工 资 料　　　　　　表9-2

序号	三保四口	施工用电	物料提升机与外用电梯
1	"四口"临边防护施工方案	施工用电管理制度	物料提升机安装(拆除)施工方案
2	"四口"临边防护安全交底	施工用电施工组织设计	施工方案
3	安全网支挂验收表	施工用电施工组织补充设计	物料提升机技术交底
4	"四口"及临边防护验收表	施工用电安全技术交底	物料提升机进场验收表
5	"三保"、"四口"安全检查记录	施工用电线路系统验收表	物料提升机安装验收表
6	"三保"产品登记表	电气设备安装验收表	物料提升机检查记录
7	其他	电气线路系统及设备检查记录	物料提升机作业人员登记表
8		接地电阻测试记录	物料提升机作业人员操作证复印件
9		漏电保护器测试记录	物料提升机产品登记表
10		电工日巡查维修记录	其他
11		电工作业人员登记表	
12		电工作业人员上岗证复印件	
13		其他	

序号	塔式起重机	施工机具	
1	塔式起重机安装(拆除)施工方案	施工机具安全技术交底	
2	安装塔式起重机安全技术交底	施工机具进场验收记录	
3	塔式起重机安装调试记录	施工机具(设备)安装验收表	
4	塔式起重机基础验收表	施工机具检查记录	
5	塔式起重机安装验收表	机具等作业人员登记表	
6	塔式起重机顶升锚固验收表	机具等作业人员操作证复印件	
7	塔式起重机检查记录	施工机具产品登记表	
8	司机司索等作业人员登记表	其他	
9	司机司索等作业人员操作证复印件		
10	塔式起重机产品登记表		
11	其他		

附录

建筑施工企业安全生产管理机构设置及专职安全生产管理人员配备办法

第一条 为规范建筑施工企业安全生产管理机构的设置,明确建筑施工企业和项目专职安全生产管理人员的配备标准,根据《中华人民共和国安全生产法》、《建设工程安全生产管理条例》、《安全生产许可证条例》及《建筑施工企业安全生产许可证管理规定》,制定本办法。

第二条 从事土木工程、建筑工程、线路管道和设备安装工程及装修工程的新建、改建、扩建和拆除等活动的建筑施工企业安全生产管理机构的设置及其专职安全生产管理人员的配备,适用本办法。

第三条 本办法所称安全生产管理机构是指建筑施工企业设置的负责安全生产管理工作的独立职能部门。

第四条 本办法所称专职安全生产管理人员是指经建设主管部门或者其他有关部门安全生产考核合格取得安全生产考核合格证书,并在建筑施工企业及其项目从事安全生产管理工作的专职人员。

第五条 建筑施工企业应当依法设置安全生产管理机构,在企业主要负责人的领导下开展本企业的安全生产管理工作。

第六条 建筑施工企业安全生产管理机构具有以下职责:

(一)宣传和贯彻国家有关安全生产法律法规和标准;
(二)编制并适时更新安全生产管理制度并监督实施;
(三)组织或参与企业生产安全事故应急救援预案的编制及演练;
(四)组织开展安全教育培训与交流;
(五)协调配备项目专职安全生产管理人员;
(六)制订企业安全生产检查计划并组织实施;
(七)监督在建项目安全生产费用的使用;
(八)参与危险性较大工程安全专项施工方案专家论证会;
(九)通报在建项目违规违章查处情况;
(十)组织开展安全生产评优评先表彰工作;
(十一)建立企业在建项目安全生产管理档案;
(十二)考核评价分包企业安全生产业绩及项目安全生产管理情况;
(十三)参加生产安全事故的调查和处理工作;
(十四)企业明确的其他安全生产管理职责。

第七条 建筑施工企业安全生产管理机构专职安全生产管理人员在施工现场检查过程中具有以下职责:

(一)查阅在建项目安全生产有关资料、核实有关情况;
(二)检查危险性较大工程安全专项施工方案落实情况;

（三）监督项目专职安全生产管理人员履责情况；

（四）监督作业人员安全防护用品的配备及使用情况；

（五）对发现的安全生产违章违规行为或安全隐患，有权当场予以纠正或作出处理决定；

（六）对不符合安全生产条件的设施、设备、器材，有权当场作出查封的处理决定；

（七）对施工现场存在的重大安全隐患有权越级报告或直接向建设主管部门报告。

（八）企业明确的其他安全生产管理职责。

第八条　建筑施工企业安全生产管理机构专职安全生产管理人员的配备应满足下列要求，并应根据企业经营规模、设备管理和生产需要予以增加：

（一）建筑施工总承包资质序列企业：特级资质不少于6人；一级资质不少于4人；二级和二级以下资质企业不少于3人。

（二）建筑施工专业承包资质序列企业：一级资质不少于3人；二级和二级以下资质企业不少于2人。

（三）建筑施工劳务分包资质序列企业：不少于2人。

（四）建筑施工企业的分公司、区域公司等较大的分支机构（以下简称分支机构）应依据实际生产情况配备不少于2人的专职安全生产管理人员。

第九条　建筑施工企业应当实行建设工程项目专职安全生产管理人员委派制度。建设工程项目的专职安全生产管理人员应当定期将项目安全生产管理情况报告企业安全生产管理机构。

第十条　建筑施工企业应当在建设工程项目组建安全生产领导小组。建设工程实行施工总承包的，安全生产领导小组由总承包企业、专业承包企业和劳务分包企业项目经理、技术负责人和专职安全生产管理人员组成。

第十一条　安全生产领导小组的主要职责：

（一）贯彻落实国家有关安全生产法律法规和标准；

（二）组织制定项目安全生产管理制度并监督实施；

（三）编制项目生产安全事故应急救援预案并组织演练；

（四）保证项目安全生产费用的有效使用；

（五）组织编制危险性较大工程安全专项施工方案；

（六）开展项目安全教育培训；

（七）组织实施项目安全检查和隐患排查；

（八）建立项目安全生产管理档案；

（九）及时、如实报告安全生产事故。

第十二条　项目专职安全生产管理人员具有以下主要职责：

（一）负责施工现场安全生产日常检查并做好检查记录；

（二）现场监督危险性较大工程安全专项施工方案实施情况；

（三）对作业人员违规违章行为有权予以纠正或查处；

（四）对施工现场存在的安全隐患有权责令立即整改；

（五）对于发现的重大安全隐患，有权向企业安全生产管理机构报告；

（六）依法报告生产安全事故情况。

第十三条　总承包单位配备项目专职安全生产管理人员应当满足下列要求：

（一）建筑工程、装修工程按照建筑面积配备：

1.1万平方米以下的工程不少于1人；

2.1万~5万平方米的工程不少于2人；

3.5万平方米及以上的工程不少于3人，且按专业配备专职安全生产管理人员。

（二）土木工程、线路管道、设备安装工程按照工程合同价配备：

1.5 000万元以下的工程不少于1人；

2.5 000万~1亿元的工程不少于2人；

3.1亿元及以上的工程不少于3人，且按专业配备专职安全生产管理人员。

第十四条　分包单位配备项目专职安全生产管理人员应当满足下列要求：

（一）专业承包单位应当配置至少1人，并根据所承担的分部分项工程的工程量和施工危险程度增加。

（二）劳务分包单位施工人员在50人以下的，应当配备1名专职安全生产管理人员；50人~200人的，应当配备2名专职安全生产管理人员；200人及以上的，应当配备3名及以上专职安全生产管理人员，并根据所承担的分部分项工程施工危险实际情况增加，不得少于工程施工人员总人数的5‰。

第十五条　采用新技术、新工艺、新材料或致害因素多、施工作业难度大的工程项目，项目专职安全生产管理人员的数量应当根据施工实际情况，在第十三条、第十四条规定的配备标准上增加。

第十六条　施工作业班组可以设置兼职安全巡查员，对本班组的作业场所进行安全监督检查。

建筑施工企业应当定期对兼职安全巡查员进行安全教育培训。

第十七条　安全生产许可证颁发管理机关颁发安全生产许可证时，应当审查建筑施工企业安全生产管理机构设置及其专职安全生产管理人员的配备情况。

第十八条　建设主管部门核发施工许可证或者核准开工报告时，应当审查该工程项目专职安全生产管理人员的配备情况。

第十九条　建设主管部门应当监督检查建筑施工企业安全生产管理机构及其专职安全生产管理人员履责情况。

第二十条　本办法自颁发之日起实施，原《关于印发〈建筑施工企业安全生产管理机构设置及专职安全生产管理人员配备办法〉和〈危险性较大工程安全专项施工方案编制及专家论证审查办法〉的通知》（建质[2004]213号）中的《建筑施工企业安全生产管理机构设置及专职安全生产管理人员配备办法》废止。

建设工程安全生产管理条例

第一章 总 则

第一条 为了加强建设工程安全生产监督管理,保障人民群众生命和财产安全,根据《中华人民共和国建筑法》、《中华人民共和国安全生产法》,制定本条例。

第二条 在中华人民共和国境内从事建设工程的新建、扩建、改建和拆除等有关活动及实施对建设工程安全生产的监督管理,必须遵守本条例。

本条例所称建设工程,是指土木工程、建筑工程、线路管道和设备安装工程及装修工程。

第三条 建设工程安全生产管理,坚持安全第一、预防为主的方针。

第四条 建设单位、勘察单位、设计单位、施工单位、工程监理单位及其他与建设工程安全生产有关的单位,必须遵守安全生产法律、法规的规定,保证建设工程安全生产,依法承担建设工程安全生产责任。

第五条 国家鼓励建设工程安全生产的科学技术研究和先进技术的推广应用,推进建设工程安全生产的科学管理。

第二章 建设单位的安全责任

第六条 建设单位应当向施工单位提供施工现场及毗邻区域内供水、排水、供电、供气、供热、通信、广播电视等地下管线资料,气象和水文观测资料,相邻建筑物和构筑物、地下工程的有关资料,并保证资料的真实、准确、完整。

建设单位因建设工程需要,向有关部门或者单位查询前款规定的资料时,有关部门或者单位应当及时提供。

第七条 建设单位不得对勘察、设计、施工、工程监理等单位提出不符合建设工程安全生产法律、法规和强制性标准规定的要求,不得压缩合同约定的工期。

第八条 建设单位在编制工程概算时,应当确定建设工程安全作业环境及安全施工措施所需费用。

第九条 建设单位不得明示或者暗示施工单位购买、租赁、使用不符合安全施工要求的安全防护用具、机械设备、施工机具及配件、消防设施和器材。

第十条 建设单位在申请领取施工许可证时,应当提供建设工程有关安全施工措施的资料。

依法批准开工报告的建设工程,建设单位应当自开工报告批准之日起15日内,将保证安全施工的措施报送建设工程所在地的县级以上地方人民政府建设行政主管部门或者其他有关部门备案。

第十一条 建设单位应当将拆除工程发包给具有相应资质等级的施工单位。

建设单位应当在拆除工程施工15日前,将下列资料报送建设工程所在地的县级以上地方人民政府建设行政主管部门或者其他有关部门备案:

(一)施工单位资质等级证明;

(二)拟拆除建筑物、构筑物及可能危及毗邻建筑的说明;

(三)拆除施工组织方案;

(四)堆放、清除废弃物的措施。

实施爆破作业的,应当遵守国家有关民用爆炸物品管理的规定。

第三章　勘察、设计、工程监理及其他有关单位的安全责任

第十二条　勘察单位应当按照法律、法规和工程建设强制性标准进行勘察,提供的勘察文件应当真实、准确,满足建设工程安全生产的需要。

勘察单位在勘察作业时,应当严格执行操作规程,采取措施保证各类管线、设施和周边建筑物、构筑物的安全。

第十三条　设计单位应当按照法律、法规和工程建设强制性标准进行设计,防止因设计不合理导致生产安全事故的发生。

设计单位应当考虑施工安全操作和防护的需要,对涉及施工安全的重点部位和环节在设计文件中注明,并对防范生产安全事故提出指导意见。

采用新结构、新材料、新工艺的建设工程和特殊结构的建设工程,设计单位应当在设计中提出保障施工作业人员安全和预防生产安全事故的措施建议。

设计单位和注册建筑师等注册执业人员应当对其设计负责。

第十四条　工程监理单位应当审查施工组织设计中的安全技术措施或者专项施工方案是否符合工程建设强制性标准。

工程监理单位在实施监理过程中,发现存在安全事故隐患的,应当要求施工单位整改;情况严重的,应当要求施工单位暂时停止施工,并及时报告建设单位。施工单位拒不整改或者不停止施工的,工程监理单位应当及时向有关主管部门报告。

工程监理单位和监理工程师应当按照法律、法规和工程建设强制性标准实施监理,并对建设工程安全生产承担监理责任。

第十五条　为建设工程提供机械设备和配件的单位,应当按照安全施工的要求配备齐全有效的保险、限位等安全设施和装置。

第十六条　出租的机械设备和施工机具及配件,应当具有生产(制造)许可证、产品合格证。

出租单位应当对出租的机械设备和施工机具及配件的安全性能进行检测,在签订租赁协议时,应当出具检测合格证明。

禁止出租检测不合格的机械设备和施工机具及配件。

第十七条　在施工现场安装、拆卸施工起重机械和整体提升脚手架、模板等自升式架设设施,必须由具有相应资质的单位承担。

安装、拆卸施工起重机械和整体提升脚手架、模板等自升式架设设施,应当编制拆装方案、制定安全施工措施,并由专业技术人员现场监督。

施工起重机械和整体提升脚手架、模板等自升式架设设施安装完毕后,安装单位应当自检,出具自检合格证明,并向施工单位进行安全使用说明,办理验收手续并签字。

第十八条　施工起重机械和整体提升脚手架、模板等自升式架设设施的使用达到国家规定的检验检测期限的,必须经具有专业资质的检验检测机构检测。经检测不合格的,不得继续使用。

第十九条　检验检测机构对检测合格的施工起重机械和整体提升脚手架、模板等自升式

架设设施,应当出具安全合格证明文件,并对检测结果负责。

第四章 施工单位的安全责任

第二十条 施工单位从事建设工程的新建、扩建、改建和拆除等活动,应当具备国家规定的注册资本、专业技术人员、技术装备和安全生产等条件,依法取得相应等级的资质证书,并在其资质等级许可的范围内承揽工程。

第二十一条 施工单位主要负责人依法对本单位的安全生产工作全面负责。施工单位应当建立健全安全生产责任制度和安全生产教育培训制度,制定安全生产规章制度和操作规程,保证本单位安全生产条件所需资金的投入,对所承担的建设工程进行定期和专项安全检查,并做好安全检查记录。

施工单位的项目负责人应当由取得相应执业资格的人员担任,对建设工程项目的安全施工负责,落实安全生产责任制度、安全生产规章制度和操作规程,确保安全生产费用的有效使用,并根据工程的特点组织制定安全施工措施,消除安全事故隐患,及时、如实报告生产安全事故。

第二十二条 施工单位对列入建设工程概算的安全作业环境及安全施工措施所需费用,应当用于施工安全防护用具及设施的采购和更新、安全施工措施的落实、安全生产条件的改善,不得挪作他用。

第二十三条 施工单位应当设立安全生产管理机构,配备专职安全生产管理人员。

专职安全生产管理人员负责对安全生产进行现场监督检查。发现安全事故隐患,应当及时向项目负责人和安全生产管理机构报告;对违章指挥、违章操作的,应当立即制止。

专职安全生产管理人员的配备办法由国务院建设行政主管部门会同国务院其他有关部门制定。

第二十四条 建设工程实行施工总承包的,由总承包单位对施工现场的安全生产负总责。总承包单位应当自行完成建设工程主体结构的施工。

总承包单位依法将建设工程分包给其他单位的,分包合同中应当明确各自的安全生产方面的权利、义务。总承包单位和分包单位对分包工程的安全生产承担连带责任。

分包单位应当服从总承包单位的安全生产管理,分包单位不服从管理导致生产安全事故的,由分包单位承担主要责任。

第二十五条 垂直运输机械作业人员、安装拆卸工、爆破作业人员、起重信号工、登高架设作业人员等特种作业人员,必须按照国家有关规定经过专门的安全作业培训,并取得特种作业操作资格证书后,方可上岗作业。

第二十六条 施工单位应当在施工组织设计中编制安全技术措施和施工现场临时用电方案,对下列达到一定规模的危险性较大的分部分项工程编制专项施工方案,并附具安全验算结果,经施工单位技术负责人、总监理工程师签字后实施,由专职安全生产管理人员进行现场监督:

(一)基坑支护与降水工程;

(二)土方开挖工程;

(三)模板工程;

(四)起重吊装工程;

(五)脚手架工程;

（六）拆除、爆破工程；

（七）国务院建设行政主管部门或者其他有关部门规定的其他危险性较大的工程。

对前款所列工程中涉及深基坑、地下暗挖工程、高大模板工程的专项施工方案，施工单位还应当组织专家进行论证、审查。

本条第一款规定的达到一定规模的危险性较大工程的标准，由国务院建设行政主管部门会同国务院其他有关部门制定。

第二十七条 建设工程施工前，施工单位负责项目管理的技术人员应当对有关安全施工的技术要求向施工作业班组、作业人员作出详细说明，并由双方签字确认。

第二十八条 施工单位应当在施工现场入口处、施工起重机械、临时用电设施、脚手架、出入通道口、楼梯口、电梯井口、孔洞口、桥梁口、隧道口、基坑边沿、爆破物及有害危险气体和液体存放处等危险部位，设置明显的安全警示标志。安全警示标志必须符合国家标准。

施工单位应当根据不同施工阶段和周围环境及季节、气候的变化，在施工现场采取相应的安全施工措施。施工现场暂时停止施工的，施工单位应当做好现场防护，所需费用由责任方承担，或者按照合同约定执行。

第二十九条 施工单位应当将施工现场的办公、生活区与作业区分开设置，并保持安全距离；办公、生活区的选址应当符合安全性要求。职工的膳食、饮水、休息场所等应当符合卫生标准。施工单位不得在尚未竣工的建筑物内设置员工集体宿舍。

施工现场临时搭建的建筑物应当符合安全使用要求。施工现场使用的装配式活动房屋应当具有产品合格证。

第三十条 施工单位对因建设工程施工可能造成损害的毗邻建筑物、构筑物和地下管线等，应当采取专项防护措施。

施工单位应当遵守有关环境保护法律、法规的规定，在施工现场采取措施，防止或者减少粉尘、废气、废水、固体废物、噪声、振动和施工照明对人和环境的危害和污染。

在城市市区内的建设工程，施工单位应当对施工现场实行封闭围挡。

第三十一条 施工单位应当在施工现场建立消防安全责任制度，确定消防安全责任人，制定用火、用电、使用易燃易爆材料等各项消防安全管理制度和操作规程，设置消防通道、消防水源，配备消防设施和灭火器材，并在施工现场入口处设置明显标志。

第三十二条 施工单位应当向作业人员提供安全防护用具和安全防护服装，并书面告知危险岗位的操作规程和违章操作的危害。

作业人员有权对施工现场的作业条件、作业程序和作业方式中存在的安全问题提出批评、检举和控告，有权拒绝违章指挥和强令冒险作业。

在施工中发生危及人身安全的紧急情况时，作业人员有权立即停止作业或者在采取必要的应急措施后撤离危险区域。

第三十三条 作业人员应当遵守安全施工的强制性标准、规章制度和操作规程，正确使用安全防护用具、机械设备等。

第三十四条 施工单位采购、租赁的安全防护用具、机械设备、施工机具及配件，应当具有生产（制造）许可证、产品合格证，并在进入施工现场前进行查验。

施工现场的安全防护用具、机械设备、施工机具及配件必须由专人管理，定期进行检查、维修和保养，建立相应的资料档案，并按照国家有关规定及时报废。

第三十五条 施工单位在使用施工起重机械和整体提升脚手架、模板等自升式架设设施前,应当组织有关单位进行验收,也可以委托具有相应资质的检验检测机构进行验收;使用承租的机械设备和施工机具及配件的,由施工总承包单位、分包单位、出租单位和安装单位共同进行验收。验收合格的方可使用。

《特种设备安全监察条例》规定的施工起重机械,在验收前应当经有相应资质的检验检测机构监督检验合格。

施工单位应当自施工起重机械和整体提升脚手架、模板等自升式架设设施验收合格之日起 30 日内,向建设行政主管部门或者其他有关部门登记。登记标志应当置于或者附着于该设备的显著位置。

第三十六条 施工单位的主要负责人、项目负责人、专职安全生产管理人员应当经建设行政主管部门或者其他有关部门考核合格后方可任职。

施工单位应当对管理人员和作业人员每年至少进行一次安全生产教育培训,其教育培训情况记入个人工作档案。安全生产教育培训考核不合格的人员,不得上岗。

第三十七条 作业人员进入新的岗位或者新的施工现场前,应当接受安全生产教育培训。未经教育培训或者教育培训考核不合格的人员,不得上岗作业。

施工单位在采用新技术、新工艺、新设备、新材料时,应当对作业人员进行相应的安全生产教育培训。

第三十八条 施工单位应当为施工现场从事危险作业的人员办理意外伤害保险。

意外伤害保险费由施工单位支付。实行施工总承包的,由总承包单位支付意外伤害保险费。意外伤害保险期限自建设工程开工之日起至竣工验收合格止。

第五章 监 督 管 理

第三十九条 国务院负责安全生产监督管理的部门依照《中华人民共和国安全生产法》的规定,对全国建设工程安全生产工作实施综合监督管理。

县级以上地方人民政府负责安全生产监督管理的部门依照《中华人民共和国安全生产法》的规定,对本行政区域内建设工程安全生产工作实施综合监督管理。

第四十条 国务院建设行政主管部门对全国的建设工程安全生产实施监督管理。国务院铁路、交通、水利等有关部门按照国务院规定的职责分工,负责有关专业建设工程安全生产的监督管理。

县级以上地方人民政府建设行政主管部门对本行政区域内的建设工程安全生产实施监督管理。县级以上地方人民政府交通、水利等有关部门在各自的职责范围内,负责本行政区域内的专业建设工程安全生产的监督管理。

第四十一条 建设行政主管部门和其他有关部门应当将本条例第十条、第十一条规定的有关资料的主要内容抄送同级负责安全生产监督管理的部门。

第四十二条 建设行政主管部门在审核发放施工许可证时,应当对建设工程是否有安全施工措施进行审查,对没有安全施工措施的,不得颁发施工许可证。

建设行政主管部门或者其他有关部门对建设工程是否有安全施工措施进行审查时,不得收取费用。

第四十三条 县级以上人民政府负有建设工程安全生产监督管理职责的部门在各自的职责范围内履行安全监督检查职责时,有权采取下列措施:

(一)要求被检查单位提供有关建设工程安全生产的文件和资料;

（二）进入被检查单位施工现场进行检查；

（三）纠正施工中违反安全生产要求的行为；

（四）对检查中发现的安全事故隐患,责令立即排除；重大安全事故隐患排除前或者排除过程中无法保证安全的,责令从危险区域内撤出作业人员或者暂时停止施工。

第四十四条 建设行政主管部门或者其他有关部门可以将施工现场的监督检查委托给建设工程安全监督机构具体实施。

第四十五条 国家对严重危及施工安全的工艺、设备、材料实行淘汰制度。具体目录由国务院建设行政主管部门会同国务院其他有关部门制定并公布。

第四十六条 县级以上人民政府建设行政主管部门和其他有关部门应当及时受理对建设工程生产安全事故及安全事故隐患的检举、控告和投诉。

第六章 生产安全事故的应急救援和调查处理

第四十七条 县级以上地方人民政府建设行政主管部门应当根据本级人民政府的要求,制定本行政区域内建设工程特大生产安全事故应急救援预案。

第四十八条 施工单位应当制定本单位生产安全事故应急救援预案,建立应急救援组织或者配备应急救援人员,配备必要的应急救援器材、设备,并定期组织演练。

第四十九条 施工单位应当根据建设工程施工的特点、范围,对施工现场易发生重大事故的部位、环节进行监控,制定施工现场生产安全事故应急救援预案。实行施工总承包的,由总承包单位统一组织编制建设工程生产安全事故应急救援预案,工程总承包单位和分包单位按照应急救援预案,各自建立应急救援组织或者配备应急救援人员,配备救援器材、设备,并定期组织演练。

第五十条 施工单位发生生产安全事故,应当按照国家有关伤亡事故报告和调查处理的规定,及时、如实地向负责安全生产监督管理的部门、建设行政主管部门或者其他有关部门报告；特种设备发生事故的,还应当同时向特种设备安全监督管理部门报告。接到报告的部门应当按照国家有关规定,如实上报。

实行施工总承包的建设工程,由总承包单位负责上报事故。

第五十一条 发生生产安全事故后,施工单位应当采取措施防止事故扩大,保护事故现场。需要移动现场物品时,应当做出标记和书面记录,妥善保管有关证物。

第五十二条 建设工程生产安全事故的调查、对事故责任单位和责任人的处罚与处理,按照有关法律、法规的规定执行。

第七章 法 律 责 任

第五十三条 违反本条例的规定,县级以上人民政府建设行政主管部门或者其他有关行政管理部门的工作人员,有下列行为之一的,给予降级或者撤职的行政处分；构成犯罪的,依照刑法有关规定追究刑事责任：

（一）对不具备安全生产条件的施工单位颁发资质证书的；

（二）对没有安全施工措施的建设工程颁发施工许可证的；

（三）发现违法行为不予查处的；

（四）不依法履行监督管理职责的其他行为。

第五十四条 违反本条例的规定,建设单位未提供建设工程安全生产作业环境及安全施工措施所需费用的,责令限期改正;逾期未改正的,责令该建设工程停止施工。

建设单位未将保证安全施工的措施或者拆除工程的有关资料报送有关部门备案的,责令限期改正,给予警告。

第五十五条 违反本条例的规定,建设单位有下列行为之一的,责令限期改正,处 20 万元以上 50 万元以下的罚款;造成重大安全事故,构成犯罪的,对直接责任人员,依照刑法有关规定追究刑事责任;造成损失的,依法承担赔偿责任:

(一)对勘察、设计、施工、工程监理等单位提出不符合安全生产法律、法规和强制性标准规定的要求的;

(二)要求施工单位压缩合同约定的工期的;

(三)将拆除工程发包给不具有相应资质等级的施工单位的。

第五十六条 违反本条例的规定,勘察单位、设计单位有下列行为之一的,责令限期改正,处 10 万元以上 30 万元以下的罚款;情节严重的,责令停业整顿,降低资质等级,直至吊销资质证书;造成重大安全事故,构成犯罪的,对直接责任人员,依照刑法有关规定追究刑事责任;造成损失的,依法承担赔偿责任:

(一)未按照法律、法规和工程建设强制性标准进行勘察、设计的;

(二)采用新结构、新材料、新工艺的建设工程和特殊结构的建设工程,设计单位未在设计中提出保障施工作业人员安全和预防生产安全事故的措施建议的。

第五十七条 违反本条例的规定,工程监理单位有下列行为之一的,责令限期改正;逾期未改正的,责令停业整顿,并处 10 万元以上 30 万元以下的罚款;情节严重的,降低资质等级,直至吊销资质证书;造成重大安全事故,构成犯罪的,对直接责任人员,依照刑法有关规定追究刑事责任;造成损失的,依法承担赔偿责任:

(一)未对施工组织设计中的安全技术措施或者专项施工方案进行审查的;

(二)发现安全事故隐患未及时要求施工单位整改或者暂时停止施工的;

(三)施工单位拒不整改或者不停止施工,未及时向有关主管部门报告的;

(四)未依照法律、法规和工程建设强制性标准实施监理的。

第五十八条 注册执业人员未执行法律、法规和工程建设强制性标准的,责令停止执业 3 个月以上 1 年以下;情节严重的,吊销执业资格证书,5 年内不予注册;造成重大安全事故的,终身不予注册;构成犯罪的,依照刑法有关规定追究刑事责任。

第五十九条 违反本条例的规定,为建设工程提供机械设备和配件的单位,未按照安全施工的要求配备齐全有效的保险、限位等安全设施和装置的,责令限期改正,处合同价款 1 倍以上 3 倍以下的罚款;造成损失的,依法承担赔偿责任。

第六十条 违反本条例的规定,出租单位出租未经安全性能检测或者经检测不合格的机械设备和施工机具及配件的,责令停业整顿,并处 5 万元以上 10 万元以下的罚款;造成损失的,依法承担赔偿责任。

第六十一条 违反本条例的规定,施工起重机械和整体提升脚手架、模板等自升式架设设施安装、拆卸单位有下列行为之一的,责令限期改正,处 5 万元以上 10 万元以下的罚款;情节严重的,责令停业整顿,降低资质等级,直至吊销资质证书;造成损失的,依法承担赔偿责任:

(一)未编制拆装方案、制定安全施工措施的;

(二)未由专业技术人员现场监督的;

(三)未出具自检合格证明或者出具虚假证明的;

（四）未向施工单位进行安全使用说明，办理移交手续的。

施工起重机械和整体提升脚手架、模板等自升式架设设施安装、拆卸单位有前款规定的第（一）项、第（三）项行为，经有关部门或者单位职工提出后，对事故隐患仍不采取措施，因而发生重大伤亡事故或者造成其他严重后果，构成犯罪的，对直接责任人员，依照刑法有关规定追究刑事责任。

第六十二条 违反本条例的规定，施工单位有下列行为之一的，责令限期改正；逾期未改正的，责令停业整顿，依照《中华人民共和国安全生产法》的有关规定处以罚款；造成重大安全事故，构成犯罪的，对直接责任人员，依照刑法有关规定追究刑事责任：

（一）未设立安全生产管理机构、配备专职安全生产管理人员或者分部分项工程施工时无专职安全生产管理人员现场监督的；

（二）施工单位的主要负责人、项目负责人、专职安全生产管理人员、作业人员或者特种作业人员，未经安全教育培训或者经考核不合格即从事相关工作的；

（三）未在施工现场的危险部位设置明显的安全警示标志，或者未按照国家有关规定在施工现场设置消防通道、消防水源、配备消防设施和灭火器材的；

（四）未向作业人员提供安全防护用具和安全防护服装的；

（五）未按照规定在施工起重机械和整体提升脚手架、模板等自升式架设设施验收合格后登记的；

（六）使用国家明令淘汰、禁止使用的危及施工安全的工艺、设备、材料的。

第六十三条 违反本条例的规定，施工单位挪用列入建设工程概算的安全生产作业环境及安全施工措施所需费用的，责令限期改正，处挪用费用20%以上50%以下的罚款；造成损失的，依法承担赔偿责任。

第六十四条 违反本条例的规定，施工单位有下列行为之一的，责令限期改正；逾期未改正的，责令停业整顿，并处5万元以上10万元以下的罚款；造成重大安全事故，构成犯罪的，对直接责任人员，依照刑法有关规定追究刑事责任：

（一）施工前未对有关安全施工的技术要求作出详细说明的；

（二）未根据不同施工阶段和周围环境及季节、气候的变化，在施工现场采取相应的安全施工措施，或者在城市市区内的建设工程的施工现场未实行封闭围挡的；

（三）在尚未竣工的建筑物内设置员工集体宿舍的；

（四）施工现场临时搭建的建筑物不符合安全使用要求的；

（五）未对因建设工程施工可能造成损害的毗邻建筑物、构筑物和地下管线等采取专项防护措施的。

施工单位有前款规定第（四）项、第（五）项行为，造成损失的，依法承担赔偿责任。

第六十五条 违反本条例的规定，施工单位有下列行为之一的，责令限期改正；逾期未改正的，责令停业整顿，并处10万元以上30万元以下的罚款；情节严重的，降低资质等级，直至吊销资质证书；造成重大安全事故，构成犯罪的，对直接责任人员，依照刑法有关规定追究刑事责任；造成损失的，依法承担赔偿责任：

（一）安全防护用具、机械设备、施工机具及配件在进入施工现场前未经查验或者查验不合格即投入使用的；

（二）使用未经验收或者验收不合格的施工起重机械和整体提升脚手架、模板等自升式架设设施的；

（三）委托不具有相应资质的单位承担施工现场安装、拆卸施工起重机械和整体提升脚手架、模板等自升式架设设施的；

（四）在施工组织设计中未编制安全技术措施、施工现场临时用电方案或者专项施工方案的。

第六十六条 违反本条例的规定，施工单位的主要负责人、项目负责人未履行安全生产管理职责的，责令限期改正；逾期未改正的，责令施工单位停业整顿；造成重大安全事故、重大伤亡事故或者其他严重后果，构成犯罪的，依照刑法有关规定追究刑事责任。

作业人员不服管理、违反规章制度和操作规程冒险作业造成重大伤亡事故或者其他严重后果，构成犯罪的，依照刑法有关规定追究刑事责任。

施工单位的主要负责人、项目负责人有前款违法行为，尚不够刑事处罚的，处2万元以上20万元以下的罚款或者按照管理权限给予撤职处分；自刑罚执行完毕或者受处分之日起，5年内不得担任任何施工单位的主要负责人、项目负责人。

第六十七条 施工单位取得资质证书后，降低安全生产条件的，责令限期改正；经整改仍未达到与其资质等级相适应的安全生产条件的，责令停业整顿，降低其资质等级直至吊销资质证书。

第六十八条 本条例规定的行政处罚，由建设行政主管部门或者其他有关部门依照法定职权决定。

违反消防安全管理规定的行为，由公安消防机构依法处罚。

有关法律、行政法规对建设工程安全生产违法行为的行政处罚决定机关另有规定的，从其规定。

第八章 附 则

第六十九条 抢险救灾和农民自建低层住宅的安全生产管理，不适用本条例。

第七十条 军事建设工程的安全生产管理，按照中央军事委员会的有关规定执行。

第七十一条 本条例自2004年2月1日起施行。

生产安全事故报告和调查处理条例

第一章 总 则

第一条 为了规范生产安全事故的报告和调查处理,落实生产安全事故责任追究制度,防止和减少生产安全事故,根据《中华人民共和国安全生产法》和有关法律,制定本条例。

第二条 生产经营活动中发生的造成人身伤亡或者直接经济损失的生产安全事故的报告和调查处理,适用本条例;环境污染事故、核设施事故、国防科研生产事故的报告和调查处理不适用本条例。

第三条 根据生产安全事故(以下简称事故)造成的人员伤亡或者直接经济损失,事故一般分为以下等级:

(一)特别重大事故,是指造成30人以上死亡,或者100人以上重伤(包括急性工业中毒,下同),或者1亿元以上直接经济损失的事故;

(二)重大事故,是指造成10人以上30人以下死亡,或者50人以上100人以下重伤,或者5000万元以上1亿元以下直接经济损失的事故;

(三)较大事故,是指造成3人以上10人以下死亡,或者10人以上50人以下重伤,或者1000万元以上5000万元以下直接经济损失的事故;

(四)一般事故,是指造成3人以下死亡,或者10人以下重伤,或者1000万元以下直接经济损失的事故。

国务院安全生产监督管理部门可以会同国务院有关部门,制定事故等级划分的补充性规定。

本条第一款所称的"以上"包括本数,所称的"以下"不包括本数。

第四条 事故报告应当及时、准确、完整,任何单位和个人对事故不得迟报、漏报、谎报或者瞒报。

事故调查处理应当坚持实事求是、尊重科学的原则,及时、准确地查清事故经过、事故原因和事故损失,查明事故性质,认定事故责任,总结事故教训,提出整改措施,并对事故责任者依法追究责任。

第五条 县级以上人民政府应当依照本条例的规定,严格履行职责,及时、准确地完成事故调查处理工作。

事故发生地有关地方人民政府应当支持、配合上级人民政府或者有关部门的事故调查处理工作,并提供必要的便利条件。

参加事故调查处理的部门和单位应当互相配合,提高事故调查处理工作的效率。

第六条 工会依法参加事故调查处理,有权向有关部门提出处理意见。

第七条 任何单位和个人不得阻挠和干涉对事故的报告和依法调查处理。

第八条 对事故报告和调查处理中的违法行为,任何单位和个人有权向安全生产监督管理部门、监察机关或者其他有关部门举报,接到举报的部门应当依法及时处理。

第二章 事 故 报 告

第九条 事故发生后,事故现场有关人员应当立即向本单位负责人报告;单位负责人接到报告后,应当于1小时内向事故发生地县级以上人民政府安全生产监督管理部门和负有安全生产监督管理职责的有关部门报告。

情况紧急时,事故现场有关人员可以直接向事故发生地县级以上人民政府安全生产监督管理部门和负有安全生产监督管理职责的有关部门报告。

第十条　安全生产监督管理部门和负有安全生产监督管理职责的有关部门接到事故报告后,应当依照下列规定上报事故情况,并通知公安机关、劳动保障行政部门、工会和人民检察院:

(一)特别重大事故、重大事故逐级上报至国务院安全生产监督管理部门和负有安全生产监督管理职责的有关部门;

(二)较大事故逐级上报至省、自治区、直辖市人民政府安全生产监督管理部门和负有安全生产监督管理职责的有关部门;

(三)一般事故上报至设区的市级人民政府安全生产监督管理部门和负有安全生产监督管理职责的有关部门。

安全生产监督管理部门和负有安全生产监督管理职责的有关部门依照前款规定上报事故情况,应当同时报告本级人民政府。国务院安全生产监督管理部门和负有安全生产监督管理职责的有关部门以及省级人民政府接到发生特别重大事故、重大事故的报告后,应当立即报告国务院。

必要时,安全生产监督管理部门和负有安全生产监督管理职责的有关部门可以越级上报事故情况。

第十一条　安全生产监督管理部门和负有安全生产监督管理职责的有关部门逐级上报事故情况,每级上报的时间不得超过2小时。

第十二条　报告事故应当包括下列内容:

(一)事故发生单位概况;

(二)事故发生的时间、地点以及事故现场情况;

(三)事故的简要经过;

(四)事故已经造成或者可能造成的伤亡人数(包括下落不明的人数)和初步估计的直接经济损失;

(五)已经采取的措施;

(六)其他应当报告的情况。

第十三条　事故报告后出现新情况的,应当及时补报。

自事故发生之日起30日内,事故造成的伤亡人数发生变化的,应当及时补报。道路交通事故、火灾事故自发生之日起7日内,事故造成的伤亡人数发生变化的,应当及时补报。

第十四条　事故发生单位负责人接到事故报告后,应当立即启动事故相应应急预案,或者采取有效措施,组织抢救,防止事故扩大,减少人员伤亡和财产损失。

第十五条　事故发生地有关地方人民政府、安全生产监督管理部门和负有安全生产监督管理职责的有关部门接到事故报告后,其负责人应当立即赶赴事故现场,组织事故救援。

第十六条　事故发生后,有关单位和人员应当妥善保护事故现场以及相关证据,任何单位和个人不得破坏事故现场、毁灭相关证据。

因抢救人员、防止事故扩大以及疏通交通等原因,需要移动事故现场物件的,应当做出标志,绘制现场简图并做出书面记录,妥善保存现场重要痕迹、物证。

第十七条　事故发生地公安机关根据事故的情况,对涉嫌犯罪的,应当依法立案侦查,采取强制措施和侦查措施。犯罪嫌疑人逃匿的,公安机关应当迅速追捕归案。

第十八条　安全生产监督管理部门和负有安全生产监督管理职责的有关部门应当建立值班制度,并向社会公布值班电话,受理事故报告和举报。

第三章　事故调查

第十九条　特别重大事故由国务院或者国务院授权有关部门组织事故调查组进行调查。

重大事故、较大事故、一般事故分别由事故发生地省级人民政府、设区的市级人民政府、县级人民政府负责调查。省级人民政府、设区的市级人民政府、县级人民政府可以直接组织事故调查组进行调查,也可以授权或者委托有关部门组织事故调查组进行调查。

未造成人员伤亡的一般事故,县级人民政府也可以委托事故发生单位组织事故调查组进行调查。

第二十条　上级人民政府认为必要时,可以调查由下级人民政府负责调查的事故。

自事故发生之日起30日内(道路交通事故、火灾事故自发生之日起7日内),因事故伤亡人数变化导致事故等级发生变化,依照本条例规定应当由上级人民政府负责调查的,上级人民政府可以另行组织事故调查组进行调查。

第二十一条　特别重大事故以下等级事故,事故发生地与事故发生单位不在同一个县级以上行政区域的,由事故发生地人民政府负责调查,事故发生单位所在地人民政府应当派人参加。

第二十二条　事故调查组的组成应当遵循精简、效能的原则。

根据事故的具体情况,事故调查组由有关人民政府、安全生产监督管理部门、负有安全生产监督管理职责的有关部门、监察机关、公安机关以及工会派人组成,并应当邀请人民检察院派人参加。

事故调查组可以聘请有关专家参与调查。

第二十三条　事故调查组成员应当具有事故调查所需要的知识和专长,并与所调查的事故没有直接利害关系。

第二十四条　事故调查组组长由负责事故调查的人民政府指定。事故调查组组长主持事故调查组的工作。

第二十五条　事故调查组履行下列职责:
(一)查明事故发生的经过、原因、人员伤亡情况及直接经济损失;
(二)认定事故的性质和事故责任;
(三)提出对事故责任者的处理建议;
(四)总结事故教训,提出防范和整改措施;
(五)提交事故调查报告。

第二十六条　事故调查组有权向有关单位和个人了解与事故有关的情况,并要求其提供相关文件、资料,有关单位和个人不得拒绝。

事故发生单位的负责人和有关人员在事故调查期间不得擅离职守,并应当随时接受事故调查组的询问,如实提供有关情况。

事故调查中发现涉嫌犯罪的,事故调查组应当及时将有关材料或者其复印件移交司法机关处理。

第二十七条　事故调查中需要进行技术鉴定的,事故调查组应当委托具有国家规定资质的单位进行技术鉴定。必要时,事故调查组可以直接组织专家进行技术鉴定。技术鉴定所需时间不计入事故调查期限。

第二十八条　事故调查组成员在事故调查工作中应当诚信公正、恪尽职守,遵守事故调查组的纪律,保守事故调查的秘密。

未经事故调查组组长允许,事故调查组成员不得擅自发布有关事故的信息。

第二十九条　事故调查组应当自事故发生之日起60日内提交事故调查报告;特殊情况下,经负责事故调查的人民政府批准,提交事故调查报告的期限可以适当延长,但延长的期限最长不超过60日。

第三十条　事故调查报告应当包括下列内容:

(一)事故发生单位概况;

(二)事故发生经过和事故救援情况;

(三)事故造成的人员伤亡和直接经济损失;

(四)事故发生的原因和事故性质;

(五)事故责任的认定以及对事故责任者的处理建议;

(六)事故防范和整改措施。

事故调查报告应当附具有关证据材料。事故调查组成员应当在事故调查报告上签名。

第三十一条　事故调查报告报送负责事故调查的人民政府后,事故调查工作即告结束。事故调查的有关资料应当归档保存。

第四章　事故处理

第三十二条　重大事故、较大事故、一般事故,负责事故调查的人民政府应当自收到事故调查报告之日起15日内做出批复;特别重大事故,30日内做出批复,特殊情况下,批复时间可以适当延长,但延长的时间最长不超过30日。

有关机关应当按照人民政府的批复,依照法律、行政法规规定的权限和程序,对事故发生单位和有关人员进行行政处罚,对负有事故责任的国家工作人员进行处分。

事故发生单位应当按照负责事故调查的人民政府的批复,对本单位负有事故责任的人员进行处理。

负有事故责任的人员涉嫌犯罪的,依法追究刑事责任。

第三十三条　事故发生单位应当认真吸取事故教训,落实防范和整改措施,防止事故再次发生。防范和整改措施的落实情况应当接受工会和职工的监督。

安全生产监督管理部门和负有安全生产监督管理职责的有关部门应当对事故发生单位落实防范和整改措施的情况进行监督检查。

第三十四条　事故处理的情况由负责事故调查的人民政府或者其授权的有关部门、机构向社会公布,依法应当保密的除外。

第五章　法律责任

第三十五条　事故发生单位主要负责人有下列行为之一的,处上一年年收入40%至80%的罚款;属于国家工作人员的,并依法给予处分;构成犯罪的,依法追究刑事责任:

(一)不立即组织事故抢救的;

(二)迟报或者漏报事故的;

(三)在事故调查处理期间擅离职守的。

第三十六条 事故发生单位及其有关人员有下列行为之一的,对事故发生单位处100万元以上500万元以下的罚款;对主要负责人、直接负责的主管人员和其他直接责任人员处上一年年收入60%至100%的罚款;

属于国家工作人员的,并依法给予处分;构成违反治安管理行为的,由公安机关依法给予治安管理处罚;构成犯罪的,依法追究刑事责任:

(一)谎报或者瞒报事故的;

(二)伪造或者故意破坏事故现场的;

(三)转移、隐匿资金、财产或者销毁有关证据、资料的;

(四)拒绝接受调查或者拒绝提供有关情况和资料的;

(五)在事故调查中作伪证或者指使他人作伪证的;

(六)事故发生后逃匿的。

第三十七条 事故发生单位对事故发生负有责任的,依照下列规定处以罚款:

(一)发生一般事故的,处10万元以上20万元以下的罚款;

(二)发生较大事故的,处20万元以上50万元以下的罚款;

(三)发生重大事故的,处50万元以上200万元以下的罚款;

(四)发生特别重大事故的,处200万元以上500万元以下的罚款。

第三十八条 事故发生单位主要负责人未依法履行安全生产管理职责,导致事故发生的,依照下列规定处以罚款;属于国家工作人员的,并依法给予处分;构成犯罪的,依法追究刑事责任:

(一)发生一般事故的,处上一年年收入30%的罚款;

(二)发生较大事故的,处上一年年收入40%的罚款;

(三)发生重大事故的,处上一年年收入60%的罚款;

(四)发生特别重大事故的,处上一年年收入80%的罚款。

第三十九条 有关地方人民政府、安全生产监督管理部门和负有安全生产监督管理职责的有关部门有下列行为之一的,对直接负责的主管人员和其他直接责任人员依法给予处分;构成犯罪的,依法追究刑事责任:

(一)不立即组织事故抢救的;

(二)迟报、漏报、谎报或者瞒报事故的;

(三)阻碍、干涉事故调查工作的;

(四)在事故调查中作伪证或者指使他人作伪证的。

第四十条 事故发生单位对事故发生负有责任的,由有关部门依法暂扣或者吊销其有关证照;对事故发生单位负有事故责任的有关人员,依法暂停或者撤销其与安全生产有关的执业资格、岗位证书;事故发生单位主要负责人受到刑事处罚或者撤职处分的,自刑罚执行完毕或者受处分之日起,5年内不得担任任何生产经营单位的主要负责人。

为发生事故的单位提供虚假证明的中介机构,由有关部门依法暂扣或者吊销其有关证照及其相关人员的执业资格;构成犯罪的,依法追究刑事责任。

第四十一条 参与事故调查的人员在事故调查中有下列行为之一的,依法给予处分;构成犯罪的,依法追究刑事责任:

（一）对事故调查工作不负责任,致使事故调查工作有重大疏漏的;

（二）包庇、袒护负有事故责任的人员或者借机打击报复的。

第四十二条 违反本条例规定,有关地方人民政府或者有关部门故意拖延或者拒绝落实经批复的对事故责任人的处理意见的,由监察机关对有关责任人员依法给予处分。

第四十三条 本条例规定的罚款的行政处罚,由安全生产监督管理部门决定。

法律、行政法规对行政处罚的种类、幅度和决定机关另有规定的,依照其规定。

第六章 附 则

第四十四条 没有造成人员伤亡,但是社会影响恶劣的事故,国务院或者有关地方人民政府认为需要调查处理的,依照本条例的有关规定执行。

国家机关、事业单位、人民团体发生的事故的报告和调查处理,参照本条例的规定执行。

第四十五条 特别重大事故以下等级事故的报告和调查处理,有关法律、行政法规或者国务院另有规定的,依照其规定。

第四十六条 本条例自 2007 年 6 月 1 日起施行。国务院 1989 年 3 月 29 日公布的《特别重大事故调查程序暂行规定》和 1991 年 2 月 22 日公布的《企业职工伤亡事故报告和处理规定》同时废止。

企业安全生产费用提取和使用管理办法

第一章 总 则

第一条 为了建立企业安全生产投入长效机制,加强安全生产费用管理,保障企业安全生产资金投入,维护企业、职工以及社会公共利益,依据《中华人民共和国安全生产法》等有关法律法规和《国务院关于加强安全生产工作的决定》(国发〔2004〕2号)和《国务院关于进一步加强企业安全生产工作的通知》(国发〔2010〕23号),制定本办法。

第二条 在中华人民共和国境内直接从事煤炭生产、非煤矿山开采、建设工程施工、危险品生产与储存、交通运输、烟花爆竹生产、冶金、机械制造、武器装备研制生产与试验(含民用航空及核燃料)的企业以及其他经济组织(以下简称企业)适用本办法。

第三条 本办法所称安全生产费用(以下简称安全费用)是指企业按照规定标准提取在成本中列支,专门用于完善和改进企业或者项目安全生产条件的资金。

安全费用按照"企业提取、政府监管、确保需要、规范使用"的原则进行管理。

第四条 本办法下列用语的含义是:

煤炭生产是指煤炭资源开采作业有关活动。

非煤矿山开采是指石油和天然气、煤层气(地面开采)、金属矿、非金属矿及其他矿产资源的勘探作业和生产、选矿、闭坑及尾矿库运行、闭库等有关活动。

建设工程是指土木工程、建筑工程、井巷工程、线路管道和设备安装及装修工程的新建、扩建、改建以及矿山建设。

危险品是指列入国家标准《危险货物品名表》(GB 12268)和《危险化学品目录》的物品。

烟花爆竹是指烟花爆竹制品和用于生产烟花爆竹的民用黑火药、烟火药、引火线等物品。

交通运输包括道路运输、水路运输、铁路运输、管道运输。道路运输是指以机动车为交通工具的旅客和货物运输;水路运输是指以运输船舶为工具的旅客和货物运输及港口装卸、堆存;铁路运输是指以火车为工具的旅客和货物运输(包括高铁和城际铁路);管道运输是指以管道为工具的液体和气体物资运输。

冶金是指金属矿物的冶炼以及压延加工有关活动,包括:黑色金属、有色金属、黄金等的冶炼生产和加工处理活动,以及炭素、耐火材料等与主工艺流程配套的辅助工艺环节的生产。

机械制造是指各种动力机械、冶金矿山机械、运输机械、农业机械、工具、仪器、仪表、特种设备、大中型船舶、石油炼化装备及其他机械设备的制造活动。

武器装备研制生产与试验,包括武器装备和弹药的科研、生产、试验、储运、销毁、维修保障等。

第二章 安全费用的提取标准

第五条 煤炭生产企业依据开采的原煤产量按月提取。各类煤矿原煤单位产量安全费用提取标准如下:

(一)煤(岩)与瓦斯(二氧化碳)突出矿井、高瓦斯矿井吨煤30元;

(二)其他井工矿吨煤15元;

(三)露天矿吨煤 5 元。

矿井瓦斯等级划分按现行《煤矿安全规程》和《矿井瓦斯等级鉴定规范》的规定执行。

第六条 非煤矿山开采企业依据开采的原矿产量按月提取。各类矿山原矿单位产量安全费用提取标准如下：

(一)石油,每吨原油 17 元;

(二)天然气、煤层气(地面开采),每千立方米原气 5 元;

(三)金属矿山,其中露天矿山每吨 5 元,地下矿山每吨 10 元;

(四)核工业矿山,每吨 25 元;

(五)非金属矿山,其中露天矿山每吨 2 元,地下矿山每吨 4 元;

(六)小型露天采石场,即年采剥总量 50 万吨以下,且最大开采高度不超过 50 米,产品用于建筑、铺路的山坡型露天采石场,每吨 1 元;

(七)尾矿库按入库尾矿量计算,三等及三等以上尾矿库每吨 1 元,四等及五等尾矿库每吨 1.5 元。

本办法下发之日以前已经实施闭库的尾矿库,按照已堆存尾砂的有效库容大小提取,库容 100 万立方米以下的,每年提取 5 万元;超过 100 万立方米的,每增加 100 万立方米增加 3 万元,但每年提取额最高不超过 30 万元。

原矿产量不含金属、非金属矿山尾矿库和废石场中用于综合利用的尾砂和低品位矿石。

地质勘探单位安全费用按地质勘查项目或者工程总费用的 2% 提取。

第七条 建设工程施工企业以建筑安装工程造价为计提依据。各建设工程类别安全费用提取标准如下：

(一)矿山工程为 2.5%;

(二)房屋建筑工程、水利水电工程、电力工程、铁路工程、城市轨道交通工程为 2.0%;

(三)市政公用工程、冶炼工程、机电安装工程、化工石油工程、港口与航道工程、公路工程、通信工程为 1.5%。

建设工程施工企业提取的安全费用列入工程造价,在竞标时,不得删减,列入标外管理。国家对基本建设投资概算另有规定的,从其规定。

总包单位应当将安全费用按比例直接支付分包单位并监督使用,分包单位不再重复提取。

第八条 危险品生产与储存企业以上年度实际营业收入为计提依据,采取超额累退方式按照以下标准平均逐月提取：

(一)营业收入不超过 1 000 万元的,按照 4% 提取;

(二)营业收入超过 1 000 万元至 1 亿元的部分,按照 2% 提取;

(三)营业收入超过 1 亿元至 10 亿元的部分,按照 0.5% 提取;

(四)营业收入超过 10 亿元的部分,按照 0.2% 提取。

第九条 交通运输企业以上年度实际营业收入为计提依据,按照以下标准平均逐月提取：

(一)普通货运业务按照 1% 提取;

(二)客运业务、管道运输、危险品等特殊货运业务按照 1.5% 提取。

第十条 冶金企业以上年度实际营业收入为计提依据,采取超额累退方式按照以下标准平均逐月提取：

(一)营业收入不超过 1 000 万元的,按照 3% 提取;

(二)营业收入超过 1 000 万元至 1 亿元的部分,按照 1.5% 提取;

(三)营业收入超过 1 亿元至 10 亿元的部分,按照 0.5% 提取;

(四)营业收入超过 10 亿元至 50 亿元的部分,按照 0.2% 提取;

(五)营业收入超过 50 亿元至 100 亿元的部分,按照 0.1% 提取;

(六)营业收入超过 100 亿元的部分,按照 0.05% 提取。

第十一条 机械制造企业以上年度实际营业收入为计提依据,采取超额累退方式按照以下标准平均逐月提取:

(一)营业收入不超过 1 000 万元的,按照 2% 提取;

(二)营业收入超过 1 000 万元至 1 亿元的部分,按照 1% 提取;

(三)营业收入超过 1 亿元至 10 亿元的部分,按照 0.2% 提取;

(四)营业收入超过 10 亿元至 50 亿元的部分,按照 0.1% 提取;

(五)营业收入超过 50 亿元的部分,按照 0.05% 提取。

第十二条 烟花爆竹生产企业以上年度实际营业收入为计提依据,采取超额累退方式按照以下标准平均逐月提取:

(一)营业收入不超过 200 万元的,按照 3.5% 提取;

(二)营业收入超过 200 万元至 500 万元的部分,按照 3% 提取;

(三)营业收入超过 500 万元至 1 000 万元的部分,按照 2.5% 提取;

(四)营业收入超过 1 000 万元的部分,按照 2% 提取。

第十三条 武器装备研制生产与试验企业以上年度军品实际营业收入为计提依据,采取超额累退方式按照以下标准平均逐月提取:

(一)火炸药及其制品研制、生产与试验企业(包括:含能材料,炸药、火药、推进剂,发动机、弹箭、引信、火工品等):

1. 营业收入不超过 1 000 万元的,按照 5% 提取;

2. 营业收入超过 1 000 万元至 1 亿元的部分,按照 3% 提取;

3. 营业收入超过 1 亿元至 10 亿元的部分,按照 1% 提取;

4. 营业收入超过 10 亿元的部分,按照 0.5% 提取。

(二)核装备及核燃料研制、生产与试验企业:

1. 营业收入不超过 1 000 万元的,按照 3% 提取;

2. 营业收入超过 1 000 万元至 1 亿元的部分,按照 2% 提取;

3. 营业收入超过 1 亿元至 10 亿元的部分,按照 0.5% 提取;

4. 营业收入超过 10 亿元的部分,按照 0.2% 提取。

5. 核工程按照 3% 提取(以工程造价为计提依据,在竞标时,列为标外管理)。

(三)军用舰船(含修理)研制、生产与试验企业:

1. 营业收入不超过 1 000 万元的,按照 2.5% 提取;

2. 营业收入超过 1 000 万元至 1 亿元的部分,按照 1.75% 提取;

3. 营业收入超过 1 亿元至 10 亿元的部分,按照 0.8% 提取;

4. 营业收入超过 10 亿元的部分,按照 0.4% 提取。

(四)飞船、卫星、军用飞机、坦克车辆、火炮、轻武器、大型天线等产品的总体、部分和元器件研制、生产与试验企业:

1. 营业收入不超过 1 000 万元的,按照 2% 提取;

2. 营业收入超过 1 000 万元至 1 亿元的部分,按照 1.5% 提取;

3. 营业收入超过 1 亿元至 10 亿元的部分,按照 0.5% 提取;

4. 营业收入超过 10 亿元至 100 亿元的部分,按照 0.2% 提取;

5. 营业收入超过 100 亿元的部分,按照 0.1% 提取。

(五)其他军用危险品研制、生产与试验企业:

1. 营业收入不超过 1 000 万元的,按照 4% 提取;

2. 营业收入超过 1 000 万元至 1 亿元的部分,按照 2% 提取;

3. 营业收入超过 1 亿元至 10 亿元的部分,按照 0.5% 提取;

4. 营业收入超过 10 亿元的部分,按照 0.2% 提取。

第十四条 中小微型企业和大型企业上年末安全费用结余分别达到本企业上年度营业收入的 5% 和 1.5% 时,经当地县级以上安全生产监督管理部门、煤矿安全监察机构商财政部门同意,企业本年度可以缓提或者少提安全费用。

企业规模划分标准按照工业和信息化部、国家统计局、国家发展和改革委员会、财政部《关于印发中小企业划型标准规定的通知》(工信部联企业〔2011〕300 号)规定执行。

第十五条 企业在上述标准的基础上,根据安全生产实际需要,可适当提高安全费用提取标准。

本办法公布前,各省级政府已制定下发企业安全费用提取使用办法的,其提取标准如果低于本办法规定的标准,应当按照本办法进行调整;如果高于本办法规定的标准,按照原标准执行。

第十六条 新建企业和投产不足一年的企业以当年实际营业收入为提取依据,按月计提安全费用。

混业经营企业,如能按业务类别分别核算的,则以各业务营业收入为计提依据,按上述标准分别提取安全费用;如不能分别核算的,则以全部业务收入为计提依据,按主营业务计提标准提取安全费用。

第三章 安全费用的使用

第十七条 煤炭生产企业安全费用应当按照以下范围使用:

(一)煤与瓦斯突出及高瓦斯矿井落实"两个四位一体"综合防突措施支出,包括瓦斯区域预抽、保护层开采区域防突措施、开展突出区域和局部预测、实施局部补充防突措施、更新改造防突设备和设施、建立突出防治实验室等支出;

(二)煤矿安全生产改造和重大隐患治理支出,包括"一通三防"(通风、防瓦斯、防煤尘、防灭火)、防治水、供电、运输等系统设备改造和灾害治理工程,实施煤矿机械化改造,实施矿压(冲击地压)、热害、露天矿边坡治理、采空区治理等支出;

(三)完善煤矿井下监测监控、人员定位、紧急避险、压风自救、供水施救和通信联络安全避险"六大系统"支出,应急救援技术装备、设施配置和维护保养支出,事故逃生和紧急避难设施设备的配置和应急演练支出;

(四)开展重大危险源和事故隐患评估、监控和整改支出;

(五)安全生产检查、评价(不包括新建、改建、扩建项目安全评价)、咨询、标准化建设支出;

(六)配备和更新现场作业人员安全防护用品支出;

(七)安全生产宣传、教育、培训支出;

（八）安全生产适用新技术、新标准、新工艺、新装备的推广应用支出；

（九）安全设施及特种设备检测检验支出；

（十）其他与安全生产直接相关的支出。

第十八条 非煤矿山开采企业安全费用应当按照以下范围使用：

（一）完善、改造和维护安全防护设施设备（不含"三同时"要求初期投入的安全设施）和重大安全隐患治理支出，包括矿山综合防尘、防灭火、防治水、危险气体监测、通风系统、支护及防治边帮滑坡设备、机电设备、供配电系统、运输（提升）系统和尾矿库等完善、改造和维护支出以及实施地压监测监控、露天矿边坡治理、采空区治理等支出；

（二）完善非煤矿山监测监控、人员定位、紧急避险、压风自救、供水施救和通信联络等安全避险"六大系统"支出，完善尾矿库全过程在线监控系统和海上石油开采出海人员动态跟踪系统支出，应急救援技术装备、设施配置及维护保养支出，事故逃生和紧急避难设施设备的配置和应急演练支出；

（三）开展重大危险源和事故隐患评估、监控和整改支出；

（四）安全生产检查、评价（不包括新建、改建、扩建项目安全评价）、咨询、标准化建设支出；

（五）配备和更新现场作业人员安全防护用品支出；

（六）安全生产宣传、教育、培训支出；

（七）安全生产适用的新技术、新标准、新工艺、新装备的推广应用支出；

（八）安全设施及特种设备检测检验支出；

（九）尾矿库闭库及闭库后维护费用支出；

（十）地质勘探单位野外应急食品、应急器械、应急药品支出；

（十一）其他与安全生产直接相关的支出。

第十九条 建设工程施工企业安全费用应当按照以下范围使用：

（一）完善、改造和维护安全防护设施设备支出（不含"三同时"要求初期投入的安全设施），包括施工现场临时用电系统、洞口、临边、机械设备、高处作业防护、交叉作业防护、防火、防爆、防尘、防毒、防雷、防台风、防地质灾害、地下工程有害气体监测、通风、临时安全防护等设施设备支出；

（二）配备、维护、保养应急救援器材、设备支出和应急演练支出；

（三）开展重大危险源和事故隐患评估、监控和整改支出；

（四）安全生产检查、评价（不包括新建、改建、扩建项目安全评价）、咨询和标准化建设支出；

（五）配备和更新现场作业人员安全防护用品支出；

（六）安全生产宣传、教育、培训支出；

（七）安全生产适用的新技术、新标准、新工艺、新装备的推广应用支出；

（八）安全设施及特种设备检测检验支出；

（九）其他与安全生产直接相关的支出。

第二十条 危险品生产与储存企业安全费用应当按照以下范围使用：

（一）完善、改造和维护安全防护设施设备支出（不含"三同时"要求初期投入的安全设施），包括车间、库房、罐区等作业场所的监控、监测、通风、防晒、调温、防火、灭火、防爆、泄压、防毒、消毒、中和、防潮、防雷、防静电、防腐、防渗漏、防护围堤或者隔离操作等设施设备支出；

（二）配备、维护、保养应急救援器材、设备支出和应急演练支出；

（三）开展重大危险源和事故隐患评估、监控和整改支出；

（四）安全生产检查、评价（不包括新建、改建、扩建项目安全评价）、咨询和标准化建设支出；

（五）配备和更新现场作业人员安全防护用品支出；

（六）安全生产宣传、教育、培训支出；

（七）安全生产适用的新技术、新标准、新工艺、新装备的推广应用支出；

（八）安全设施及特种设备检测检验支出；

（九）其他与安全生产直接相关的支出。

第二十一条 交通运输企业安全费用应当按照以下范围使用：

（一）完善、改造和维护安全防护设施设备支出（不含"三同时"要求初期投入的安全设施），包括道路、水路、铁路、管道运输设施设备和装卸工具安全状况检测及维护系统、运输设施设备和装卸工具附属安全设备等支出；

（二）购置、安装和使用具有行驶记录功能的车辆卫星定位装置、船舶通信导航定位和自动识别系统、电子海图等支出；

（三）配备、维护、保养应急救援器材、设备支出和应急演练支出；

（四）开展重大危险源和事故隐患评估、监控和整改支出；

（五）安全生产检查、评价（不包括新建、改建、扩建项目安全评价）、咨询和标准化建设支出；

（六）配备和更新现场作业人员安全防护用品支出；

（七）安全生产宣传、教育、培训支出；

（八）安全生产适用的新技术、新标准、新工艺、新装备的推广应用支出；

（九）安全设施及特种设备检测检验支出；

（十）其他与安全生产直接相关的支出。

第二十二条 冶金企业安全费用应当按照以下范围使用：

（一）完善、改造和维护安全防护设施设备支出（不含"三同时"要求初期投入的安全设施），包括车间、站、库房等作业场所的监控、监测、防火、防爆、防坠落、防尘、防毒、防噪声与振动、防辐射和隔离操作等设施设备支出；

（二）配备、维护、保养应急救援器材、设备支出和应急演练支出；

（三）开展重大危险源和事故隐患评估、监控和整改支出；

（四）安全生产检查、评价（不包括新建、改建、扩建项目安全评价）和咨询及标准化建设支出；

（五）安全生产宣传、教育、培训支出；

（六）配备和更新现场作业人员安全防护用品支出；

（七）安全生产适用的新技术、新标准、新工艺、新装备的推广应用支出；

（八）安全设施及特种设备检测检验支出；

（九）其他与安全生产直接相关的支出。

第二十三条 机械制造企业安全费用应当按照以下范围使用：

（一）完善、改造和维护安全防护设施设备支出（不含"三同时"要求初期投入的安全设施），包括生产作业场所的防火、防爆、防坠落、防毒、防静电、防腐、防尘、防噪声与振动、防辐

射或者隔离操作等设施设备支出,大型起重机械安装安全监控管理系统支出;

（二）配备、维护、保养应急救援器材、设备支出和应急演练支出;

（三）开展重大危险源和事故隐患评估、监控和整改支出;

（四）安全生产检查、评价（不包括新建、改建、扩建项目安全评价）、咨询和标准化建设支出;

（五）安全生产宣传、教育、培训支出;

（六）配备和更新现场作业人员安全防护用品支出;

（七）安全生产适用的新技术、新标准、新工艺、新装备的推广应用;

（八）安全设施及特种设备检测检验支出;

（九）其他与安全生产直接相关的支出。

第二十四条 烟花爆竹生产企业安全费用应当按照以下范围使用:

（一）完善、改造和维护安全设备设施支出（不含"三同时"要求初期投入的安全设施）;

（二）配备、维护、保养防爆机械电器设备支出;

（三）配备、维护、保养应急救援器材、设备支出和应急演练支出;

（四）开展重大危险源和事故隐患评估、监控和整改支出;

（五）安全生产检查、评价（不包括新建、改建、扩建项目安全评价）、咨询和标准化建设支出;

（六）安全生产宣传、教育、培训支出;

（七）配备和更新现场作业人员安全防护用品支出;

（八）安全生产适用新技术、新标准、新工艺、新装备的推广应用支出;

（九）安全设施及特种设备检测检验支出;

（十）其他与安全生产直接相关的支出。

第二十五条 武器装备研制生产与试验企业安全费用应当按照以下范围使用:

（一）完善、改造和维护安全防护设施设备支出（不含"三同时"要求初期投入的安全设施）,包括研究室、车间、库房、储罐区、外场试验区等作业场所的监控、监测、防触电、防坠落、防爆、泄压、防火、灭火、通风、防晒、调温、防毒、防雷、防静电、防腐、防尘、防噪声与振动、防辐射、防护围堤或者隔离操作等设施设备支出;

（二）配备、维护、保养应急救援、应急处置、特种个人防护器材、设备、设施支出和应急演练支出;

（三）开展重大危险源和事故隐患评估、监控和整改支出;

（四）高新技术和特种专用设备安全鉴定评估、安全性能检验检测及操作人员上岗培训支出;

（五）安全生产检查、评价（不包括新建、改建、扩建项目安全评价）、咨询和标准化建设支出;

（六）安全生产宣传、教育、培训支出;

（七）军工核设施（含核废物）防泄漏、防辐射的设施设备支出;

（八）军工危险化学品、放射性物品及武器装备科研、试验、生产、储运、销毁、维修保障过程中的安全技术措施改造费和安全防护（不包括工作服）费用支出;

（九）大型复杂武器装备制造、安装、调试的特殊工种和特种作业人员培训支出;

（十）武器装备大型试验安全专项论证与安全防护费用支出;

(十一)特殊军工电子元器件制造过程中有毒有害物质监测及特种防护支出;

(十二)安全生产适用新技术、新标准、新工艺、新装备的推广应用支出;

(十三)其他与武器装备安全生产事项直接相关的支出。

第二十六条 在本办法规定的使用范围内,企业应当将安全费用优先用于满足安全生产监督管理部门、煤矿安全监察机构以及行业主管部门对企业安全生产提出的整改措施或者达到安全生产标准所需的支出。

第二十七条 企业提取的安全费用应当专户核算,按规定范围安排使用,不得挤占、挪用。年度结余资金结转下年度使用,当年计提安全费用不足的,超出部分按正常成本费用渠道列支。

主要承担安全管理责任的集团公司经过履行内部决策程序,可以对所属企业提取的安全费用按照一定比例集中管理,统筹使用。

第二十八条 煤炭生产企业和非煤矿山企业已提取维持简单再生产费用的,应当继续提取维持简单再生产费用,但其使用范围不再包含安全生产方面的用途。

第二十九条 矿山企业转产、停产、停业或者解散的,应当将安全费用结余转入矿山闭坑安全保障基金,用于矿山闭坑、尾矿库闭库后可能的危害治理和损失赔偿。

危险品生产与储存企业转产、停产、停业或者解散的,应当将安全费用结余用于处理转产、停产、停业或者解散前的危险品生产或者储存设备、库存产品及生产原料支出。

企业由于产权转让、公司制改建等变更股权结构或者组织形式的,其结余的安全费用应当继续按照本办法管理使用。

企业调整业务、终止经营或者依法清算,其结余的安全费用应当结转本期收益或者清算收益。

第三十条 本办法第二条规定范围以外的企业为达到应当具备的安全生产条件所需的资金投入,按原渠道列支。

第四章 监督管理

第三十一条 企业应当建立健全内部安全费用管理制度,明确安全费用提取和使用的程序、职责及权限,按规定提取和使用安全费用。

第三十二条 企业应当加强安全费用管理,编制年度安全费用提取和使用计划,纳入企业财务预算。企业年度安全费用使用计划和上一年安全费用的提取、使用情况按照管理权限报同级财政部门、安全生产监督管理部门、煤矿安全监察机构和行业主管部门备案。

第三十三条 企业安全费用的会计处理,应当符合国家统一的会计制度的规定。

第三十四条 企业提取的安全费用属于企业自提自用资金,其他单位和部门不得采取收取、代管等形式对其进行集中管理和使用,国家法律、法规另有规定的除外。

第三十五条 各级财政部门、安全生产监督管理部门、煤矿安全监察机构和有关行业主管部门依法对企业安全费用提取、使用和管理进行监督检查。

第三十六条 企业未按本办法提取和使用安全费用的,安全生产监督管理部门、煤矿安全监察机构和行业主管部门会同财政部门责令其限期改正,并依照相关法律法规进行处理、处罚。

建设工程施工总承包单位未向分包单位支付必要的安全费用以及承包单位挪用安全费用的,由建设、交通运输、铁路、水利、安全生产监督管理、煤矿安全监察等主管部门依照相关法规、规章进行处理、处罚。

第三十七条 各省级财政部门、安全生产监督管理部门、煤矿安全监察机构可以结合本地区实际情况,制定具体实施办法,并报财政部、国家安全生产监督管理总局备案。

第五章 附 则

第三十八条 本办法由财政部、国家安全生产监督管理总局负责解释。

第三十九条 实行企业化管理的事业单位参照本办法执行。

第四十条 本办法自公布之日起施行。《关于调整煤炭生产安全费用提取标准加强煤炭生产安全费用使用管理与监督的通知》(财建〔2005〕168号)、《关于印发〈烟花爆竹生产企业安全费用提取与使用管理办法〉的通知》(财建〔2006〕180号)和《关于印发〈高危行业企业安全生产费用财务管理暂行办法〉的通知》(财企〔2006〕478号)同时废止。《关于印发〈煤炭生产安全费用提取和使用管理办法〉和〈关于规范煤矿维简费管理问题的若干规定〉的通知》(财建〔2004〕119号)等其他有关规定与本办法不一致的,以本办法为准。

参 考 文 献

[1] 文德云.公路施工安全技术[M].北京:人民交通出版社,2003.
[2] 中华人民共和国行业标准.JTJ 076—1995 公路工程施工安全技术规程[S].北京:人民交通出版社,1995.
[3] 胡江碧,等.公路施工安全审查手册[M].北京:人民交通出版社,2006.
[4] 杨国胜.公路施工安全及交通安全设施[M].北京:人民交通出版社,2009.
[5] 中铁集团安全生产管理办法.
[6] 许建盛,等.公路工程施工项目管理实务[M].北京:人民交通出版社,2005.
[7] 彭效援.最新公路与桥梁工程一级施工实用技术与管理[M].长春:吉林人民出版社,2001.
[8] 孙桂林,臧吉昌.安全工程手册[M].北京:中国铁道出版社,1989.
[9] 包其国,樊锡仁.建筑施工安全管理与技术[M].成都:四川科学技术出版社,1988.
[10] 唐琤琤,等.公路安全保障工程实施技术指南解析[M].北京:人民交通出版社,2007.
[11] 王炜.公路工程施工安全生产指南[M].北京:人民交通出版社,2003.
[12] 本书编委会.公路安全员一本通[M].北京:中国建材工业出版社,2009.
[13] 沈其明,刘燕.公路工程施工安全管理手册[M].北京:人民交通出版社,2008.